U0506095

喻园新闻传播学者论丛

网络新媒体与中国社会

NETWORK NEW MEDIA AND CHINESE SOCIETY

余 红 著

社会科学文献出版社
SOCIAL SCIENCES ACADEMIC PRESS (CHINA)

喻园新闻传播学者论丛
编辑委员会

顾　问：吴廷俊
主　任：张　昆
主　编：张明新　唐海江

编　委：（以姓氏笔画为序）
王　溥　石长顺　申　凡　刘　洁　吴廷俊　何志武
余　红　张　昆　张明新　陈先红　赵振宇　钟　瑛
郭小平　唐海江　舒咏平　詹　健

总　序

　　置身于全球化、媒介化的当下，我们深刻感受与体验着时时刻刻被潮水般的信息所包围、裹挟和影响的日常。这是一个新兴的信息技术快速变革和全面应用的时代，媒介技术持续地、全方位地形塑着人类社会信息传播实践的样貌。可以说，新闻传播的形态、业态和生态，在相当程度上被信息技术所决定和塑造。"物换星移几度秋"，信息技术的迭代如此之快，我们甚至已经难以想象，明天的媒体将呈现什么样的面貌，未来的人们将如何进行相互交流。

　　华中科技大学的新闻传播学科，就是在全球科技革命浪潮高涨的背景下开设的，也是在学校所拥有的以信息科学为代表的众多理工类优势学科的滋养下发展和繁荣起来的。诚然，华中科技大学新闻与信息传播学院还是一个相对年轻的学院。1983 年 3 月，在学院的前身新闻系筹建之时，学校派秘书长姚启和教授参加全国新闻教育工作座谈会。会上，姚启和教授提出，时代的发展，尤其是科学技术的日新月异，将对新闻从业者的媒介技术思维、素养和技能提出比以往任何时代都高的要求。当年 9 月，我们的新闻系成立并开始招生。成立后，即确立了"文工交叉，应用见长"的发展思路，强调培养学生的动手能力和应用能力，强调在科学研究和人才培养中，充分与学校的优势理工类专业交叉渗透。

　　1998 年 4 月，新闻系升格为学院。和其他新闻传播学院的命名有所不同，我们的院名定为"新闻与信息传播学院"，增添了"信息"二字。这是由当时华中科技大学的前身华中理工大学的在任校长，也是教育部原部长周济院士所加的。他认为，要从更为广阔的视域来审视新闻与传播活动的过程和规律，尤其要注重从信息科学和技术的角度来透视人类传播现象，考察传播过程中信息技术与人和社会的关系。"日拱一卒，功不唐捐"。长期以来，这种思路被充分贯彻和落实到我院的学科规划、科学研究、人才培养、社会服务等各项工作中。

因此，华中科技大学新闻与信息传播学院的最大特色，就是我们自创立以来，一直秉承文工交叉融合发展的思路，在传统的人文学科和"人文学科+社会科学"新闻传播学科发展模式之外，倡导、创新和践行了一种全新的范式。在这种学科范式下，我们以"多研究些问题"的学术追求，开拓了以信息技术为起点来观察人类新闻传播现象的视界，建构了以媒介技术为坐标的新闻传播学科建设框架，确立了以"全能型""高素质""复合型""创新型"为指向的人才培养目标，建立了跨越人文社会科学、科学技术和新闻传播学的课程体系和师资队伍，营造了适合提升学生实践技能和科技素质的教学环境。

就学科方向而论，30多年来，学院在长期的学科凝练和规划实践中，形成了相对稳定的三大支柱性学科方向：新闻传播史论、新媒体和战略传播。在本学科于1983年创办之时，新闻传播史论即是明确的战略方向。该方向下的教学和研究工作主要包括：马克思主义新闻观与思想体系、新闻基础理论、新闻事业改革、中外新闻史、传播思想史、传播理论、新闻传播学研究方法等领域；在建制上则包括新闻学系和新闻学专业（2001年增设新闻评论方向），此后又设立了广播电视学系和广播电视学专业（另有播音与主持艺术专业）、新闻评论研究中心、马克思主义新闻观教研平台等系所平台。30多年来，在新闻传播史论方向下，学院尤为重视新闻事业和思想史的研究，特别是吴廷俊教授关于中国新闻事业史、张昆教授关于外国新闻事业史的研究，以及刘洁教授和唐海江教授关于新闻传播思想史、观念史和媒介史的研究，各成一家，卓然而立。

如果说新闻传播史论方向是本学科的立足之本，那么积极规划新媒体方向，则是本学科凸显自身特色的战略行动。20世纪90年代中期，互联网进入中国，"新媒体时代"正式开启。"不畏浮云遮望眼"，我们积极回应这一趋势，成功申报并获批国家社科基金重点项目"多媒体技术与新闻传播"（主持人系吴廷俊教授），在新闻学专业下开设网络新闻传播特色方向班，建立传播科技教研室和电子出版研究所，成立新闻与信息传播学院并聘请电子与信息工程系主任朱光喜教授为副院长。此后，学院不断推进和电子与信息工程系、计算机学院等工科院系的深度合作，并逐步向业界拓展。学院先后成立了传播学系，建设了广播电视与新媒体研究院、媒介技术与传播发展研究中心、华彩新媒体联合实验室、智能媒体与传播科学研究中心等面向未来的研究平台，以钟瑛教授、郭小平教授、余红教授和笔者为代表的学者，不断推进信息传播新技术、新媒体内容生产与文化、新媒体管理、现代传播体系建设、广播电视与数字媒体、新媒体广告与品牌传播等领域的研究和教学工作，引领我国新媒体教育教学和科学研究风气之先。

2005 年前后，依托于品牌传播研究所、广告学系、公共传播研究所等系所平台，学院逐步凝练和培育了一个新的战略性方向：战略传播。围绕这个方向，我们开始在政治传播、对外传播与公共外交、国家公共关系、国家传播战略、中国特色网络文化建设等诸领域发力，陆续获批系列国家课题，发表系列高水平论文，出版系列学术专著，对人才培养起到了积极支撑作用，促进了学院的社会服务工作，提升了本学科的影响力。可以说，战略传播方向是基于新媒体方向而成形和建设的。无论是关于政治传播、现代传播体系、对外传播与公共外交、国家传播战略方面的教学工作还是研究工作，皆立足于新媒体发展和广泛应用的现实背景和演变趋势。在具体工作中，对于战略传播方向的深入推进，则是充分融入了学校在公共管理、外国语言文学、社会学、中国语言文学、哲学等学科领域的学科资源，尤其注重与政府管理部门和业界机构的联合，最大限度整合资源，发挥协同优势。"既滋兰之九畹兮，又树蕙之百亩"。近年来，学院先后组建成立了国家传播战略研究院和中国故事创意传播研究院，张昆教授、陈先红教授等领衔的研究团队在提升本学科的社会影响力方面，起到了非常积极的作用。

"却顾所来径，苍苍横翠微。"本学科诞生于 20 世纪 80 年代初信息科技革命高涨的时代背景之下，其成长则依托于华中科技大学（1988～2000 年为华中理工大学）信息科学和人文社会科学的优势学科资源，规划了新闻传播史论、新媒体和战略传播三大支柱性学科方向，发展的基本思路是学科交叉融合。30 多年来，本学科的学者们前赴后继、薪火相传，从历史的、技术的、人文的、政策与应用的角度，观察、思考、研究和解读人类的新闻与传播实践活动，丰富了中外学界关于媒介传播的理论阐释，启发了转型中的中国新闻传播业关于媒介改革的思路，留下了极为丰厚和充满洞见的思想资源。

现在，摆在读者诸君面前的"喻园新闻传播学者论丛"，即是近十多年来，我院学者群体在这三大学科版图中留下的知识贡献。这套论丛，包括二十余位教授的自选集及相关著述。其中，有吴廷俊、张昆、申凡、赵振宇、石长顺、舒咏平、钟瑛、陈先红、刘洁、何志武、孙发友、欧阳明、余红、王溥、唐海江、郭小平、袁艳、李卫东、邓秀军、牛静等诸位教授的著述，共计 30 余部，涉及新闻传播史、媒介思想史、新闻理论、传播理论、新闻传播教育、政治传播、新媒体传播、品牌研究、公共关系理论、风险传播、媒体伦理与法规等诸多方向。可以说，这套丛书是华中科技大学新闻传播学者最近十年来，为新闻传播学术研究所做的知识贡献的集中展示。我们希望以这套丛书为媒介，在更广的学科领域和更大知识范畴的学者、学人之间进行交流探讨，为当代中国的新闻传播学术研究提供华中科技大学学者的智慧结晶和思想。

当今是一个新闻业和传播业大变革、大转折的时代，新闻传播业正在经历人类历史上"百年未有之大变局"。首先是信息科技革命的决定性影响。对当前和未来的新闻传播业来说，技术无疑是第一推动力。大数据、云计算、区块链、物联网、人工智能等技术，持续带来翻天覆地的变革，不断颠覆、刷新和重构人们的生活与想象。其次是国际化浪潮。当前的中国越来越走近世界舞台中央，"讲好中国故事""传播好中国声音"，中国文化"走出去"和提升文化软实力，是国家层面的重大战略，这些理应是新闻传播学者需要面对和研究的关键课题。最后是媒体业跨界发展。在当前"万物皆媒"的时代，媒体的概念在放大，越来越体现出网络化、数据化、移动化、智能化趋势。媒体行业的边界得到了极大拓展，正在进一步与金融、服务、政务、娱乐、财经、电商等行业建立更紧密的联系。在这个泛传播、泛媒体、泛内容的时代，新闻传播研究本身也需要加速蝶变、持续迭代，以介入和影响行业实践的能力彰显学术研究的价值。

　　由是观之，新闻传播学的理论预设、核心知识可能需要重新思考和建构。在此背景下，华中科技大学新闻传播学科正在深化"文工交叉，应用见长"的学科建设思路，倡导"面向未来、学科融合、主流意识、国际视野"的发展理念，积极推进多学科融合。所谓"多学科融合"，是紧密依托华中科技大学强大的信息学科、医科和人文社科优势，在新的时代条件下，以面向未来、多元包容和开放创新的姿态，通过内在逻辑和行动路径的重构，全方位、深度有机融合多学科的思维、理论和技术，促进学科建设和科学研究的效能提升和知识创新。

　　为学，如水上撑船，不可须臾放缓。展望未来，我们力图在传统的新闻传播史论、新媒体和战略传播三大支柱性学科方向架构的学术版图中，在积极回应信息科技革命、全球化发展和媒体行业跨界融合的过程中，进一步凝练、丰富、充实、拓展既有的学科优势与学术方向。具体来说，有如下三方面的思考。

　　其一，在新闻传播史论和新媒体两大方向之间，以更为宏大和开阔的思路，跨越学科壁垒，贯通科技与人文，在新闻传播的基础理论、历史和方法研究中融入政治学、社会学、语言学、公共管理学、经济学等学科的思维方式和理论资源，在更广阔的学科视域中观照人类新闻传播活动，丰富学科内涵。特别的，在"媒介与文明"的理论想象和阐释空间中，赋予这两大学术方向更大的活力和可能性，以推进基础研究的理论创新。

　　其二，在新媒体方向之下，及时敏锐地关注5G、人工智能、云计算、区块链等新兴技术日新月异的发展演变，以学校支持的重大学科平台建设计划"智能媒体与传播科学研究中心"为基础，聚焦当今和未来的信息传播新技术对人类传播实践和媒体行业的冲击、影响和塑造。在此过程中，一方面，充分发挥学校的计算机科学与技术、电子信息与通信、人工智能与自动化、光学与电子信息、网络空间安全等优势学科的力量，大力推进学科深度融合发展，拓展本学科的研究领域，充实科研力量，提高学术产能；另一方面，持续关注和追踪技术进步，积极保持与业界的对话和互动，通过学术研究的系列成果不断影响业界的思维与实践。

　　其三，在新媒体与战略传播两大方向之间，对接健康中国、生态保护、科技创新等重大战略，以健康传播、环境传播和科技传播等系列关联领域为纽带，充分借助学校在基础医学、临床医学、公共卫生、医药卫生管理、生命科学与技术、环境科学与工程、能源与动力工程等学科领域的优势，在多学科知识的有机融合中突破既有的学科边界，发掘培育新的学术增长点，产出标志性的学术成果，彰显成果的社会影响力和政策影响力。

1983~2019年，本学科已走过36年艰辛探索和开拓奋进的峥嵘岁月，为人类的知识创造和中国新闻事业的改革发展贡献了难能可贵的思想与智慧。在人类的历史长河中，36年的时间只是短短一瞬，但对于以学术为志业的学者们而言，则已然是毕生心智与心血的凝聚。对此，学院谨以这套丛书的出版为契机，向前辈学人们致以最崇高的敬意！同时，也以此来激励年轻的后辈学者与学生，要不忘初心，继续发扬先辈们优良的学术传统，在当今和未来的时代奋力书写更为辉煌的历史篇章！

"潮平两岸阔，风正一帆悬。"在技术进步、全球化发展和行业变革的当前，人类的新闻传播实践正处于革命性的转折点上，对于从事新闻传播学术研究的我们而言，这是令人激动的时代机遇。华中科技大学新闻传播学科将秉持"面向未来、学科融合、主流意识、国际视野"的思路，勇立科技革命和传播变革潮头，积极推进多学科融合，以融合思维促进学术研究和知识创新，彰显特色，矢志一流，为建设中国特色、世界一流的新闻传播学科，为我国新闻传播事业的改革发展，为人类社会的知识创造，为传承和创新中华文化做出应有的贡献！

张明新

华中科技大学新闻与信息传播学院教授、博士生导师、院长

2019年12月于武昌喻园

目　录
CONTENTS

网络舆论与意见领袖

网络公共参与

国际传播与国家形象

风险传播

健康传播

媒体传播力

网络新媒体人才培养

网络舆论与意见领袖

网络舆论领袖测量方法初探[*]

所谓舆论领袖就是在政治竞选投票过程中，经常给别人提供建议的人。舆论领袖现象最早被哥伦比亚大学应用社会研究所拉扎斯菲尔德（Lazarsfeld）、贝雷尔森（Berelson）等人于 1940 年在美国依利县有关政治选举研究中发现。① 随着各个学科对舆论领袖现象的日益关注，西方产生了丰富的舆论领袖测量方法和理论成果。随着互联网在中国社会日益普及和网络言论影响力的加大，加强舆论领袖的舆论引导作用的论述逐渐增多。但是，这些文章的论述多停留在表面泛泛的议论和断言。由于缺乏明确的可操作性定义和测量方法，学者们尚难以对此进行科学实证的考察。本篇欲对 20 世纪 90 年代以来西方网络舆论领袖测量的两个重要研究取向做一简单评述，为国内开展相关研究提供参考。一个是将传统舆论领袖测量方法移植到网络，另一个是采取与传统舆论领袖测量截然不同的方法，即数据挖掘方法测量舆论领袖。前者可以称为"用传统方法研究现代问题"，后者可以称为"用现代方法研究现代问题"。

一　网络舆论领袖测量方法——移植取向

传统舆论领袖测量方法很多，罗杰斯（Rogers）将这些方法归类总结

---

* 该文原发表于《新闻大学》2008 年第 2 期，作者余红。

① Katz, E., "The Two-step Flow of Communication: An Up-to-date Report of an Hypothesis," *Public Opinion Quarterly* 21 (1957): 61-78.

为：社会计量法（sociometric techniques）、关键人物访谈法（interviews with key informants）、观察法（observation）、自我报告法（self-designating techniques）。自我报告法实施起来简单、经济，可以用来进行大规模测量，因此为最常用的方法；量表在实际使用过程中也不断得到改善和更新。第一个舆论领袖测量量表由卡茨和拉扎斯菲尔德于1955年创建，称为Katz and Lazarsfeld 量表，在迪凯特研究中首次使用。Katz and Lazarsfeld量表创建之后的50多年间，一系列量表相继提出，按照时间先后顺序依次为：1962年的Rogers & Cartano 量表；1965年的Troldahl & van Dam 量表；1970年的King & Summers 量表；1978年的Levy 量表；1986年的Childers 量表；1994年的Flynn，Goldsmith & Eastman 量表。因此，从1955年到1994年，是舆论领袖测量方法形成、发展和成熟的阶段。

与丰富的传统舆论领袖研究成果相比，网络舆论领袖研究成果当时颇为匮乏。相关研究倾向于使用量化手段来测量网络交易型社区舆论领袖，使用最多的方法为自我报告法，其次是社会计量法。

自我报告法即数据收集依赖受访者自己的判断和回答。用自我报告法测量舆论领袖经常采用量表。量表由一组问题构成，用以间接测量人们在某一态度或观念上的状况。因此舆论领袖测量量表就是一组测量人们关于舆论领袖心理素质的问题，通过累加所有问题回答得分而得出舆论领袖指数。社会计量法（也称社会网络分析法）是一种调查人们社会关系特征和群体特征的测量方法。这些特征不同于个人特征，它们必须通过人们之间的交往或互动关系来反映。社会计量法的实施程序一般如下。（1）根据调查内容设计一份简单的问卷，如询问"你和谁来往最密切？""你认为谁最有威望？"等问题。（2）让被调查的群体中的每个成员都填写这份问卷。（3）将每个人编号，计算每个人被选择的次数及选择他人的次数。（4）根据统计数据绘制社会图（Sociogram）、社会矩阵（Sociomatrix）或进行指数分析。社会图、社会矩阵可以直观地了解人际交往的网络。指数可用来分析个人在群体中的地位、威望等，并能了解群体的凝聚力、组织管理、社会交往等方面的情况。社会计量法特别适用于小群体研究。

将传统自我报告法运用于网络舆论领袖研究的做法通常有三种：一为网下问卷调查人们上网时的情况；二为网上发布问卷进行调查；三为网上

和网下调查相结合。问卷的测量题项沿用传统舆论领袖测量量表。研究思路大多根据舆论领袖指数将网上的人群二分为舆论领袖及跟随者，对比两类人群，描述舆论领袖的特征。例如，澳大利亚的芭芭拉·莱恩斯（Barbara Lyons）、肯尼斯·亨德森（Kenneth Henderson）在舆论领袖对电子商务的推动作用研究中，采用传统舆论领袖的定义来定义网络舆论领袖，运用 Childers 量表测量舆论领袖指数，① 采取网下自填式问卷方式，将使用计算机中介交流技术的人群二分为舆论领袖及跟随者，并考察两类人群使用电子商务的差异。研究发现：采用传统舆论领袖量表测量网络舆论领袖的信度较佳（α = 0.74），可以成功将网络使用者二分为网络舆论领袖与跟随者；二者在产品知识、产品卷入度、产品采纳行为、网上投入时间、网上讨论方面存在显著不同。② 宋英洙（Youngju Sohn）在有关韩国品牌数码产品虚拟社区的研究中，采用 Flynn，Goldsmith & Eastman 量表③进行舆论领袖测量。该研究运用网上问卷和电子邮件邮寄问卷等方式调查了 124 名网民，请他们填答浏览韩国数码相机品牌社区时的一些行为和心理。该研究对网民网上、网下的心理和行为进行相关分析，发现网络舆论领袖在网上与现实生活中的表现有所不同，网络舆论领袖在现实生活中并不是一呼百应的舆论领袖。④

同样，运用社会计量法测量网络舆论领袖也不过是把研究的场域从现实世界搬到虚拟空间而已。在已有的运用社会计量法测量网络舆论领袖研

① Childers 量表通过以下 7 个问题了解人们的看法：你一般与你的朋友或邻居讨论＿＿＿＿吗？在你与朋友或邻居讨论＿＿＿＿时，请问你是较少还是较多提供信息？过去半年内，你和多少人讨论过＿＿＿＿？你的朋友会向你询问有关＿＿＿＿的新信息吗？在讨论某个新产品＿＿＿＿时，你是倾向于接受朋友的建议还是说服别人接受你的意见？讨论新产品＿＿＿＿时，是你经常告诉朋友们产品信息还是朋友告诉你产品的信息？总体而言，你经常/很少给别人提出建议吗？

② Lyons，B.，& Henderson，K.，"Opinion Leadership in a Computer-Mediated Environment," *Journal of Consumer Behaviour* 5（2005）：319.

③ Flynn，Goldsmith & Eastman 量表通过以下 6 个陈述了解人们的看法或态度。我对＿＿＿＿的意见与他人不一致。当别人挑选＿＿＿＿时，较少向我询问信息。别人很少向我询问有关＿＿＿＿的意见。我周围的人根据我的意见决定是否购买＿＿＿＿。我经常说服别人购买我喜欢的＿＿＿＿。我经常影响别人对＿＿＿＿的看法。

④ Sohn，Y.，"Opinion Leaders and Seekers in Online Brand Communities: Centered on Korean Digital Camera Brand Communities," Master Thesis: The Florida State University，Summer Semester（2005）.

究中，一般采用虚拟社区成员之间提名的方式进行测量。例如南希·贝姆（Nancy Baym）在对一个肥皂剧新闻组虚拟社区所做的研究中，要求社区成员在问卷调查中指出社区的舆论领袖。研究发现那些社区的"常客"、发帖多的社区成员很容易被其他社区成员以及社区边缘参与者（潜水者）认可为舆论领袖。① 日本学者 I. Kaneko 采用社会网络法来分析一个邮件组成员之间的交往关系。通过分析电子邮件回复形成的社会网结构来界定有影响力的邮件和人物，分析这些具有影响力的人物在社区危机管理中的作用。②

　　将传统舆论领袖测量方法移植到网络面临一些问题。使用社会计量法的前提是群体成员彼此之间了解、熟悉，因此该方法适用于凝聚力较强、规模较小的群体，不适合对大范围群体的调查研究。庞大、漂移和隐秘的网络社区的用户之间缺乏足够的了解和互动，因此社会计量法运用于网络舆论领袖测量存在困难。自我报告法最大的问题在于回答的主观性，极有可能一些自认为是舆论领袖的人实际上并不是舆论领袖，或者一些实际上是舆论领袖的人却没有被包含在舆论领袖群体中。因此在某种程度上，自我报告法更多的是测量人们自认为的舆论领袖心理，而不是真正的舆论领袖。同时，现有网络舆论领袖研究样本多是自愿样本或便利样本，研究结论的适用面大打折扣。

二　革新取向网络舆论领袖测量方法——数据挖掘

　　基于文本（Text-based）的计算机中介交流（CMC）与面对面交流的根本不同在于交流双方并不见面，很多时候也不知对方为何许人，只是通过文本交流进行沟通和发展友谊。"线索消除论"（clues filtered out theory）认为 CMC 消除了很多面对面交流中的必要因素，比如面部表情、目光接触、肢体语言、语音语调；"社会环境线索缺乏假设"（lack of

---

① Baym, N. K., *Tune in*, *Log on*: *Soaps*, *Fandom*, *and Online Community*, Thousand Oaks, CA: Sage Publications, 2000, pp. 69–83.

② Kaneko, I., "The Great Hanshin-Awaji Earthquake and Network Organization Theory," Proc. Innovative Urban Community Development and Disaster Management (1996): 233–241.

social context clues）认为 CMC 缺乏语言以外的社会环境线索（如年龄、性别、教育程度、收入、职业等），而这些是确定交流者个人特征及社会地位的重要因素。[①] 在缺乏社会线索的虚拟空间，人们不能根据社会线索来确定社会身份，只能根据交流文本来寻找写作者的社会线索。李（Lea）和斯皮尔斯（Spears）指出计算机中介交流对交流对象个人情况了解的缺乏会导致人们倍加关注语言信息中所透露的个性特征。[②] 因此基于文本交流的 CMC 研究的重点应该放到语言交流上。而革新取向测量舆论领袖的方法则是根据计算机中介交流的特点而研发的新方法，通常需要借助新技术、新手段。2002 年以来，国外网络舆论领袖研究的最新方法是数据挖掘。

数据挖掘是 20 世纪 80 年代以后发展起来的新研究领域，在银行、证券、保险、电信、零售、交通、航空、石化、能源等领域得到广泛应用。随着计算机的普及和数据的大量积累，数据挖掘在电子商务、快速消费品行业甚至社会科学研究领域如语言文字研究中大显身手。

数据挖掘指从大量数据中抽取潜在的、有价值的知识（模型或规则）的过程，就好比在一堆矿石中寻找金子。数据挖掘融合了数据库、人工智能、机器学习、统计学等多个领域的理论和技术。随着科技的发展，数据挖掘工作可以变得易于操作，就如同随着 SPSS、SALS 等大型统计分析软件的出现，社会科学的统计分析变得轻松有效一样。事实上，SPSS 中的因子分析、聚类分析、回归分析都是数据挖掘技术。只不过数据挖掘与统计分析和分析报告相比，"分析报告给你后见之明（hindsight），统计分析给你先机（foresight），数据挖掘给你洞察力（insight）"[③]。分析报告为事后亡羊补牢之举；统计分析是对研究假设进行检验以发现事物发展规律；而数据挖掘则不需要研究者事先提出研究假设，其通过挖掘现有数

① Kieler, S., "Computer Mediation of Conversation," *American Psychologist* 39 (1984): 1123-1134.

② Lea, M., & Spears, R., "Love at First Byte? Building Personal Relationships over Computer Networks," in Wood, J. T., & Duck, S., eds., *Understudied Relationships*: *Off the Beaten Track*, Newbury Park, CA: Sage, 1995, pp. 197-233.

③ Berry, M., & Linoff, G., *Data Mining Techniques*: *For Marketing*, *Sales*, *and Customer Support*, USA: John Wiley & Sons, 1997.

据，抽取规则，从而预测趋势和行为，支持人们的决策。

清华大学毛波、尤雯雯以 BBS 类型虚拟社区中知识共享型版面为主要研究对象，根据社区成员所发表文章对社区整体知识形成和共享过程的贡献，利用数据挖掘技术，对虚拟社区中所发表的文章进行定量分析总结，提出了知识共享型虚拟社区的成员分类模型，将社区的成员归纳为领袖、呼应者、浏览者、共享者和学习者等 5 种类型，提出每种类型成员的活动特点。其成员分类模型在 BBS 类型虚拟社区的交易型版面和其他版面中也得到了验证，为今后深入研究虚拟社区成员的行为模式提供了必要的基础。①

日本学者松村真宏（Naohiro Matsumura）、恩泽幸雄（Yukio Ohsawa）、石塚满（Mitsuru Ishizuka）运用数据挖掘技术提出"影响力扩散模型"（Influence Diffusion Model，IDM），从文本内容和交往网络两个方面来测量网络角色类型，筛选出舆论领袖。该模型基于以下两个前提假设构建。（1）在基于文本的计算机中介交流环境下，人们通过发、回帖子来表达观点；论坛对话链（comment-chain）体现影响力的传递结构。（2）词语为组成帖子的基本单位，在基于文本的计算机中介交流环境中，论坛交流通过词语来表达和传播。该模型将影响力定义为词语在对话链中传播的程度，数据计算为有回复关系的上下游帖子的词语交集与下游帖子词语数的比值。该方法采用先进的网络数据采集技术（Pearl）下载网络论坛的交谈内容；在保持交谈内容结构（讨论串结构）基础上，将文本自动切分为词语集合，通过程序智能比对上下游帖子词语，最后由计算机根据算法自动给出论坛中每个发帖人的影响力。

图 1 为一个对话链的示意图。实线箭头表示帖子回复关系，虚线箭头表示影响力。

在图 1 中，C1 为主帖，C2、C3 分别回复 C1，C4 则回复 C2。C1 帖包含 A、B、C 共 3 个词语，C2 包含 A、C、D 共 3 个词语，C3 包含 B、F 共 2 个词语，C4 包含 C、F 共 2 个词语。C1、C2 词语交集为 A、C，因此

---

① 毛波、尤雯雯：《虚拟社区成员分类模型》，《清华大学学报》（自然科学版）2006 年第 S1 期。

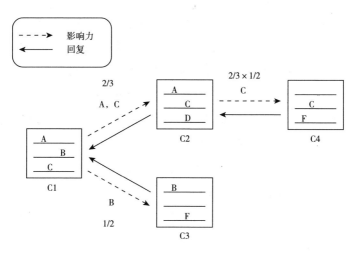

图 1 IDM 模型解释

帖子 C1 对 C2 影响力为 2/3；C1 与 C3 词语交集为 B，C1 对 C3 影响力为 1/2；C1、C2、C4 词语交集为 C，C1 对 C4 影响力为 2/3 × 1/2。

帖子在论坛中的总影响力为帖子对论坛其他所有成员的影响力之和。发帖人的影响力等于其发帖影响力之和。作者用该模型分析了日本一些论坛和邮件列组，证明模型的解释力"出乎意料地大"①。

三　启示

网络舆论领袖研究方法的"移植"和"创新"两个不同取向事实上存在于整个新媒体研究中；随着传播科技的发展，特别是网络媒体的出现和迅猛发展，传统研究方法和范式已经遇到挑战。

国际传播学界很早就关注新媒体，如 1996 年国际传播学界权威学术刊物《传播学杂志》出版新媒体专辑，2000 年《新闻学与大众传播季刊》的春、秋季两期刊登网络传播研究方法文章，提醒学者注意互联网

---

① Matsumura, N., Ohsawa, Y., & Ishizuka, M., "Influence Diffusion Model in Text‑Based Communication," in the Eleventh International World Wide Web Conference (2002).

对传统大众传播研究方法的影响，机遇与挑战共存。[①]

机遇主要来自数据收集的便捷性。在数字化、网络化浪潮一浪高过一浪的背景下，"新产生的信息差不多都是与生俱来就数字化、网络化的，一切有意义的资料信息也在被重新数字化而且迟早会网络化。这对于社会科学来说，预示着极大幅度提高数据采集效率的潜力。庞大的上网人群也给社会科学家进行从未有过的广泛且高效的调查提供了天然的基础"[②]。大规模数据收集曾经是大众传播研究的瓶颈之一，而在线调查、在线内容分析等可以轻松实现数据收集工作；而且如果有合适的分析工具，数据的分析工作可以在收集的同时完成。

但互联网给传播研究者带来机遇，同时也带来挑战。挑战来自以下两方面：第一，研究的信度和效度；第二，网络传播衍生的新问题、新领域呼唤新方法。

信度和效度是评估研究质量的两个基本原则，网络研究也不例外。将传统舆论领袖测量方法移植到网络面临的主要问题就是抽样误差，即样本是否能够代表所有网民。由于目前无法建立完备的网民抽样框，目前的网民样本很多都是便利样本。以网上问卷为例，大多数研究的操作方法为在网站上投放问卷或电子邮件邮寄问卷。若把问卷放在网站上，由访问者自愿填写，面临的问题是：能否吸引足够多的人填写问卷；填写问卷的人是否符合对调查对象的要求；是否有人多次填写同一问卷。用 E-mail 发送问卷，必须掌握足够多的邮件地址，并应按随机原则挑选调查对象，否则不具有代表性。在抽样框无法确定的调查中，拒答率也难以确定。只有在抽样框和入选概率已知（即概率抽样调查）的情况下，才可以进行对拒答误差的测量或者评价。

由于缺乏足够的抽样框，有些网络调查公司创建固定网络调查小组作

① Stempel Ⅲ, G.H., & Stewart, R.K., "The Internet Provides both Opportunities and Challenges for Mass Communication Researchers," *Journalism and Mass Communication Quarterly* 3 (2000): 541-548. McMillan, S.J., "The Microscope and the Moving Target: The Challenge of Applying Content Analysis to the World Wide Web," *Journalism and Mass Communication Quarterly* 1 (2000): 80-98.

② 李晓明、祝建华：《让社会科学插上信息技术的翅膀》，《中国计算机学会通讯》2006 年第 2 期。

为调查对象，这不失为一种可行的办法。但这个方法也存在一定的问题。首先是小组成员流失率高，一般每年有 30%~40% 的成员流失。其次是威胁效度的因素：随着网络调查小组成员受调查经验的积累，他们对问题的回答可能与初次接触问题的被调查者存在差异，从而导致测量误差。因此，将传统研究方法移植到互联网，需要解决概率抽样这个社会科学研究进行科学推论的前提。

网络传播衍生的新问题、新领域呼唤新方法。随着社会信息化、网络化进程的进一步加快，大量的社会现实以"数据"的形式存在。面对海量数据，人们迫切需要一个"去伪存真，去粗取精"的分析工具，以帮助他们正确预测趋势，避免决策失误。数据挖掘正是顺应现实的需要而开发出来的新型分析工具，在商业领域已经发挥了重大作用。现在数据挖掘技术也同样可以在网络学术研究领域发挥重大作用。作为一个与传统媒体不同的新媒体，互联网提供了许多崭新领域供研究者挖掘和探索，如网络内容（网页、论坛帖子、博客文章等）、网络结构（超链接和社会网链接）和网络使用（网站访问记录和客户端访问记录）数据挖掘。① 如前文介绍的清华大学经济管理系和日本东京大学工程系、图像序列研究所、信息管理系合作研究的影响力扩散模型就是采用数据挖掘方法来分析网页数据的规律。可以预见数据挖掘将会成为社会科学工作者的一项研究"利器"。

---

① Zhu, J. J. H., "E‑Social Science and Communication Research in Chinese Context," presented at the International Conference on Digital Communication and Social Transformation, Hong Kong Baptist University, 2006.

网络论坛舆论领袖筛选模型初探[*]

一 网络舆论领袖研究综述

网络论坛成为意见传播的重要方式在国内已是不可忽视的事实。中国互联网调查显示，2005 年，我国网络用户中仅有 21.3% 的人使用论坛功能，网络论坛在各种常用的网络应用中排名第七。到了 2006 年，网络论坛在常用网络应用中的排名上升到第四，使用人数比例上升到 43.2%。在一系列重要事件中，网络论坛成为各种信息和观点的集散地，对事件的最终解决起到重要作用，网络论坛舆论领袖对网络舆论导向起着至关重要的作用。

但遗憾的是网络舆论领袖研究无论在成果数量还是运用方法上都显得非常匮乏。国内一部分文章[①]提到"论坛舆论领袖""网络舆论领袖""舆论领袖"等概念，却没有给出具有明确可操作性的定义和测量方法。既有研究中，舆论领袖的确定多依赖主观判断，因此研究结论在信度和效度上有很大局限。

国外关于传统舆论领袖的研究相当丰富和成熟。自从拉扎斯菲尔德、

---

* 该文原发表于《新闻与传播研究》2008 年第 2 期，作者余红。

① 《BBS 版主的构成研究》，见紫金网，http://www.zijin.net/njunews01/liuyang/text/xuexi5.htm。周裕琼：《网络世界中的意见领袖——以强国论坛"十大网友"为例》，Public Opinion：East Meets West 学术研讨会论文，2005。

贝雷尔森和高德特（Gaudet）在美国 1940 年政治选举研究中发现舆论领袖现象，50 多年来相关研究方法不断成熟和完善。罗杰斯[①]总结了四种有效测量舆论领袖的方法：社会网络测量法、关键人物访谈法、观察法和自我报告法。其中自我报告法因操作方便和有效，运用得最为广泛。

与丰富的传统舆论领袖研究成果相比，网络舆论领袖研究的成果相对匮乏得多。国外为数不多的网络舆论领袖研究大多沿用传统舆论领袖测量方法，从营销学角度探讨网络交易型社区舆论领袖在新产品采纳过程中的说服、示范作用，而不是探讨新闻学、政治学所指的舆论领袖。美国博雅公关（Burson-Marsteller）的 2002 年网络调查报告，澳大利亚的芭芭拉·莱恩斯[②]、法国的艾瑞克·沃内特（Eric Vernett）[③]、韩国的宋英洙[④]的研究都采用传统舆论领袖测量量表，通过网上或网下问卷调查来研究网络交易型社区中舆论领袖影响他人产品购买行为之机制。

近几年有学者提出针对计算机中介交流（CMC）特点研发新方法，新方法通常需要借助新技术、新手段得以实现。基于文本的计算机中介交流与面对面交流的根本不同在于交流双方并不见面，很多时候也不知对方为何许人，双方仅通过文本交流进行沟通和发展友谊。"线索消除论"和"社会环境线索缺乏假设"都指出 CMC 缺乏无声语言等社会环境线索，而这些是确定交流者个人特征及社会地位的重要因素。[⑤] 在社会线索缺乏的虚拟空间，人们不能根据社会线索来确定社会身份，只能根据交流文本来估计写作者的社会线索。因此基于文本交流的 CMC 研究的重点应该放到语言交流中。

---

① Rogers, E. M., *Diffusion of Innovation* (5th ed), New York：Free Press, 2003.

② Lyons, B., & Henderson, K., "Opinion Leadership in a Computer-Mediated Environment Journal of Consumer Behaviour," *Iss.* 5 (2005)：319-330.

③ Vernette, E., "Role and Profile of Opinion Leaders for Internet Diffusion Process Decisions Marketing," *ABI/INFORM Global* 25 (2002)：93.

④ Sohn, Y., "Opinion Leader and Seekers in Online Brand Communities：Centered on Korean Digital Camera Brand Communities," A Thesis submitted to the Department of Communication in partial fulfillment of the requirements for the degree of Master of Science Degree Awarded：Summer Semester, 2005.

⑤ Kiesler, S., & Mcguire, T. W., "Social Psychological Aspects of Computer-Mediated Communicaion," *American Psychologist* 39 (1984)：1123-1134.

日本学者松村真宏、恩泽幸雄、石塚满①提出的"影响力扩散模型"运用数据挖掘技术，从讨论串内容和论坛用户交往网络两个方面来测量网络用户活跃程度，并假设论坛影响力最高的用户即为论坛舆论领袖。

该模型的最大特点是通过挖掘蕴含在网络文本内容和交往结构中的规律来量化测量论坛参与者的活动。影响力扩散模型提出两个重要命题：（1）在基于文本的计算机中介交流环境下，人们通过发帖、回帖表达观点，因此论坛对话链体现影响力的传递结构；（2）词语是组成帖子意义的基本单位。在基于文本的计算机中介交流环境中，论坛交流通过词语来表达和传播，因此帖子的影响力可以定义为帖子包含的词语集合在对话链中传播的程度，计算为有回复关系的上下游帖子的词语交集数与下游帖子词语数的比值。具体计算方法见图1。

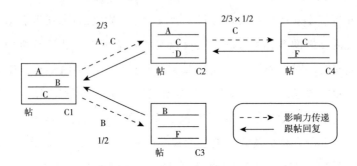

图1 论坛帖子影响力扩散模型

资料来源：Matsumura, N., Ohsawa, Y., & Ishizuka, M., "Influence Diffusion Model in Text – Based Communication," The Eleventh International World Wide Web Conference（2002）.

图1为论坛帖子影响力模型示例：实线箭头代表跟帖回复，虚线箭头代表影响力传递。假设存在一个由4个帖子组成的对话链：C1帖为主帖，C2、C3帖都回复C1帖，C4帖回复C2帖。根据影响力扩散模型，C1帖对C2、C3、C4帖等所有下游帖子都有影响，C2帖对C4帖有影响。C3帖由于没有跟

① Matsumura, N., Ohsawa, Y., & Ishizuka, M., "Influence Diffusion Model in Text-Based Communication," The Eleventh International World Wide Web Conference（2002）.

帖，可以视为无影响可传递。那么如何量化测量 C1 帖和 C2 帖的影响力呢？

C1 帖包含 A、B、C 共 3 个词语，C2 帖包含 A、C、D 共 3 个词语，C3 帖包含 B、F 共 2 个词语，C4 帖包含 C、F 共 2 个词语。C1、C2 帖词语交集为 A、C，因此 C1 帖对 C2 帖影响力为 C1、C2 帖词语交集个数（2 个）与 C2 帖词语集合数（3 个）的比值，即 2/3；同理，C1 帖与 C3 帖词语交集为 B，C1 帖对 C3 帖影响力为 C1 与 C3 帖词语交集个数（1 个）与 C3 帖词语集合数（2 个）的比值，即 1/2；C2 帖对 C4 帖影响力为两帖词语交集个数（1 个）与 C4 帖词语集合数（2 个）的比值（1/2）；C1 帖通过 C2 帖间接影响 C4 帖，因此 C1 帖对 C4 帖影响力计算为三帖词语交集个数（1 个）与 C4 帖词语集合数（2 个）比值的加权，即 1/2×2/3＝1/3。

在此对话链中，C1 帖的总影响力需要将其对 C2、C3 和 C4 帖的影响力累加，即 2/3＋1/3＋1/2。C2 帖的总影响力很简单，它只对 C4 帖有影响，影响力为 1/3。影响力扩散模型用公式表示如下。

假设 C_i 为话题发起帖子，$\xi_{i,z}$ 表示自 C_i 开始、到 C_z 结束的对话链，$\xi_{i,z}=\{C_i, C_j, C_k\cdots C_q, C_r, \cdots C_y, C_z, i<j<k\cdots q<r\cdots y<z\}$，用 $i_{i,r}$ 表示 C_i 对 C_r 影响力，则 $i_{i,r}=(\mid w_i\cap w_j\cap\cdots\cap w_r\mid/\mid w_r\mid)\times i_{i,q,j}$；$C_i$ 帖在 $\xi_{i,z}$ 对话链中的总影响力用 $I_{\xi_{i,z}}$ 表示，$I_{\xi_{i,z}}=i_{i,j}+i_{i,k}+\cdots+i_{i,y}+i_{i,z}$；假设 P_i 为 C_i 帖引发的所有对话链，C_i 帖在所有对话链中的影响力用 D_{ci} 表示，则 $D_{ci}=\sum_{\xi i\in pi}$。论坛参与者的影响力即为其在论坛所发帖子产生的影响力之和。

通过上述文献梳理可以清晰发现国外网络舆论领袖研究秉承量化传统，但在方法运用上存在两种不同取向：一种是将传统舆论领袖测量方法移植到网络空间，另一种则是方法创新。在海量网络信息和匿名网络用户环境下，将传统舆论领袖测量方法移植到网络存在两个问题：一是样本代表性问题，二是自我报告法回答的主观性问题。网络使用者的隐匿和海量特征使得研究者无法建立完备的抽样框，因此网上样本的代表性值得推敲。此外，互联网放大了人们出风头的愿望，网络匿名使网民对自己的言行放松管束，[①] 自我报告法依赖受访者主观填答，因此在某种程度上说，自我报告法更多测量的是舆论领袖心理或者是自封的舆论领袖，这造成的后果是：一些自认为是

---

① 〔美〕Patricia Wallace：《互联网心理学》，谢影、苟建新译，中国轻工业出版社，2001。

舆论领袖的人实际上并不是舆论领袖，另一些实际上是舆论领袖的人却没有被包含在舆论领袖群体中。因此测量网络论坛舆论领袖应该将重心放置于论坛参与者的活动踪迹——论坛交往结构和内容上。

国外的"影响力扩散模型"研究虽然使用了舆论领袖概念，但与新闻传播学的舆论领袖概念含义不同。"影响力扩散模型"采用市场营销学视角，目的是从商业角度探讨活跃论坛讨论气氛的策略，因此模型提取的是能够激发论坛讨论气氛、发帖积极的"活跃分子"，而不是新闻传播学意义上的舆论领袖。但显然该研究成果对新闻传播学关注的网络舆论领袖研究有重要启发。

二　研究思路

有过参与网络论坛讨论经验的人都知道：在网络论坛中，经常会有一些人很活跃，所发帖子能够吸引大家的注意力，被广泛跟帖热议，在论坛里具有相当高的关注度，但认同度却不高，典型的例子就是"靶子型"帖子发布者和论坛争议性人物。论坛中还有部分人辛勤发帖但所发布的议题极少激起他人反响。因此，网络论坛舆论领袖肯定是论坛中的活跃分子，但论坛活跃分子未必都是网络舆论领袖。只有那些得到网友广泛支持，甚至一呼百应的论坛活跃分子才是真正意义上的网络舆论领袖。图 2 显示网络论坛讨论生态和本研究筛选思路。

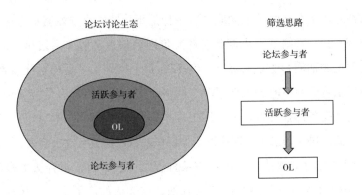

图 2　网络论坛参与生态和筛选思路

本研究采用数据挖掘方法，借鉴国外学者的"影响力扩散模型"，首先计算出中日论坛每个发帖者的论坛影响力，分离出论坛活跃分子；然后将"论坛声望"作为分类指标对活跃分子进行聚类分析，从中筛选出论坛舆论领袖。网络舆论领袖筛选模型见图3。

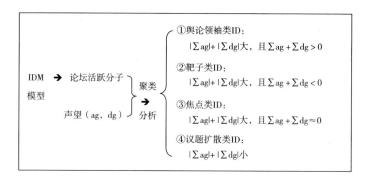

图3　网络舆论领袖的筛选

本研究的关键概念有：

（1）舆论领袖

舆论领袖在本研究中被定义为在论坛中具有较大影响力并具有较高声望、被广泛认可的参与者；从影响力和声望两个维度测量。

（2）ID 影响力

在一段时期内，ID 所发帖对论坛内容所产生的影响。测量方法为该 ID 所发全部帖子（主帖或回帖）的影响力之和。

（3）帖子影响力

在一个讨论串中，某帖对其下游所有跟帖的讨论内容所产生的影响。测量方法借用"影响力扩散模型"：先计算该帖分别对于下游每一个跟帖（包括间接回复）的影响度，然后将所有影响度值累加。

（4）声望

声望指他人评价。在论坛声望越高，则得到他人认可的程度越高。广泛认可指帖子观点得到明确支持的程度高。声望测量使用"认同值"、"响应值"、"正响应值"和"负响应值"。

（5）认同值

发言者从其他参与者那里得到认可的程度。计算为正响应值与负响应值之数学和，用公式表示为：$\sum ag + \sum dg$。

（6）响应值

某个 ID 在一定时间内在论坛所获得的支持和反对票数总值。包括正向响应值（赞成）和负向响应值（反对）两个部分。用公式表示为：$|\sum ag| + |\sum dg|$。

（7）正响应值

某个 ID 在一定时间内在论坛所获得的支持票总数。用公式表示为：$\sum ag$。

（8）负响应值

某个 ID 在一定时间内在论坛所获得的反对票总数。用公式表示为：$\sum dg$。

本研究拟采用聚类分析方法，设置合适、有效的分类指标，科学、量化地将论坛参与者分为不同类别。本研究假设：根据"响应值"和"认同值"的不同组合，可以划分出以下 4 种论坛活跃分子类型：

①舆论领袖类 ID（响应值和认同值皆高）；

②靶子类 ID（响应值高，但负响应值远远超过正响应值，即认同值低）；

③焦点类 ID（响应值高，但正、负响应值几乎持平）；

④议题扩散类 ID（影响力高，但响应值低）。

三　抽样和编码

本研究采取个案研究法，选取强国社区中的中日论坛进行历时态跟踪研究。之所以选择中日论坛是因为以下几方面因素。第一，时政论坛较之专业、爱好、旅游、情感等论坛的讨论气氛更严肃，论坛参与者比较稳定；强国社区被誉为"中文时政第一论坛"，中日论坛创建于 2000 年 1 月 18 日，是强国社区成熟论坛之一，2006 年中日论坛人气排名仅次于强国时政（浅水区）和深入讨论区（深水区）。第二，中日论坛在参与方式上兼具浅水区和深水区的特色，帖子长度可长可短，不像深入讨论区要求上帖字数 1000 字以上；这样可以避免样本选择偏差。第三，该论坛的讨论主题明确，所有话题围绕中日关系展开。根据笔者 2006 年的全年观察，该论坛参与者比较稳定，上帖量适中，日主帖量一般在 100 帖以内，讨论气氛活跃，热帖的回复层级最多可达到 30 级，回帖数将近 100 帖。

考虑到本研究的目的，借鉴澳门大学社会科学及人文学院与中国传媒大学调查统计研究所（SSI）合作进行的"全球中文时事论坛研究项目"的抽样方案，[①] 本研究第一步采用分层多阶段抽样。研究总体为中日论坛 2006 年下半年所有帖子和用户。2006 年 7 月 1 日至 12 月 30 日共有 26 周，其中 22 个月内周（85%）、4 个跨月周（15%）。取 6 周样本，按照月内周和跨月周所占比例，则需要抽取 1 个跨月周和 5 个月内周。抽样采用分层抽样方法，即视月内周和跨月周为 2 个不同层，分别建立月内周和跨月周抽样框。采用简单随机抽样的方法，分别抽取 1 个跨月周和 5 个月内周。原则上每个月抽取一个样本，重复的月份放弃，重新抽取。最后抽取的样本如下：2006 年 7 月 2 日~8 日（月内周），2006 年 7 月 30 日~8月 5 日（跨月周），2006 年 9 月 3 日~9 日（月内周），2006 年 10 月 8日~14 日（月内周），2006 年 11 月 19 日~25 日（月内周），2006 年 12月 24 日~30 日（月内周）。

第二步采用整群抽样方法，抽取选中时间段所有的主帖及其跟帖。去掉无回复的独白帖子共下载 491 个讨论串，去掉 3 个日语讨论串，余下 488 个讨论串成为研究的对象。

本研究需要计算发帖人的帖子内容引起他人关注的程度，因此需要将帖子文本中表达实际意义的关键词语切分出来。本研究将实词作为表达帖子内容意义的关键词语，采用黄伯荣、廖序东《现代汉语》中实词、虚词的划分标准，将名词、动词、形容词、代词、数词、量词、副词、叹词、象声词九类划分为实词。根据国家颁布的 GB/T13715-92《信息处理用现代汉语分词规范》进行分词。由于中文词语之间没有天然间隔，计算机分词难度很大，正确率不高，加之网络语言不同于正式书面语言，采

---

① 柯惠新、黄可、谢婷婷：《中文网络论坛的研究之抽样设计》，《数理统计与管理》2005年第 3 期。

用中文分词软件分词的正确率更低，因此本研究采用人工分词。分词由华中科技大学新闻与信息传播学院 2006 级传播学专业的 6 名研究生完成。6 个编码员彼此之间独立完成编码，然后抽取 10% 的样本两两之间核查，分词的编码员之间信度为 0.90，发帖数、回帖数的编码员之间信度为 0.95，声望的编码员之间信度为 0.85。影响力计算由专门为本研究开发的网络论坛帖子影响力分析系统（eFIAS）完成。①

四　中日论坛参与者的描述性分析

2006 年下半年的样本显示，论坛共有 182 个参与者。通过对主帖数、回帖数、总跟帖数、正响应值和负响应值几个变量的描述性统计，发现中日论坛参与者的参与行为存在明显差异（见表 1）。

表 1　主帖数/回帖数/跟帖数/正响应值/负响应值描述性统计

	N	最小值	最大值	均值	标准差
主帖数	182	0	62	2.68	6.187
回帖数	182	0	448	12.96	42.293
总跟帖数	182	0	1245	32.39	110.438
ag 值	182	0	42	3.76	8.092
dg 值	182	0	154	4.38	14.362
有效 N 值	182				

在 182 个 ID 中，平均每个 ID 发 2~3 个主帖，但 ID 之间差异极大，有的 ID 只是跟帖，不发主帖，而有的 ID 发帖量大，6 周之内最多发了 62 个主帖。回帖数的均值为 12.96，但最小值为 0，最大值为 448。6 周之内，平均每个 ID 被跟 32.29 个帖子，但也有很多 ID 发布的帖子成为独

---

① 该系统为笔者与软件开发人员合作设计，针对网络论坛树状显示格式的数据挖掘软件，可以实现网络论坛用户影响力和声望的统计运算，导出的数据可以用于 SPSS 等统计软件分析。为方便不同人员之间协作，提高数据输入和分析的效率，该系统专门申请了域名和网络空间。系统管理员赋予编码员各自的权限，给予每个编码员独立的用户名和密码，这样编码员可以实现"随时""随地"的数据输入，并能及时修改输入。

白，无跟帖；相反，有的 ID 被热捧，6 周之内跟帖量达到 1245 个。

在 ID 发帖得到赞同或反对态度方面，同样存在分布不均衡状况。正响应均值为 3.76，负响应均值为 4.38，这意味着 6 周里平均每个 ID 得到将近 4 票赞成和 5 票反对；但有些 ID 得到的票数远远超出平均数，正响应最高达 42 票，负响应最高为 154 票；与此形成对照的是很多 ID 的帖子没有激起明显的态度反应，因此正响应或负响应的最小值皆为 0。

论坛 ID 影响力差异极大。影响力最大值为 61.16，最小值为 0。182 个发言 ID 中，56 个（30.77%）ID 影响力值为 0，说明这些 ID 发帖内容未能引起别人的讨论；62 个（34.06%）ID 影响力值在 0 和 1 之间；24 个（13.19%）ID 影响力值在 1 和 2 之间，也就是说将近 80% 的论坛发言者的影响力值低于 2；10 个（5.49%）ID 影响力值在 2 和 3 之间，7 个（3.85%）ID 影响力值在 3 和 4 之间，3 个（1.65%）ID 影响力值在 4 和 5 之间，1 个（0.55%）ID 影响力值在 5 和 6 之间，4 个（2.20%）ID 影响力值在 6 和 7 之间，3 个（1.65%）ID 影响力值在 7 和 8 之间，12 个（6.59%）ID 影响力值在 8 以上。

在以往类似研究中，一般根据 ID 的发帖数量、被跟帖数量、点击数等衡量论坛 ID 活跃程度；因此如果根据影响力扩散模型计算得出的影响力值与上述指标显著性相关，则意味着影响力扩散模型的测量具有关联效度（见表 2）。

表 2　影响力（i 值统计）与主帖数、回帖数、总跟帖数、正响应值（ag 值）、负响应值（dg 值）、响应值（｜ag｜＋｜dg｜）、认同值（ag+dg）相关系数

			主帖数	回帖数	总跟帖数	ag 值	dg 值	｜ag｜+｜dg｜	ag+dg
青德尔 τ 值	i 值统计	相关系数	.641**	.388**	.800**	.656**	.633**	.717**	.044
		显著程度（二端）	.000	.000	.000	.000	.000	.000	.000
		N	182	182	182	182	182	182	182
斯毕尔曼相关系数	i 值统计	相关系数	.757**	.509**	.922**	.771**	.752**	.834**	.030
		显著程度（二端）	.000	.000	.000	.000	.000	.000	.000
		N	182	182	182	182	182	182	182

从表 2 可以看出：除了认同值以外，ID 影响力与 ID 所发主帖数、回帖数、总跟帖数、正响应值、负响应值和响应值呈明显相关，相关系数都在 0.5 以上并且通过显著性水平检验。这说明 ID 在论坛中影响力的大小与 ID 发帖、回帖和被跟帖数量多少密切相关：发帖数量越多，其论坛影响力越大；发帖激起的跟帖越多，其论坛影响力越大。

ID 论坛影响力也与正响应值和负响应值显著性相关：正响应值越高则论坛影响力越大，负响应值越高其论坛影响力也越大。这说明发帖者无论是被赞扬，还是被批评嘲笑，只要被"拍砖"、被关注、被回复，就有助于加强其在论坛的影响力。这个发现与网络论坛现实状况符合。网络论坛上不乏为了增加帖子吸引力而发布一些"新奇"观点的人，网友的口诛笔伐事实上促成了其成为"网络红人"。因此，影响力扩散模型可以有效筛选出论坛中发帖量大、影响力高、引起别人关注的论坛活跃分子。但这些活跃分子不全是舆论领袖，因此需要将舆论领袖从活跃分子中剥离出来。

五 网络论坛舆论领袖筛选

与以往人为、主观地指定论坛参与者类型的研究不同，本研究希望基于论坛参与者的行为数据中暗含的规律来科学划分角色类型。聚类分析方法无疑是个很好的方法。聚类分析的主要目的是按照个体的特征将他们分类，使同一类别内的个体具有尽可能高的同质性，而类别之间则具有尽可能高的异质性。为了得到比较合理的分类，需要设置合适、有效的分类指标，科学、量化地将论坛参与者分为不同类别。

如前所述，本研究假设依据声望高低可将论坛活跃分子划分为 4 种类型：舆论领袖类 ID、靶子类 ID、焦点类 ID 和议题扩散类 ID。由于 4 类 ID 的影响力都很高，故而对于系统聚类分析而言，影响力是常量，不必纳入分析系统。那么如何界定"高影响力"呢？根据前面对中日论坛 6 周数据的描述性统计分析，可以发现：56 个（30.77%）ID 的影响力值为 0，126 个 ID 的影响力值大于 0，其中 62 个（34.07%）ID 的影响力值在 0 和 1 之间，其余 64 个 ID 的影响力值在 1 以上，约占论坛参与者的

35.16%。也就是说影响力值 0 和影响力值 1 将论坛参与者分为三部分：低影响力 ID（影响力＝0）、中影响力 ID（0<影响力≤1）和高影响力 ID（影响力>1）。因此，在本研究中，将影响力值高于 1 的 64 个 ID 定义为"高影响力"ID，将 64 个"高影响力"ID 的相关数据纳入聚类分析过程。

由于本研究的目的是根据正、负响应值的分布模式来划分论坛参与者的角色类型，因此将变量正响应值（ag）和负响应值（dg 值）作为分类指标。在聚类方法和距离测度选择上，本研究更关心个体间的模式而不是个体间的类别，因此使用相似系数指标更合适。[①] 采用系统聚类方法，选择平均联结法和皮尔逊相关系数，对 i 值大于 1 的参与者、在论坛具有较高影响力的 64 个 ID 进行分层聚类分析，设定为 4 个类别。聚类分析结果见表 3。

表 3　聚类结果

案例	类别	案例	类别	案例	类别
119：大坏弹	1	131：钱塘潮	3	143：寂寞飞花	1
120：客居平冢	2	132：张邦昌一世	2	144：驻日老友	2
121：黄色的面孔有红色的污	2	133：莺美知音	1	145：说说容易	1
122：小李飞针	1	134：笨鸟飞飞	1	146：云卷云舒	1
123：未敢斋主人	1	135：魏生存	2	147：带妻饿	2
124：民工兄弟	1	136：周定迪	1	148：锦瑟十七	2
125：chinaspine	2	137：zuashetou	1	149：高群书	1
126：铁风 696	1	138：抗日的目的	1	150：老老刘	2
127：hylyqh	4	139：zhenghong	1	151：爱你一～～万～～年～～～	1
128：燕子马六	2	140：★日货生日祸，国货助国获	2	152：万里浪	2
129：说天道地	2	141：！糊涂	1	153：张楮同心	1
130：朱卫华	1	142：山还是山水还是水	1	154：余独爱秋香	2

① 柯惠新、祝建华、孙江华：《传播统计学》，北京广播学院出版社，2003。

续表

案例	类别	案例	类别	案例	类别
155：小城故事	1	165：鬼子孙	2	174：柴春泽网站	1
156：加洲用户	1	166：ocde	2	175：星月掩映意朦胧	1
157：你说谁呢	2	167：看看而矣	1	176：抬杠门四门主	1
158：zxhm	1	168：小圈子	2	177：jimmye01	2
159：中日关系蜜月中	2	169：ztong100	2	178：荔枝	1
160：mnmnmnmnmnmnmnmn	2	170：宁可台湾不长草，也绝不让台湾跑	1	179：幸福爱躲藏猫猫	1
161：918网老吴	1	171：米酒一	2	180：老Q插队在苏州	2
162：浪尖上的阳光	2	172：汉语1840	1	181：李明德	2
163：灯塔海滩	1	173：历史规律	1	182：大丰战友	2
164：脍新鲈斟美酒起悲歌	2				

聚类分析将64个ID分为4个类别。第一个类别由34个ID组成。回溯原始数据，第一类ID的共同特点是正响应值高于负响应值，因此命名为舆论领袖类ID。第二个类别由28个ID组成，此类ID在声望方面的共性为负响应值高于正响应值，因此命名为靶子类ID。第三类有1个ID，原始数据显示该ID具有一定响应度，但正、负响应的票数几乎持平，因此命名为焦点类ID。第四类也只有1个ID，原始数据显示其特点是得到的正、负响应的票数总和即响应值不高，因此命名为议题扩散类ID。聚类结果如表4所示。

表4　聚类结果

1. 类别1（n=34）——舆论领袖类ID

幸福爱躲藏猫猫、荔枝、抬杠门四门主、星月掩映意朦胧、柴春泽网站、历史规律、汉语1840、宁可台湾不长草，也绝不让台湾跑、看看而矣、灯塔海滩、918网老吴、zxhm、加洲用户、小城故事、张楮同心、爱你一~~万~~年~~~、高群书、说说容易、寂寞飞花、！糊涂、zhenghong、抗日的目的、zuashetou、周定迪、莺美知音、朱卫华、铁凤696、未敢斋主人、小李飞针、大坏弹、云卷云舒、山还是山水还是水、笨鸟飞飞、民工兄弟

2. 类别2（n=28）——靶子类ID

大丰战友、李明德、老Q插队在苏州、jimmye01、米酒一、ztong100、小圈子、ocde、鬼子孙、脍新鲈斟美酒起悲歌、浪尖上的阳光、mnmnmnmnmnmnmnmn、中日关系蜜月中、你说谁呢、余独爱秋香、万里浪、老老刘、锦瑟十七、带妻饿、驻日老友、★日货生日祸、国货助国获、魏生存、张邦昌一世、说天道地、燕子马六、chinaspine、黄色的面孔有红色的污、客居平冢

3. 类别 3（n=1）——焦点类 ID

钱塘潮

4. 类别 4（n=1）——议题扩散类 ID

hylyqh

从表面上看，似乎聚类分析的结果验证了之前的研究假设，将论坛活跃分子划分为 4 种类型。但如前所述，一个"好"的分类结果须使同一类别内的个体具有尽可能高的同质性，而类别之间则具有尽可能高的异质性。因此需要对聚类效果进行评估。

六　聚类效果评估

聚类分析划分的舆论领袖类 ID、靶子类 ID、焦点类 ID、议题扩散类 ID 在发帖数量和声望两个方面是否存在显著性差异呢？为此，本研究对 4 个类别 ID 在发帖量（包括主帖数、回帖数、总帖数、总跟帖数、一级跟帖数和帖子平均层级）、声望（包括 ag 值、dg 值、｜ag｜+｜dg｜、ag+dg）和影响力进行方差分析。

方差分析结果（见表 5）表明：4 类论坛活跃分子在发帖数量和影响力方面没有显著性差别，只有在认同值上存在显著性差别。4 类 ID 在认同值上，组间差异远远大于组内差异，F 比值为 5.607，显著性水平达到 0.002，这说明 4 类 ID 发帖量都较大，但在认同值方面有不同的分布模式。由图 4 可以直观看出：舆论领袖类人物认同值的均值最高，为正数，将近 6；靶子类人物的认同值最低，为负数，将近 -12；焦点类人物和议题扩散类人物认同值皆为 0。卡方检验显示 4 类 ID 在认同值上具有显著性差异，显著性水平达到 0.002。这个发现与本篇前面影响力测量效度分析的结果一致，说明聚类分析成功地对影响力高的活跃分子根据声望的高低进行了有效划分，将论坛舆论领袖从中分离出来，聚类分析比较成功。

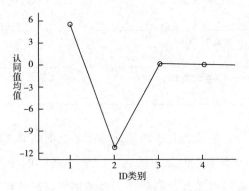

图 4 四类 ID 认同值均值比较

表 5 不同类型 ID 发帖行为的方差分析

		平方和	自由度	均方	F	显著程度
i 值统计	组间	177.426	3	59.142	.685	.565
	组内	5182.305	60	86.372		
	总数	5359.731	63			
主帖数	组间	52.755	3	17.585	.194	.900
	组内	5432.479	60	90.541		
	总数	5485.234	63			
回帖数	组间	18364.691	3	6121.564	1.393	
	组内	263616.300	60	4393.605		
	总数	281981.000	63			
总帖数	组间	19496.638	3	6498.879	1.195	.319
	组内	326348.800	60	5439.147		
	总数	345845.500	63			
总跟帖数	组间	108683.600	3	36227.871	1.205	.316
	组内	1803334.000	60	30055.569		
	总数	1912018.000	63			
ag 值	组间	296.505	3	98.835	.737	.534
	组内	8042.729	60	134.045		
	总数	8339.234	63			
dg 值	组间	2961.595	3	987.198	2.039	.118
	组内	8042.842	60	484.047		
	总数	32004.438	63			

		平方和	自由度	均方	F	显著程度
|ag|+ |dg|	组间	2211.438	3	737.146	.752	.526
	组内	58817.046	60	980.284		
	总数	61028.484	63			
ag+dg	组间	4304.763	3	1434.921	5.607	.002
	组内	15354.097	60	255.902		
	总数	19658.859	63			
平均层数	组间	5.754	3	1.918	1.384	.256
	组内	83.125	60	1.385		
	总数	88.878	63			
一级跟帖数	组间	8715.367	3	2905.122	1.003	.398
	组内	173813.100	60	2896.885		
	总数	182528.500	63			

　　网络论坛里绝大多数 ID 是用绰号或 ID 名进行互动交流，因此绰号或 ID 名成为网上身份的表现形式。比较论坛不同类型参与者的 ID 名和签名档，可以从另一个方面证实网络论坛角色划分模型的效度。

　　将舆论领袖类 ID 的 ID 名与靶子类 ID 比较，可以发现一个有趣的现象：靶子类 ID 的 ID 名或者像日本人名，或者容易引起有关日本的回忆，或者体现对日本的亲善友好，如"大丰战友""米酒一""驻日老友""中日关系蜜月中""鬼子孙""客居平冢""李定湘123"。而舆论领袖类 ID 的 ID 名则提醒国人不要忘记那段历史，如："抗日的目的""918网老吴""zuashetou""历史规律""百年追惩叛国者""汉语1840"。其次是签名档。签名档是论坛 ID 刻意经营的身份，很多 ID 利用论坛提供的这个功能展示自己独特的个人魅力。舆论领袖类 ID 的签名档流露出的信息有强烈的强国愿望，如：

　　　加快发展，壮大自己，国家强大是我们未来唯一的选项!!希望大家在新的一年，事少钱多离家近，位高权重责任轻，睡觉睡到自然醒，数钱数到手抽筋。（幸福爱躲藏猫猫）

投身万维为民族，我以我心献忠诚。（918网老吴）

长太息以掩涕兮，哀民生之多艰！（小李飞针）

与舆论领袖类 ID 签名档直白坦露心声、咄咄逼人的进攻气势相比，一些最为活跃的靶子类 ID 放弃了签名档，如该论坛最活跃的分子"大丰战友""鬼子孙""jimmye01""米酒一"签名档空白；而另外 2 个活跃靶子类 ID"李明德"和"余独爱秋香"的签名档体现"以守为攻"态势，如：

特别提示：本帖只代表李明德的个人观点，不代表人民网观点。因此，请人民网不要扣押俺的帖子（虽然扣押得不算多）。恳请人民网进一步提高论坛的管理水平！希望斑竹同志们努力工作，俺为你们加油！（李明德）

小琪的周评写得是越来越好了。大家好，我叫余独爱秋香。有的网友以为我就是秋香，这里我必须要澄清一下：我不是秋香，但却是最爱秋香的那位！（余独爱秋香）

因此，从中日论坛用户的 ID 名和签名档来看，网络时政论坛舆论领袖划分模型筛选出的舆论领袖类 ID 体现了较为强烈的爱国情怀，而靶子类 ID 表现了亲日倾向。在中日论坛中这个现象符合常理，也从另一个方面佐证了筛选结果的有效性。笔者后续对中日论坛不同类型 ID 的帖子议题框架、不同类型 ID 在中日论坛所处的结构性位置及"嵌入"的社会资本的分析研究，以及中日论坛用户网上问卷调查的结果都从不同侧面揭示了网络舆论领袖群体具有的一些与众不同的特质：有一定知识水平、具有忧国情怀、信息渠道较广、表达欲望强烈、收入中等偏下的中年男性。这个研究结果与笔者对一些时政论坛版主的访谈相吻合，也说明了网络舆论领袖筛选模型的有效性。

网络舆论领袖地位稳定性探析

——以人民网强国社区"中日论坛"为例*

  网络论坛在当今社会舆论中越来越显示出巨大能量。近年来国内发生的诸多重大舆论事件无不与网络论坛有着密切关系,这些事实不断刺激我们对网络舆论形成机制问题产生浓厚的研究兴趣。一个网络舆论事件的发生、发展,通常离不开舆论领袖的引导以及众多活跃分子的推动,而舆论领袖的引导作用至为重要。因此,解析网络舆论形成机制,其首要问题就在于如何科学地筛选出网络论坛中的舆论领袖,而紧接其后的任务就是,如何客观、系统地分析描述网络论坛舆论领袖的一些特征、特点。关于网络论坛舆论领袖的筛选问题,上篇《网络时政论坛舆论领袖筛选模型初探》曾专门进行过探讨,至于第二个问题,笔者认为该问题对于我们揭示网络舆论的发生、发展过程,意义更为重要。本篇将主要从网络论坛舆论领袖地位稳定性的角度对该问题进行一些探讨。

一 关于舆论领袖特征性的研究

  舆论领袖研究的中心问题是刻画领袖特征,传统舆论领袖研究领域在此方面已经有了较为丰硕的成果。如罗杰斯和休梅克(Shoemaker)曾梳理了几百项研究成果,力图从人口统计学指标、社会经济指标、媒体接触、社会

---

  * 该文原发表于《新闻与传播研究》2008 年第 6 期,作者余红。

地位，以及人格特征等方面勾勒出传统型舆论领袖的特征。大多数学者认为，舆论领袖普遍存在于日常生活的各个领域，譬如公共事务[①]、农业产品[②]、消费产品[③]、服装[④]、音乐[⑤]等。舆论领袖只是某个领域方面的专家[⑥]或者同时是几个相关领域的专家[⑦]，而不可能是无所不知的"超人"。当然，不同领域的舆论领袖之间显然具有某些共同的特征。首先，舆论领袖一般具有较高的媒体接触度。如迪凯特研究发现舆论领袖更多使用大众媒体，[⑧] 后续研究则进一步发现舆论领袖更多的是通过读报来接触媒体而较少看电视或听广播。[⑨] 其次，舆论领袖属于"社交型"人物，[⑩] 经常参加政治组织，与多个不同性质的群体保持联系，[⑪] 拥有较大的社会网络。[⑫] 最后，相对于普通追随者，舆论领袖一般具有较高的社会地位和经济收入。[⑬]

[①]　Katz, E., & Lazarsfeld, P. F., *Personal Influence*, New York: Free Press, 1955.

[②]　Rogers, E. M., *Diffusion of Innovations*, New York: Free Press, 1962.

[③]　Katz, E., & Lazarsfeld, P. F., *Personal Influence*, New York: Free Press, 1955. King, C. W., & Summers, I. O. "Overlap of Opinion Leadership Across Consumer Product Categories," *Journal of Marketing Research* 2 (1970): 43-50.

[④]　Flynn, L. R., Goldsmith, R. E., & Eastman, J. K., "The King and Summers Opinion Leadership Scale: Revision and Refinement," *Journal of Business Research* 1 (1994): 55-64.

[⑤]　Goldsmith, R. E., & Hofacker, C. F., "Measuring Consumer Innovativeness," *Journal of the Academy of Marketing Science* 3 (1991): 209-221.

[⑥]　Goldsmith, R. E., & Hofacker, C. F., "Measuring Consumer Innovativeness," *Journal of the Academy of Marketing Science* 3 (1991): 209-221. Rogers, E. M., & Cartano, D. G., "Methods of Measuring Opinion Leadership," *Public Opinion Quarterly* 26 (1962): 435-441.

[⑦]　King, C. W., & Summers, I. O. "Overlap of Opinion Leadership Across Consumer Product Categories," *Journal of Marketing Research* 2 (1970): 43-50.

[⑧]　Katz, E., & Lazarsfeld, P. F., *Personal Influence*, New York: Free Press, 1955.

[⑨]　Troldahl, V., & van Dam, R., "Face to Face Communication about Major Topics in the News," *Public Opinion Quarterly* 29 (1965): 626-634. Schenk, M., & Rössler, P., "The Rediscovery of Opinion Leaders: An Application of the Personal Strength Scale," *Communications* 1 (1997): 530.

[⑩]　Katz, E., & Lazarsfeld, P. F., *Personal Influence*, New York: Free Press, 1955.

[⑪]　Rogers, E. M., & Cartano, D. G., "Methods of Measuring Opinion Leadership," *Public Opinion Quarterly* 26 (1962): 435-441.

[⑫]　Schenk, M., & Rössler, P., "The Rediscovery of Opinion Leaders: An Application of the Personal Strength Scale," *Communications* 1 (1997): 530.

[⑬]　Katz, E., & Lazarsfeld, P. F., *Personal Influence*, New York: Free Press, 1955. Troldahl, V., & van Dam, R., "Face to Face Communication about Major Topics in the News," *Public Opinion Quarterly* 29 (1965): 626-634.

上述研究成果主要是针对传统型舆论领袖进行研究并基于传统研究方法而取得的，若直接用来分析、解释网络舆论领袖特征则很可能会失去效用。譬如，在现实世界里，我们可以通过建立诸如知识、能力、魅力、社会地位、教育程度、收入、年龄、性别等测量指标来分析、总结舆论领袖所具备的特质，但是在网民身份隐匿的网络社区中，试图进行上述方面的统计测量则几乎是不可能的事情。因此，网络舆论领袖特征研究，显然只可能通过网络论坛所提供的材料来进行，这就要求我们必须结合网络论坛中的某些特殊现象以及领袖人物所表现出来的某些具体行为来建立有别于传统的新型研究框架，同时借助数据挖掘方法获取相关研究数据。

众所周知，网民在网络论坛中最显著的特点就是进出自由、身份隐匿而公平。论坛中常常充斥着大量来去匆匆的过客以及滔滔不绝的演说者，那里既是各种意见、观点的集散地，也是各路高人竞相角逐的舞台。然而过客也好高人也罢，在此他们首先都是以普通网民身份出现，其真实社会背景及地位，并不构成其作为网络舆论领袖的必然要件。一个普通网民若要获得领袖地位，首先取决于他以文本方式呈现的言行能产生较为持续的影响力效果；而对于一个网络舆论领袖而言，其言行是否具有持续性的影响力决定其领袖地位的稳固与否。如今网络论坛中经常出现的"你方唱罢我登场""城头变幻大王旗"的更替现象，无不反映出网络舆论领袖之间在地位稳定性方面所存在的差异。笔者认为研究这些差异是非常必要的，这不仅可以帮助我们分析、发现网络舆论领袖的特征，而且能为我们进一步探讨网络舆论导向的作用机制提供新的线索。

二　研究设计、测量与分析

（一）研究设计

本研究讨论的核心问题是论坛舆论领袖地位的稳定性。如前所述，领袖地位的稳固需要有持续性的影响力来维系。因此，我们可以通过采取历时态分析方法考察论坛 ID 在不同时间区段角色、地位的变迁状况，并将这些结果与他们在全时段中的测量结果相比较。

　　具体方法为：抽取人民网强国社区"中日论坛"2006年下半年6个自然周样本，以每个自然周为时间单位，筛选每段时期的论坛舆论领袖；比对不同时期论坛舆论领袖变动情况，剖析网络论坛舆论领袖更替现象，并从中挖掘出论坛舆论领袖地位取得的关键因素。抽样方案和领袖筛选方法参见《网络时政论坛舆论领袖筛选模型初探》。

　　6周（共计42天）中"中日论坛"帖子流量总体来说比较平稳。去掉无回复的独白型主帖，从7~8月和10~12月抽取的5个自然周中，各周包括的种子帖数目大体相当（20个左右）；从9月抽取的自然周样本中种子帖数目略多，这可能是因为适逢"九一八"事变周年纪念。论坛ID参与情况如表1所示。

表1　"中日论坛"ID参与状况（2006年7~12月）

时间	发帖ID数（个）	活跃ID数（个）	普通ID数（个）	边缘ID数（个）	ID影响力最大值	ID影响力最小值	ID认同值最大值	ID认同值最小值
7月2日~8日	72	24	24	24	10	0	9	-11
7月30日~8月5日	53	20	23	10	14	0	6	-25
9月3日~9日	55	24	25	6	10	0	15	-33
10月8日~14日	55	12	30	13	6	0	2	-9
11月19日~25日	36	12	10	14	8.6	0	9	-17
12月24日~30日	39	8	12	19	13	0	3	-13
半年	182	64	62	56	61	0	42	-154

　　注：本研究将影响力值大于1的论坛参与者划分为活跃ID，影响力值在（0，1]的论坛参与者归类为普通ID，影响力值为0的论坛参与者归类为边缘ID。如果不计算独白型主帖（即没有任何跟帖的孤帖），三种类型ID在论坛中各占1/3左右。

（二）稳定性测量

　　采用网络论坛舆论领袖筛选模型依次对6周样本和半年样本进行分析，记录每个样本论坛活跃ID的角色类型。[①] 将2006年下半年筛选的论坛舆论领袖名单与2006年7~12月中6周的论坛舆论领袖名单比较后发

---

　　① 活跃ID的角色类型包括以下4类：舆论领袖类、靶子类、焦点类和议题扩散类。划分依据和方法详见《网络时政论坛舆论领袖筛选模型初探》。

现，2006年7~12月的6周中，论坛舆论领袖的更替呈现不同图景（见表2）：有的能够一直盘踞在领袖的位置、风光无限；有的曾在某个时期暂时丧失领袖的宝座，但会伺机东山再起；有的领袖地位动荡起伏，稳定性较差；有的领袖地位十分脆弱，虽曾崭露头角，但不过昙花一现，迅速被他人取代。具体来说，依据论坛舆论领袖地位稳定性之不同程度，大体可以将其分为4种类型。

类型A——稳固型：在6周数据中，ID角色类型始终只被归为舆论领袖一种类型；半年的数据显示其属于舆论领袖类ID。

类型B——稳定型：在6周数据中，ID角色在舆论领袖和议题扩散者之间转换，没有被划分为有争议的焦点类ID和被批判的靶子类ID；半年的数据显示其属于舆论领袖类ID。

类型C——动荡型：论坛发言观点引起多元化反响，角色类型不稳定，经常变更，角色类型在舆论领袖、议题扩散者、焦点人物甚至靶子人物之间转换，但在半年数据中最终能够成为舆论领袖。

类型D——流星型：曾经短暂登上论坛领袖宝座，但不过昙花一现，在半年数据中最终成为其他类型人物。

表2　2006年下半年"中日论坛"重要ID角色类型变更情况

类型	ID名	7月	8月	9月	10月	11月	12月	半年
稳固型	历史规律	—	—	舆论领袖	舆论领袖	舆论领袖	—	舆论领袖
	918网老吴	—	—	舆论领袖	—	舆论领袖	—	舆论领袖
	zxhm	—	舆论领袖	—	舆论领袖	—	—	舆论领袖
	周定迪	舆论领袖	舆论领袖	—	—	舆论领袖	—	舆论领袖
	莺美知音	—	舆论领袖	—	—	舆论领袖	—	舆论领袖
	张楮同心	—	—	—	舆论领袖	—	—	舆论领袖
	大坏弹	—	舆论领袖	—	—	—	—	舆论领袖
	朱卫华	—	舆论领袖	—	—	—	—	舆论领袖
	zhenghong	—	舆论领袖	—	—	—	—	舆论领袖
	铁风696	舆论领袖	—	—	—	—	—	舆论领袖
	小城故事	舆论领袖	—	舆论领袖	舆论领袖	舆论领袖	—	舆论领袖
	高群书	—	—	舆论领袖	—	—	—	舆论领袖

续表

类型	ID名	7月	8月	9月	10月	11月	12月	半年
稳定型	幸福爱躲藏猫猫	舆论领袖	议题扩散	舆论领袖	—		—	舆论领袖
	爱你一~~万~~年~~~	—	舆论领袖	议题扩散			议题扩散	舆论领袖
	抗日的目的	—	—	议题扩散		舆论领袖	—	舆论领袖
	未敢斋主人	议题扩散	舆论领袖	—	—			舆论领袖
	小李飞针	—	议题扩散	—	—	舆论领袖		舆论领袖
动荡型	加洲用户	靶子	靶子	舆论领袖	—	舆论领袖		舆论领袖
	抬杠门四门主	焦点	靶子	舆论领袖	焦点	焦点	议题扩散	舆论领袖
	汉语1840	议题扩散	舆论领袖	舆论领袖	—			舆论领袖
	荔枝	靶子	舆论领袖	舆论领袖	靶子	靶子	靶子	舆论领袖
	星月掩映意朦胧	焦点	靶子	舆论领袖	靶子	—		舆论领袖
	柴春泽网站	—	—		议题扩散	舆论领袖	靶子	舆论领袖
	宁可台湾不长草，也绝不让台湾跑	焦点	—	舆论领袖	—	—		舆论领袖
	看看而矣		焦点	舆论领袖	靶子			舆论领袖
	灯塔海滩	舆论领袖	靶子	舆论领袖	议题扩散			舆论领袖
	说说容易	靶子	舆论领袖	焦点	—			舆论领袖
	寂寞飞花	舆论领袖	—	焦点	议题扩散			舆论领袖
	！糊涂	舆论领袖	靶子	—	—			舆论领袖
	zuashetou	—	焦点		议题扩散	舆论领袖	议题扩散	舆论领袖
流星型	钱塘潮	靶子	—	舆论领袖	—	—	—	焦点
	老Q插队在苏州	靶子	靶子	舆论领袖	靶子		靶子	靶子
	小圈子	靶子	靶子	舆论领袖	—	—	—	靶子
	米酒一	舆论领袖	靶子	舆论领袖	—	—	—	靶子
	张才旺	—	靶子	舆论领袖	—		议题扩散	边缘ID
	普通人好	—	—	—	—	舆论领袖		边缘ID
	炖不？	—	—	—	舆论领袖	—	—	边缘ID
	乡间一茅屋	—	—	—	舆论领袖	—	—	边缘ID
	杨联康	—	—	—	舆论领袖	—	—	边缘ID

类型	ID名	7月	8月	9月	10月	11月	12月	半年
流星型	留言非语	—	—	—	舆论领袖	—	—	边缘ID
	欢迎否	—	—	—	舆论领袖	—	—	边缘ID
	郑华淦	—	—	舆论领袖	—	—	—	边缘ID
	淘汰狼	—	—	舆论领袖	—	—	—	边缘ID
	孤独求爱	—	—	舆论领袖	—	—	—	边缘ID
	青松在泰山顶上	—	—	舆论领袖	议题扩散	—	—	边缘ID
	真不明白	—	舆论领袖	—	—	—	—	边缘ID
	梁栋	—	—	舆论领袖	—	—	—	边缘ID
	文彤	—	—	舆论领袖	靶子	—	—	边缘ID
	你的网上邻居	—	—	舆论领袖	—	—	—	边缘ID
	大方仙人	—	舆论领袖	—	—	—	—	边缘ID
	注册注意事项	—	舆论领袖	—	—	—	—	边缘ID
	李金蔚	—	舆论领袖	—	—	—	—	边缘ID
	凉冻	—	舆论领袖	—	—	—	—	边缘ID
	名侦探江户川柯南	舆论领袖	—	—	—	—	—	边缘ID
	forever	—	—	舆论领袖	—	—	—	边缘ID
	日本友人	—	—	舆论领袖	—	—	—	边缘ID

（三）类型分析

1. 稳固型

在一相样本（半年）和分解的二相样本（各自然周）统计中，此类ID只表现为"舆论领袖"这种角色类型。此类ID发帖内容皆能获得大家认同而从未招致过抨击，因此一直稳居论坛舆论领袖地位。经过进一步研究，我们发现：领袖地位稳固的ID一般为强国社区资深用户，注册时间多在强国社区诞生初期。稳固型舆论领袖不太介意暴露自己的真实身份、背景，他们的言辞、态度一般比较诚恳，且有强烈的爱国情怀和执着的理想追求。比如，54岁的"918网老吴"（亦称"老吴"）是"中国九一八爱国网"（www.china918.net）的创始人和主要负责人，为了维持网站，老吴倾其所有、用尽积蓄，一家人过着清贫的生活。周定迪（实名）女士家收藏有直径12mm大小、内有3mm×2mm佛画的日本高僧舍利子，可作为二战日本侵华历史的佐证，但日本驻华外交官们拒绝承认此物，因此周定迪女士将"中国普通老百姓与日本天皇的博弈"作为她在强国社区中的签名档。zhenghong（实名拼音）为中年女性，自由职业者，现居日本。zhenghong 的帖子常常自我披露在日本生活的经历和感想，由于她态度诚恳，故而一般没有招致论坛中的"拍砖"，是少有的未被扣上"汉奸"帽子的在日华人。可以说，她的坦诚使她赢得网友们的尊重。高群书（实名）为电影《南京大屠杀》导演，2006 年 9 月 4 日他应邀在中日论坛与网友交流，坦陈自己导演《南京大屠杀》的动机，在资金筹集上所遇到的困难、挑战，以及对中日关系的看法等。其不惧困难追求理想的执着精神，使其获得网友们的认同。

除了导演高群书作为公众人物短暂参与中日论坛活动以外，其余的舆论领袖类 ID 长期在论坛中活动，发帖数量可观，能够在较长一段时间内保持论坛舆论领袖地位。这类 ID 大都有自己的博客网站，如"历史规律""918 网老吴""zxhm""周定迪""朱卫华""铁风 696"。除了周定迪的博客内容聚焦收藏物，其余博客（网站）内容都是有关时政的综合性内容，内容丰富，随时更新，且分析问题深刻，逻辑论证严密，写作态度认真。他们在论坛中的很多帖子为 800 字以上的评论，显著有别于发泄、灌水的帖子。可以说，爱国的热情，负责、诚恳的态度，以及清晰的表达，奠定了这类 ID 在论坛中稳固的舆论领袖地位。

2. 稳定型

在一相样本（半年）和分解的二相样本（各自然周）统计中，此类 ID 分别表现为"舆论领袖"和"议题扩散者"两种角色类型。此类 ID 发帖内容居于叫座和平实之间，基本上未曾招致抨击。

通过进一步研究我们可以发现，与稳固型舆论领袖相比，稳定型舆论领袖在中日论坛里注册时间相对晚些，一般都是 2005 年以后注册的。此类 ID 光顾论坛频率、论坛经验值、访问量、精华帖数明显低于"历史规律""918 网老吴"等稳固型 ID。这再次证明了稳固的论坛舆论领袖地位需要时间的投入和积累。

此外，稳定型舆论领袖的论坛影响力不及稳固型舆论领袖高。但论坛大量用户来去匆匆，以边缘方式（很少发帖或者潜水）参与论坛活动，因此这些发帖绝对数量虽然不高但言之有物的 ID 的较高质量的帖文依然能够吸引网友的点击和回复，从而奠定其在论坛的影响力。例如 ID"未敢斋主人"在 2006 年 7 月 19 日发表原创 1934 字的长帖《为什么要再提日本军国主义》引起网友热烈讨论，当天点击数就达 3386 人次，跟帖 13 个。

3. 动荡型

在各自然周样本里，动荡型舆论领袖的角色类型在舆论领袖、议题扩散者、焦点人物甚至靶子人物之间转换，呈现不稳定状态，但在半年的一相样本中被划入舆论领袖类 ID。

通过进一步研究可以发现角色类型变化的主要原因在于这种类型 ID 在论坛的发言引起多元化反响：既有喝彩和支持，也有讥讽和反对。但其之所以能够在半年数据中最终成为舆论领袖，主要是因为这些 ID 有时能够发布非常精彩和叫座的帖子，引起人们的高度共鸣，从而冲淡、稀释了别人的批评，使自身在半年数据中成为领袖人物。这是网络时政论坛里最常见的舆论领袖类型，所占比例较高，但他们的领袖地位较不稳定。此类 ID 的发言引起网民激烈反应的现象与他们的书写风格有关。

此类 ID 发帖多原创，较少转帖或援引媒体消息，发帖观点直白不加修饰；另外，这类 ID 时而运用调侃、讥讽或者说反话方式，不似稳定性高的舆论领袖类 ID 发帖风格正统、端庄，采用正式的政论形式。如 ID"抬杠门四门主"网名所标示，该 ID 发言有时正统、有时调侃，喜爱抬杠。"汉语 1840"是中日论坛活跃的 ID，他发言特点是率性而为，遣词造句未经仔细雕琢，所发帖文感性色彩很浓，故容易招致不同看法。

4. 流星型

在 6 个自然周样本里，此类 ID 曾经短暂登上舆论领袖的宝座，但好景不长，其很快城池失守，最终也未能东山再起，未进入 2006 年下半年中日论坛舆论领袖名单。流星型领袖在中日论坛占据很大比例，显示出网络论坛领袖地位的较大不稳定性。回溯原始数据，这个现象的原因有两个：发帖数量和发帖风格。

某些 ID 虽然一度发帖引起人们好评，但发帖绝对数量较少，论坛影响力不高，在论坛整体社交网络中处于边缘位置，因此很快就沉寂无声，迅速被他人取代。这是网络论坛中的普遍现象：在网络论坛中出风头容易，保持优势难。要维持领袖地位就需要不断发帖，而且帖子要被网友点击、回复、给予赞扬，而写帖需要时间和精力。大量 ID 由于现实的工作、学习、生活，光顾论坛的频率、停留时间有限，故而不过昙花一现。

此外是他们的发帖风格和习惯。清晰、有逻辑地表达观点有利于确立 ID 在论坛的地位；反之，不知所云的帖子易让网友恼火。流星型舆论领袖 ID"小圈子"是个普通话表达不太流畅的港澳青年，但喜欢在论坛发言（跟帖居多），很多时候网友难以忍受他晦涩的表达而按捺不住"拍砖"。"小圈子"被中日论坛网友列举有"三大罪状"：一是写错别人名字，二是逻辑不通，三是帖子晦涩难懂。同样，有网友这样评价流星型 ID"老 Q 插队在苏州"："看来看去你的文风最差！比我都差！但很有勇气！"

领袖地位的昙花一现还与 ID 帖子过于强烈甚至偏激的民族主义情绪，特别是不理性、情绪化的表达方式有关。此类 ID 发帖缺乏实质内容，而仅是简单、强硬的情绪化表达，如 ID"张才旺"的帖子大量使用感叹号以加强语气。从 2006 年 7 月至 2008 年 1 月，检索到其共发 54 个主帖，其中 50 个帖子的标题采用感叹号，余下的 4 个帖子中 2 个帖子的标题使用反义疑问句，以问号结尾来加强语气。该 ID 多发 0 字节帖子（只有标题没有实质性内容的帖子），没有长篇论述，这种缺乏实质性内容和理性论述的帖子往往只能表达一时情绪，难有持久的地位，甚至受到"亲日派"的讽刺和嘲笑。

三 谁能成为论坛舆论领袖

由此，可以捕捉到论坛舆论领袖更替的一定规律。发帖数量、帖文质量、表达风格都是影响因素。在这些因素中，哪些是决定性因素呢？笔者将半年数据进行多元线性回归分析，以期能够发现决定相关 ID 成为论坛舆论领袖的关键因素。在强国社区中，每个注册 ID 都有注册时间、发帖数量、上站次数、跟帖数、精华帖、置顶帖、经验值、访问量等统计数据。但本研究无法在回归模型中使用这些数据，因为这些数据是 ID 从在强国社区注册以来的累计值。强国社区是个综合性社区，有包括中日论坛在内 40 多个分论坛和频道。ID 注册后可参与各个论坛或频道的交流活动（2007 年起游客也可在强国社区发帖，但没有上述统计值），因此这些统计值包括 ID 在中日论坛以外其他分论坛的发帖，不适合针对 2006 年论坛角色类型划分进行回归分析。①

本研究回归分析的变量包括因变量和自变量。因变量为是否为论坛舆论领袖（1＝是，0＝否）。根据 2006 年下半年的数据，将聚类分析得到的角色类型作为划分依据，舆论领袖编码为 1，其余类型编码为 0。自变量包括：主帖数、回帖数、总帖数、一级跟帖数、总跟帖数、影响力、帖子层级、赞同票、反对票。但很显然，这些变量存在自相关。如果直接代入回归模型会产生多重共线性问题，影响模型的效度。因此采用 logistic regression 中的"向前逐步选择回归法"（forward conditional），剔除测试依靠来源于通过条件参数估计所得似然比的概率。

回归结果（见表 3）表明：影响力值、得到的赞同票（ag）、得到的反对票（dg）是决定相关 ID 成为论坛舆论领袖的关键因素，三个变量的影响都达到统计学上的显著性标准，全部通过假设检验。三个变量可以解释回归模型 69.9% 左右的方差，说明这三个变量可以相当有效地解释某个 ID 成为论坛舆论领袖的原因。影响力值和获得的赞同票数对舆论领袖地位的取得是正作用，获得的反对票数是反作用。这意味着影响力越大，成为舆论领袖的可能性越大；获得的赞同票越多，成为论坛舆论领袖的可能性越大。相反，获得的反对票越多，成为论坛舆论领袖的可能性越小。三个对舆论领袖地位取得有显著性影响的变量中，影响力值对舆论领袖地位取得的贡献最大，其次是获得的赞同票数，最后是获得的反对票数。

---

① 从对半年数据的描述性分析中可以发现论坛发言量的两个极端：一方面存在大量边缘性参与者，半年发帖数量不到 2 个；另一方面也存在少数极端活跃分子，发帖异常勤奋，最高可达 510 个。因此论坛参与方面数据呈现非正态分布状况。若对数据不加以处理，直接进行回归分析，会影响模型的解释力。在统计学上，一般把超出均值的 3 倍标准差范围的数值作为极端值而剔除出模型。按照此思路，以影响力值为指标，将几个极端值剔除，设定 ID 影响力值在（0，16）的个案作为有效个案进行回归分析。这样清理数据后共有 123 个有效个案。

表 3　参与逐步回归变量

逐步回归模型		B 值	标准误	Wald 值	自由度	p 值	Exp（B）值	R²
模型一	ag 值	.215	.051	17.602	1	.000	1.240	.385
	常数项	-2.283	.351	42.234	1	.000	.102	
模型二	ag 值	.865	.192	20.306	1	.000	2.375	.642
	dg 值	-.643	.171	14.093	1	.000	.526	
	常数项	-2.903	.499	33.884	1	.000	.055	
模型三	影响力值	.906	.349	6.719	1	.010	2.473	.699
	ag 值	.747	.206	13.091	1	.000	2.110	
	dg 值	-.871	.221	15.484	1	.000	.419	
	常数项	-3.511	.618	32.293	1	.000	.030	

影响力如前所述是个复合概念，是对 ID 发帖数量、质量、引起关注度等诸多因素综合数据挖掘的结果，也是对 ID 在论坛被追捧热度的测量。论坛舆论领袖地位取得回归模型从诸多变量中筛选出影响力和声望，证明论坛舆论领袖地位的取得不仅需要具备"量"的优势，更要有"质"的保障；"量"是前提必要条件，"质"是充分条件。

既然决定论坛舆论领袖地位的关键因素是影响力和声望，那么什么因素决定 ID 在论坛的影响力呢？将 2006 年样本中 ID 论坛影响力作为因变量，将主帖数、回帖数、总帖数、一级跟帖数、总跟帖数、影响力值、帖子层级作为自变量进行逐步线性回归，结果如表 4 所示。

表 4　回归系数表（因变量为影响力值）

模型		B 值	标准误	Beta 值	t 值	p 值	R²	调整后 R²
1	常数项	.193	.154		1.254	.212	.839	.838
	一级跟帖数	.168	.007	.916	25.097	.000		
2	常数项	-.061	.126		-.484	.629	.899	.897
	一级跟帖数	.248	.011	1.353	22.707	.000		
	回帖数	-.063	.008	-.500	-8.401	.000		
3	常数项	-.105	.127		-.829	.409	.902	.899
	一级跟帖数	.225	.016	1.226	14.212	.000		
	回帖数	-.125	.031	-.983	-3.983	.000		
	总帖数	.072	.036	.599	2.013	.046		

一级跟帖数、回帖数、总帖数是造就 ID 论坛影响力的显著因素。三

个变量可以解释模型 89.9% 的方差，模型解释力相当高，说明用一级跟帖数、回帖数、总帖数三个变量来预测论坛 ID 影响力的准确度非常高。

三个对论坛影响力有显著性影响的变量中，标准化回归系数由高往低排依次为：一级跟帖数（0.225）、回帖数（-0.125）、总帖数（0.072）。说明这三个变量中 ID 获得的一级跟帖数目的多少是决定其论坛影响力大小的关键因素。

从对论坛影响力的作用方向来看，一级跟帖数和总帖数对影响力有正向作用，而回帖数对论坛影响力有负向作用。这说明论坛 ID 获得的一级跟帖数和发出的总帖数越多，其论坛影响力越大；论坛 ID 回帖越多，其在论坛的影响力越小。这个统计结果揭示了中日论坛中一个很有意思的现象：在中日论坛，发帖、回帖勤奋固然可以提高自己在论坛的关注度，但论坛影响力更多地依靠发主帖而不是跟帖，跟帖过多对自身论坛影响力的作用不是加强而是削弱！

在网络论坛里，ID 发言有发主帖和回帖两种方式。主帖一般为网友原创或者转载文章，转载信息要求网友注明来源。有的论坛对主帖有字数限制，例如强国深水讨论区要求主帖字数 1000 字以上。中日论坛兼具强国深水和浅水讨论区特点，对主帖字数没有下限要求，但要求网友本着实事求是的原则，对中日关系展开认真负责的讨论，禁止人身攻击或诽谤，所以发主帖为 ID 深思熟虑后所为。吴玫[1]以及 Michael Schenk and Patrick Rössler[2] 的研究表明在网络论坛用户中，潜水者（只浏览，不发帖的用户）占相当大比例，一些网友跟帖多于发帖。究其原因，乃是发主帖需要更多时间和精力构思，而跟帖不过是对别人观点略加评论或补充；而且很多时候，许多跟帖其实就是无实质内容的灌水帖，如"说得太好了，顶""顶""胡说八道"等。因此 ID 在论坛影响力的提升需要高质量的主帖。高质量的主帖一般为引起网友关注、吸引点击、触发热烈讨论的"热帖"和"热

---

[1] 吴玫：《电脑中介的非正式公众领域：重新定义互联网中文政治论坛》，中国网络传播学年会论文，2005。

[2] Schenk, M., & Rössler, P., "The Rediscovery of Opinion Leaders: An Application of the Personal Strength Scale," *Communications* 1 (1997): 530.

评"。中日论坛每天、每周都有"热帖""热评"① 排行榜。

本研究所做影响力统计分析也表明,论坛 ID 发帖后能够吸引的回帖特别是一级回帖越多,其论坛影响力越大。在中日论坛 2006 年下半年所发 488 个讨论串中,50% 的讨论串只有一级回帖,另外 50% 讨论串的回帖层级在二级以上。因此,在中日论坛中,一级回帖是比较普遍的现象。于是主帖激起的一级回帖数越多,发帖 ID 论坛影响力越大就合乎逻辑了。

结 语

综上所述,网络论坛舆论领袖存在较为普遍的更替现象,ID 角色类型转换频繁。在网络论坛舆论领袖群体中,占比例最大的为动荡型舆论领袖和流星型舆论领袖。这说明网络论坛舆论领袖较之传统舆论领袖有不同特点:兴业容易,败亦容易。网络论坛进入门槛低,能够发帖即可;倘若发言话题引起广泛关注,相关人员很快就可以成为论坛明星,甚至论坛领袖,不似传统舆论领袖需要具备权力、声望、人格魅力等诸多条件。但是网络论坛舆论领袖地位的维持则需要源源不断的妙帖、热帖、好帖支撑,于是一些曾经的舆论领袖或"败走麦城"辉煌不再,或沉沦消逝,淹没于人才辈出的海量论坛用户中。但貌似风云变幻的网络时政论坛依然存在地位稳固的舆论领袖,他们能够较长时期盘踞领袖宝座,在论坛具有很高影响力。

究其原因,发帖数量和质量造成了舆论领袖地位的更替、变迁。发帖勤奋为前提必要条件,但不是最重要的条件。帖子质量为关键因素。写作认真、态度负责、条理清晰、论证严密、言之有物的帖子能够吸引网友点击和回复,是确立论坛领袖地位的关键因素。结合笔者对中日论坛舆论领袖帖子的内容分析②和中日论坛用户调查③,可以归纳出中日论坛领袖地位稳固型 ID 的某些特征。

---

① 热帖为点击率最高的帖,热评为跟帖量最高的帖。
② 参见余红、叶雨婷《网络论坛不同类型 ID 的议题框架——以人民网强国社区的中日论坛为例》,《华中科技大学学报》(社会科学版)2008 年第 2 期。
③ 笔者于 2007 年 7 月 16 日下午 2 点 9 分 39 秒开始中日论坛网上问卷调查。

第一，身份的平民性。网络论坛本身的特征即是屏蔽诸多社会线索，凸显平等的传播特征。因此网络舆论领袖的一个突出特点就是其平民性、草根化。即便是一些以真实身份参与论坛讨论的公众人物如高群书、柴泽春、周定迪等，在论坛交流中也都以普通网民自居，不炫耀现实生活中的地位身份，其发言风格平等亲和，不以势压人。正是这种亲和力帮他们赢得了尊重和支持。

第二，阅读的广泛性。调查显示舆论领袖类 ID 广泛接触各类媒体，尤其偏好使用搜索引擎搜集关注的信息，消息灵通，又习惯大量阅读，能广泛吸纳、综合不同的意见。"真理本来是存在于每个人心中的，智者的任务就是帮他们发现内心的真理。"① 网络论坛舆论领袖用自己的知识、经验和对事件的非凡洞察力，将公众对社会事件的意见以理性和深刻的方式表达出来，"助"公众"生产"出意见，在功能上实践了苏格拉底所言的"精神助产术"。在众口纷纭、感性理性交织的网络论坛中，舆论领袖的"意见助产"是形成网络舆论的重要环节。

第三，表达的精确与理性。网络时政论坛由于政治旨趣和立场的差异，在辩论过程中容易出现言辞激烈、论战火药味浓的局面。但情绪偏激、表达感性的帖子不利于领袖地位的维系；相反，表达理性、用词准确、言之有物的帖子能够巩固 ID 在论坛的领袖地位。

第四，思考的独立性。地位稳固的舆论领袖大多开设个人博客（网站），内容聚焦时政要闻，内容经常刷新。这些 ID 无疑善于思考，也勤于表达。对比分析中日论坛的内容与《人民日报》相关报道，② 可以发现中日论坛的议题并不是《人民日报》的简单翻版，一些未被《人民日报》包含在内的观点与声音得以由中日论坛承载。2006 年下半年，论坛舆论领袖类 ID 的帖子内容侧重关注《人民日报》较少涉及的战争历史问题与靖国神社问题这两大敏感主题，凸显理性反日基调，体现出思考的独立性。

---

① 许正林：《欧洲传播思想史》，上海三联书店，2005。
② 肖芸：《〈人民日报〉与人民网中日论坛的日常议题之相关性研究——以中日关系议题为例》，硕士学位论文，华中科技大学，2008。

互联网给中国普通民众提供了表达观点意见、参与社会公共事务的新平台。2000 年以来发生的诸多网络舆论事件清晰证明了中国网民参与社会公众事务的热情和诉求。在中国，网络时政论坛是网络舆论形成、扩散并形成一定社会影响的重要发源地，网络时政论坛中的舆论领袖对于网络舆论的形成、扩散起着至关重要的作用。因此，了解网络舆论领袖特征，对于当下的网络舆论引导无疑具有极大参考意义。

论网络舆论形成研究的视角转变：对国内网络舆论研究的再分析[*]

一 问题的提出

（一） 网络舆论研究的兴起

"网络舆论是在互联网上传播的公众对某一焦点所表现出的有一定影响力的、带倾向性的意见或言论。"① 自以 1999 年强国社区诞生为标志的中国互联网络言论功能兴盛以来，网络世界越来越成为社会变化的敏感地带。网络舆论、网络民意、网络言论等词也迅速成为 2000 年以后网络研究的关键词。② 发展到 2009 年，"躲猫猫事件"等约三成的社会舆论因互联网而兴起。③

在中国学术期刊网络出版总库的核心期刊中，以"网络舆论"为关键词搜索 2003 年以来每年在中国公开发表的相关文献发现，2003 年至 2007 年网络舆论研究论文数稳健增长，2007 年以后成倍数增长。网络舆

———————————————

* 该文原发表于《新闻与信息传播研究》2011 年第 4 期，作者为余红、李倩。

① 谭伟：《网络舆论概念及特征》，《湖南社会科学》2003 年第 5 期。
② 王辰瑶、方可成：《不应高估网络言论——基于 122 个网络议题的实证分析》，《国际新闻界》2009 年第 5 期。
③ 师曾志：《网络媒介事件及其近年来的研究现状与特点》，《国际新闻界》2010 年第 6 期。

论的基础性研究论文①数量也随时间呈上升趋势，并一直占同年论文数量较大的比例（见图1）。

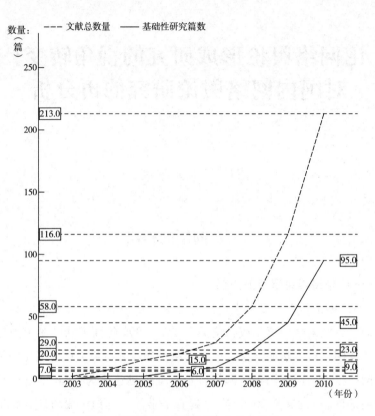

图1　网络舆论相关期刊论文分年检索

在中国知网中检索"网络舆论"相关的优秀硕士、博士学位论文，结果显示：硕士学位论文的数量（210篇）要远多于博士学位论文（17篇），并且优秀硕士学位论文级别止步于校级，较高级别的研究相对较少；227篇硕士、博士学位论文中，基础性研究占97%，其研究内容关系到复杂网络、文化软实力、数据挖掘、舆论动力学等多方面。

从涉及学科领域来说，2003年至今，网络舆论研究涉及的学科类别

① 基础性研究指为获得关于现象和可观察事实的基本原理及新知识而进行的实验性和理论性工作，它不以任何专门或特定的应用或使用为目的。

由最初的新闻传媒和思想政治教育两个学科，迅速发展到新闻、行政、心理、医学等 40 个学科，涉及学科范围越来越广。

（二）网络舆论研究现状

在中国学术期刊网络出版总库中，限定搜索范围为 2003～2010 年的核心期刊，分别以"网络舆论""网络事件""网络群体事件""网络集群（行为）""网络暴力""网络舆情"为关键词进行检索，除去重复和不相关的论文，共搜得论文 428 篇。经编码处理得出网络舆论研究主要内容如表 1 所示。

表 1　网络舆论研究主要内容

单位：篇,%

	概念	主体	客体	特征	形成	形成与引导	形成与特征	特征与功能	功能	特征与引导	引导	影响、意义	舆情	监督	研究综述	总计
论文数	4	33	10	36	50	13	14	5	20	9	110	17	43	49	15	428
比例	0.9	7.7	2.3	8.4	11.7	3.0	3.3	1.2	4.7	2.1	25.7	4.0	10.1	11.4	3.5	100

研究内容中占比例最大的四项依次为：网络舆论引导（25.7%）、网络舆论形成（11.7%）、网络舆论监督（11.4%）和网络舆论舆情（10.1%）。有些论文内容横跨多个主题，如网络舆论形成与引导、网络舆论形成与特征、网络舆论特征与功能、网络舆论特征与引导。将有关网络舆论形成的论文合并计算，网络舆论形成与引导（3.0%）、网络舆论形成与特征（3.3%）、网络舆论形成（11.7%）总计占 18.0%；网络舆论引导（25.7%）、网络舆论特征与引导（2.1%）、网络舆论形成与引导（3.0%）总计占 30.8%。在网络舆论研究的四大热门板块中，网络舆论引导和网络舆论形成的相关论文数量显著超出了网络舆论监督和网络舆论舆情。

从逻辑上讲，厘清我国社会转型时期网络舆论形成原因，揭示网络舆论发生机制，是网络舆论研究要解决的根本问题，也是探讨网络舆论引导的出发点。否则，忽视网络舆论形成原因，空洞的、拍脑袋式的甚至说教式的网络舆论引导只能是无源之水、无本之木，研究结论必然既无现实指导作用，也谈不上有学术贡献。因此，网络舆论发生机制研究具有重要的现实意义和学术价值。

那么当今中国网络舆论形成研究呈现怎样的状态？研究思路如何铺开？研究结论能否有效回应当下的现实社会重大问题？

本文对 2003~2010 年网络舆论形成研究相关文献做内容分析，旨在回答上述问题，并对我国网络舆论形成研究提出建议。

二　研究设计

（一）网络舆论形成研究的流派

关于舆论形成问题的研究流派，徐向红提出分为程序流派、结构流派、法则流派三个流派。① 借鉴徐向红的分类，本研究将网络舆论形成研究分为五类。

1. 程序流派

程序流派注重网络舆论形成过程中的阶段性演进，一般以逻辑或时间的先后顺序来描述或解释网络舆论的形成过程，表现出一种线性的研究模式。如有学者从"议题的出现"、"议题的存活"到"舆论的走向"分析了网络舆论演变过程中的一些关键环节。②

2. 结构流派

结构流派认为网络舆论是舆论主体与网络环境、社会环境相互作用的必然结果，是社会运动与社会冲突的新的表现形式。Wu 和 Huberman 的研究表明，舆论的形成与社会网络结构有关。

本研究将结构流派细分为一级结构流派和二级结构流派。一级结构流派指研究有结构分析的意识，注意到了环境（网络环境与社会环境）对于网络舆论的作用，但只是做了简单的单要素分析；二级结构流派则深入探讨了网络舆论形成的复杂、多层面、深层次的社会原因，详细、系统地解释了网络舆论主体与环境的相互作用机制。

---

① 徐向红：《现代舆论学》，中国国际广播出版社，1991，第 175~176 页。
② 金兼斌：《网络舆论的演变机制》，《传媒》2008 年第 4 期。

3. 程序与结构流派

此类研究结合了程序流派与结构流派的特点，主要体现为论文在描述网络舆论的形成过程中，研究其主体与环境的相互作用及社会影响。

4. 法则流派

主要研究网络舆论的形成遵循什么法则或规律，以及涉及网络舆论有关议题时的法律表现。

5. 其他

无法归于以上流派的研究归于此类。

（二）样本和研究类目

1. 样本选取

以上文中的 428 篇核心期刊文献为范围，选择论文内容中有网络舆论形成分析的文章，包括形成（50 篇）、形成与特征（14 篇）、形成与引导（13 篇）三类文章，共计 77 篇为研究的样本。

2. 研究类目

两名 2007 级传播学专业学生经过培训后对 77 篇文献进行了编码，编码员之间信度达到合格要求。表 2 为样本论文的编码标准。

表 2　样本论文编码标准

维度	指标
基本属性	文章编号、篇名、作者、作者单位、刊名（刊期）、发表时间
研究流派	程序流派、结构流派、程序与结构流派、法则流派、其他
研究规范性	是否为量化研究、引用文献量、外国文献引用量、理论支撑
影响力	被引量、是否有基金支持
研究深度	描述性研究、解释性研究、其他；是否提出"解决办法"
文献所属学科	新闻与传媒、社会学及统计学、公安学、行政学及国家行政管理、中国政治与国际政治、政治学、互联网技术、高等教育、新闻社会学

三 研究发现

（一）流派分类基本情况

如表 3 所示，网络舆论形成研究的核心期刊文献，主要属于结构流派和程序流派，法则流派论文数量极少。按照论文数量从高到低依次为：一级结构流派（30 篇）、程序流派（24 篇）、二级结构流派（10 篇）、程序与结构流派（8 篇）、法则流派（2 篇）。现有网络舆论形成研究论文大多从一级结构流派、程序流派视角铺开，二者合计占研究论文总量的 70.0%；但二级结构流派、程序与结构流派研究视角的论文也不可忽视，二者合计约占研究论文总量的 23%。

表 3　样本论文流派分类

单位：篇,%

	流派分类						
	程序流派	程序与结构流派	二级结构流派	法则流派	其他	一级结构流派	总计
样本量	24	8	10	2	3	30	77
比例	31.2	10.4	13.0	2.6	3.9	39.0	100

从每年论文发表量（见图 2）看，各流派发展大体上与整体状况一致，随时间推移呈数量递增趋势。二级结构流派和程序与结构流派 2008 年才出现，论文总篇数都不及程序流派的一半。可见程序流派抢占了我国网络舆论形成研究的先机，结构流派为后起之秀，但其重要性不能低估。

（二）程序流派与结构流派比较分析

1. 研究规范性

（1）研究范式

定量研究是与定性研究相对的概念。定量研究是指将问题与现象用数量来表示，进而去分析、考验、解释从而获得意义的研究方法和过程。定性研究指运用历史回顾、文献分析、访问、观察、参与经验等方法获得研究资料，采用非量化的手段进行分析、获得研究结论的方法。定量研究主要以数据、模型、图形等来报告研究结论，而定性研究多以文字描述来表达研究结论。

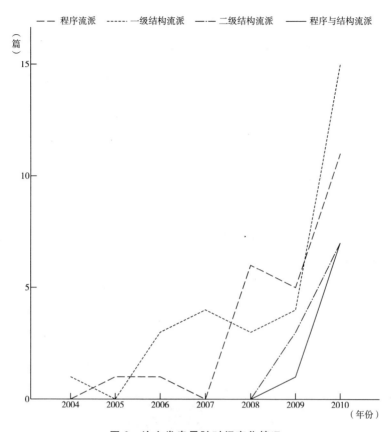

图 2　论文发表量随时间变化情况

但泛泛议论绝不是定性研究,[①] 甚至谈不上研究, 因为研究是"以一种认真的态度, 系统寻找问题答案的过程"[②]。鉴于国内网络舆论研究中有太多"泛泛议论"的情况, 本研究将其简单划分为定量、非定量与其他 3 种, 来考察研究的规范性。

72 篇论文中, 定量研究所占比例很少, 只有 8.3%。程序流派的样本论文中只有 8.3% 的文章为定量研究, 一级结构流派的样本论文中有 3.3% 的文章为定量研究, 二级结构流派的样本论文中定量研究占到 30.0% (见表 4)。可见二级结构流派在研究规范性方面比程序流派严格。

---

① 何志武、孙旭培:《有感而发不是定性研究——对于新闻学定性研究的思考》,《国际新闻界》2007 年第 2 期。

② Babbie, E., *The Practice of Social Research* (8th ed), Thomson Learning, 1998.

表4　各流派样本论文研究范式比例

单位：篇，%

流派分类	非定量研究		定量研究		其他	总计
	论文数	所占比例	论文数	所占比例	论文数	论文数
程序流派	22	91.7	2	8.3	0	24
程序与结构流派	8	100.0	0	0.0	0	8
二级结构流派	6	60.0	3	30.0	1	10
一级结构流派	27	90.0	1	3.3	2	30
总样本	63	87.5	6	8.3	3	72

（2）文献引用

根据每篇样本论文后的参考文献统计每篇样本论文的参考文献数量（一篇论文中相同的参考文献不重复计算）。

样本论文中，二级结构流派的引用文献量不少于10条的论文数（见图3）和所占比例均比程序流派的大；引用文献量有20条及以上的6篇论文中，二级结构流派相比程序流派也占有更大的比例。（见图4）

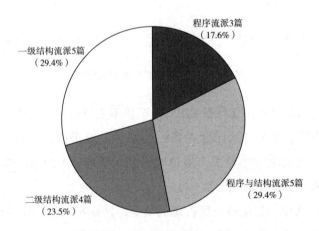

图3　引用文献量不少于10条的论文数与比例分布

（3）外国参考文献量

含有外国参考文献的结构流派论文数要比程序流派的多（见图5）。计算有外国参考文献的论文数占本流派论文总数的比例，程序流派的比例最低(见图6)。

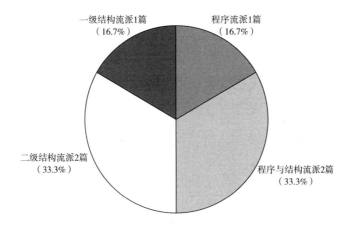

图 4　引用文献量不少于 20 条的论文数与比例分布

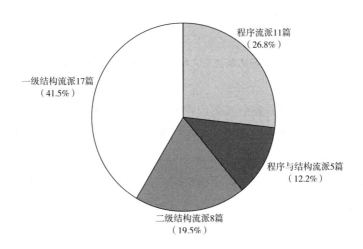

图 5　具有外国引用文献的各流派论文数与比例分布

　　此外，具有不少于 3 条外国参考文献的 17 篇论文中，程序流派只有 3 篇，而二级结构流派有 5 篇。这说明结构流派比程序流派更加注重吸收国外相关研究成果，研究视角更加开阔。

　　（4）理论支撑

　　挑选出每篇样本论文内容中明显使用的理论（典型理论），然后按流派分类进行统计分析。

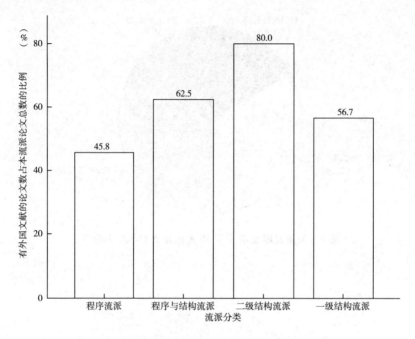

图6　有外国文献的论文数占本流派论文总数的比例

论文支撑平均值为各个流派的样本论文中所用的不重复的理论总个数除以论文总篇数。经分析可知，程序流派和一级结构流派论文的理论支撑平均值（1.00、1.50）低于总体（1.71）（见表5）。程序流派论文使用的理论均为传播学理论，且论文使用的理论重复度比较高。一级结构流派论文使用的理论涉及除传播学以外的至少5个学科领域。二级结构流派、程序与结构流派的论文理论支撑均值高于总体均值，涉及学科范围比一级结构流派更宽广。

表5　各流派理论支撑情况

流派分类	典型理论	论文支撑平均值	具体理论使用数
程序流派	传播学相关理论（蝴蝶效应、沉默的螺旋、意见领袖把关人、群体极化、议程设置）	1.00	24
程序与结构流派	传播学相关理论、价值累加理论、心理学理论、组织理论	3.12	25

流派分类	典型理论	论文支撑平均值	具体理论使用数
二级结构流派	传播学相关理论；社会说服理论；统计学、布氏定律、社会学、心理学、政治学相关理论	2.90	29
一级结构流派	传播学相关理论；统计学、心理学、社会运动学、行为主义学、社会结构相关理论	1.50	45
总体	—	1.71	123

由此可见，结构流派特别是二级结构流派论文借鉴的理论所涉及的学科范围宽广，在研究上具有很大的拓展潜力。

2. 影响力分析

（1）被引量

目前国际上一篇论文的被引用次数被用来判断其内在价值和学术水平：被他人引用次数越多，该研究成果在特定的范围内影响力越大。记录每篇样本论文在中国知网中显示的被引量，统计每个流派的论文被引率。被引率为被引用的论文数占本流派论文总数的比例。结果见表6。

表6 各流派论文被引用情况

单位：篇,%

流派分类	被引用的论文数	样本量	被引率
程序流派	12	24	50.0
程序与结构流派	1	8	12.5
二级结构流派	2	10	20.0
一级结构流派	17	30	56.7
总计	32	72	44.4

程序流派与一级结构流派的论文被引率都超过50%，而二级结构流派和程序与结构流派的被引率则较低。这个结果在一定程度上说明程序流派与一级结构流派较早受到学界的重视，而2008年以后出现的二级结构流派和程序与结构流派还处于学术探索期。

（2）资助基金支持

录入每篇样本论文在中国知网中显示的基金支持情况，按基金级别和论文流派进行统计，发现：受国家级基金（包括自然科学基金和社会科学基金）支持的 17 篇文献中，一级结构流派有 7 篇，二级结构流派有 5 篇，程序与结构流派综合视角有 2 篇，程序流派有 3 篇。可见绝大部分基金资助了结构流派研究（见表 7）。值得注意的是，9 篇国家社科基金支持的文献中有 7 篇属于结构流派。

表 7　论文资助基金支持情况

单位：篇，%

流派分类	样本量	受基金支持论文数	受基金支持比例	受国家级基金支持论文数
程序流派	24	7	29.2	3
程序与结构流派	8	3	37.5	2
二级结构流派	10	6	60.0	5
一级结构流派	30	8	26.7	7
总计	72	24	33.3	17

一般而言，能够获得较高级别基金资助的研究具有一定的学术价值和现实价值。表 7 数据说明，二级结构流派受基金支持比例很高，10 篇论文中有 6 篇获得基金资助，其中 5 篇为国家级基金资助项目。相比而言，程序流派研究论文受基金支持比例则低得多，不到 30%。

3. 研究深度分析

（1）研究类型

按照研究的目的，把样本论文分为描述性研究、解释性研究和其他类。

描述性研究指对社会现象的状况、特点和发展过程做出客观、准确的描述。[①] 其主要目标是回答社会现象"是什么"或"怎么样"的问题。解释性研究以一定的命题或假设为前提，运用演绎方法探讨事物之间的相互关系或因果关系，[②] 回答"为什么"的问题。描述性研究通常是解释性研究的前提和准备，解释性研究是描述性研究的延续和深入。[③]

---

① 彭克宏：《社会科学大辞典》，中国国际广播出版社，1989，第 330 页。
② 彭克宏：《社会科学大辞典》，中国国际广播出版社，1989，第 335 页。
③ 彭克宏：《社会科学大辞典》，中国国际广播出版社，1989，第 330 页。

样本论文中，程序流派论文数占描述性研究论文数的比例最大，而结构流派中解释性研究所占的比例最大（见表8）。可见程序流派倾向于对现象的描述，而结构流派则更加倾向于剖析现象背后的原因。

表8 研究方法属性情况

单位：篇，%

流派分类	描述性研究		解释性研究	
	论文数	所占比例	论文数	所占比例
程序流派	11	64.7	13	23.6
程序与结构流派	2	11.8	6	10.9
二级结构流派	0	0.0	10	18.2
一级结构流派	4	23.5	26	47.3
总计	17	100.0	55	100.0

（2）是否提出解决方法

经统计，有30篇论文在最后有提出对于相应问题的解决方案或建议。结构流派提出解决办法的论文比程序流派多（见图7）。程序流派提出的"解决办法"重复程度很高。

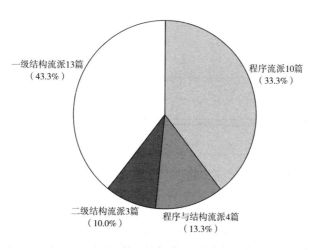

图7 论文中提出"解决办法"的论文数与比例

4. 所属学科领域

根据中国知网中标注的每篇论文所属学科分类，可以确定论文的学科属性。

72 篇样本论文中，新闻与传媒类占了 55 篇，其余 17 篇论文散落在社会学及统计学、公安学、新闻社会学、行政学及国家行政管理等学科领域。可见，网络舆论形成主要吸引了新闻传播学学者的关注。

从各个流派来看，一级结构流派涉及的学科数为 8 个，是涉及学科领域最广的流派，其余流派涉及学科数在 4 个及以下。

新闻传播学以外的其他学科（除了行政学及国家行政管理与公安学以外），多从结构流派视角分析网络舆论发生现象，而新闻与传媒类研究中程序流派和一级结构流派平分秋色。

表 9　论文所属学科

单位：篇，个

学科类别	流派分类				
	程序流派	一级结构流派	二级结构流派	程序与结构流派	总样本量
新闻与传媒	21	22	6	6	55
社会学及统计学	—	1	2	1	4
公安学	2	2	—	—	4
行政学及国家行政管理	1	1	—	—	2
中国政治与国际政治	—	—	1	—	1
政治学	—	1	—	—	1
互联网技术	—	1	—	—	1
高等教育	—	1	—	—	1
新闻社会学	—	1	1	1	3
涉及学科数	3	8	4	3	9

结　论

（一）网络舆论形成研究占据网络舆论研究重要地位

这一阶段我国社会正处于转型期，各种矛盾与冲突交织，随着高科技的发展，网络成为人们发泄情绪、寻求自身权益的最佳选择。这一阶段网络舆论事件大批涌现，网络舆论的形成过程及原因成为学界的研究重点。学者们希望通过研究网络舆论形成来寻求网络舆论引导以及网络舆论事件化解的方法。网络舆论形成研究影响着中国网络舆论研究的整体效果，其研究成果也深刻地影响着现实社会。

（二）在我国网络舆论形成研究中，程序流派抢占先机

网络舆论形成研究的主体来自新闻学与传播学领域，研究视角主要选择程序流派和一级结构流派。从论文发表时间上考察，程序流派抢占了我国网络舆论形成研究的先机，在论文数量上具有明显的优势。

近年来，网络舆论形成研究出现了新思路，表现为：一是结构流派出现分化，出现了研究更为严谨的二级结构流派；二是程序流派和结构流派出现结合趋势，即在研究网络舆论形成过程的时间主线上同时分析网络舆论要素内和要素间的相互作用。

但是这两个新流派在 2008 年才出现，其研究在数量和学界影响力上不及程序流派。程序流派比结构流派更早得到学界关注，并且深刻地影响着更多的网络舆论形成研究，其被引论文数量居于各流派之首。

（三）在网络舆论研究中，结构流派比程序流派更具优势

上文的内容分析显示，中国网络舆论形成研究中，结构流派特别是二级结构流派以及新兴的程序与结构流派在学术构建和对社会的实用性上都比程序流派具有优势。

1. 学术构建

我国网络舆论形成的研究范式基本停留在定性研究，研究方法止步于描述性研究，研究视野受到限制；使用的理论支撑多限于传播学理论，论文内容重复度较高，缺乏新意。

二级结构流派更加偏向于使用科学性更高的定量研究方法，研究类型多为剖析因果关系的解释性研究，注重对多学科理论的吸纳，研究过程注重学术的严谨性和规范性。

2. 社会实用性

在提出解决办法或者建议方面，程序流派提出的建议过于抽象和雷同；结构流派不仅提出了更多样化的解决办法，而且其解决方案具有可操作性。

虽然在被引率上新兴的二级结构流派不如程序流派，但是其受到了更多的基金支持。可见结构流派的视角有助于厘清网络事件背后网络主体与网络环境、社会环境的互动机理，从而提出切实可行的对策。

（四）我国网络舆论研究应实现研究视角的转变

在处于急速转型状态下的中国社会中，程序流派这种基于线性研究模式的研究方法难以从本体论和认识论层面解释现实社会中复杂、多变的危机情境。[1] 而网络舆论研究的后起之秀，如二级结构流派、程序与结构流派，在学术构建和现实社会问题的解决方面具有优势。所以，我国网络舆论形成研究应实现研究视角的转变，由对网络舆论形成线性式的研究取向转向网络舆论形成因素的互动机制研究，增强我国社会转型时期网络舆论现象的解释力度，也实现网络舆论研究的学术突破。

---

[1] 胡百精：《"非典"以来我国危机管理研究的总体回顾与评价——兼论危机管理的核心概念、研究路径和学术范式》，《国际新闻界》2008 年第 6 期。

情感社会学视域下敏感热点舆情演化动力机制探析[*]

近年来，我国敏感热点舆情事件频繁发生，不仅有烈度大、不确定性高、多媒体协同的特征，而且其演化凸显出情感逻辑。中国社会力量组织化程度不高。"当一个社会运动的组织性很差时，决定一个运动发展的往往不是运动积极分子的话语和行动，而是大众头脑中普遍存在的基于一个社会文化传统的一些基本解读模式。"① 所以，中国的舆情抗争行为多半出于临时的共意。情感具有共享性，容易达成共意。情感被看作当代中国热点舆情事件中的公众抵抗行为中的"弱者的武器"，是当代中国热点舆情演化的关键性动力。

综观我国舆情演化研究，研究取向大多属于程序流派，即研究舆情形成的具体程式和步骤。如提出网络舆论的演化经历了议题出现、议题的存活、舆论走向三个阶段；经历了议题演化、过程演化、路径演化三个不同的演化过程。这些研究对网络舆情发生、发展乃至消失的过程进行了全景式扫描，但鲜有从情感的视角来探讨社会舆情现象的。对于情感和社会舆情的关系，一些计算机科学、情报科学的学者主要从其相关学科理论出发，探讨如何开发通过情感关键词预测社会舆情的网络技术，而对情感在舆情发生、高涨等演化态势中的动力机制缺乏深入探讨，也没有看到我国

  *   该文原发表于《新闻论坛》2018 年第 1 期，作者为余红、马雪怡、李瑞芳。
  ①   赵鼎新：《社会与政治运动讲义》，社会科学文献出版社，2006，第 228 页。

舆情凸显情感特征的社会根源。在情感社会学中，情感的社会根源被认为是社会结构和文化规范的形塑。情感的社会后果在于其可以调节人们的行动，从而对社会控制与群体团结产生影响。"情感在社会生活中的作用说明，要对社会行为作完整的理解仅局限于理性行动是不充分的。"① 基于此，本研究采用情感社会学的相关理论分析社会情感在我国敏感热点舆情演化过程中的动力机制，并对社会舆情治理提出新思路。

一　社会情感酝酿：社会结构张力

社会舆情演化动力机制是指舆情在发生、发展中所遵循的内在动力逻辑。鉴于情感在我国敏感热点舆情演化中所起的支配性甚至决定性作用，本篇主要分析社会情感促使社会舆情成为敏感热点舆情的内源动力机制和外源动力机制。社会结构张力矛盾促使社会怨恨情感酝酿积累，是热点舆情演化的内源动力机制，它决定了舆情事件的敏感度。对于热点舆情事件，绝大多数参与者与导火索事件没有直接利益关系，其舆情参与行为主要是借导火索事件发泄怨恨情感，释放紧张状态。这种怨恨情感是贾斯珀（Jasper）所说的"道德情感"（moral emotion）。公众对舆情事件之所以会产生积极的反应，是因为一些特殊事件触犯了人们的道义原则，从而使目睹者产生强烈的情感反应，比如，对个体存在的尊重、对公平正义的追求都是重要的道德原则。

道德情感是所有激情事件（包括现代西方社会运动）的基础。而当下中国敏感热点舆情事件的特殊之处在于，这种道义建构所带来的激情行为更有可能与社会结构张力相联系，成为一种结构性怨恨。结构性怨恨是"由社会结构衍生出来的怨恨、剥夺感或压迫感"②。在敏感热点舆情中，很多公众作为非直接利益相关群体进行行动介入，其主要目标也是情感的共鸣与对社会公平正义的诉求。这是一种基于区别于工具理性的价值理性的行动选择，这种价值理性的普遍存在，在很大程度上也是基于对转型期

---

① 王鹏、侯钧生：《情感社会学：研究的现状与趋势》，《社会》2005 年第 4 期。
② Smelser, N. J., *Theory of Collective Behaviour*, New York：Free Press, 1962.

社会结构矛盾张力的反弹。这种社会结构矛盾表现为鲜明的两极分化，人们在归因过程中往往习惯性地将社会转型中的不平等现象归结为相对稳定的外因。

二 社会情感共振：多媒体动员

舆情导火索事件往往是与公众利益非直接相关的、远距离的公共事件，这意味着公众对于触发性事件和社会情感的感知往往要依靠多媒体动员。多媒体动员是敏感社会舆情演化的外源动力机制，它决定了舆情事件的热度。

现阶段，"专业媒体"和社会化媒体一起构成了我国新敏感热点舆情的多媒体动员情境。专业媒体不仅包括传统媒体及其下属网站和新媒体，还包括商业门户网站的新闻频道，比如新浪的新闻频道。而依据公民社会理论，跟"专业媒体"相对应的是"社会化媒体"或自媒体，如博客、微博、视频分享网站等。专业媒体和社会化媒体可以合作或者竞争。它们不是壁垒森严的两个系统，而是如邱林川教授所说的同属于一个"扩展了的媒介生态体系"①。

对于专业媒体来说，一方面，它们对舆情事件的报道小心谨慎；另一方面，在媒体道义、专业主义以及受众市场追求的促使下，它们又在公权力管制的缝隙中相机而动，突破固有的宣传模式，将舆情事件纳入媒介议程。在社会化媒体中，意见领袖凭借较强的社会道义感、社会记录意识和话语表述能力，成为舆情事件中的无直接利益者中的中坚分子，他们通过不断挖掘事件的真相，展现社会冲突，并激发巨大的社会舆情。社会舆情态势演化中的多媒体动员是：专业媒体和社会化媒体借助话语表述对怨恨或诉求进行阐释和激化，从而促成潜在参与者的怨恨唤起或使之做出舆情表达行为的选择。动员机制的实质是通过情感表达的话语策略，使社会怨恨情感相互共振激化，这种话语策略主要包括以下方面。

---

① Qiu, J. L., "Mobile Civil Society in Asia: A Comparative Analysis of People Power II and the Nosamo Movement," *Javost-the Public* 3（2008）：39-58.

第一，悲情和狂欢话语策略。悲情话语就是采用夸张的手法将苦难和悲悯展示出来。一般情况下，社会公众对弱势群体有一种"集体认同感"，因此悲情话语策略具有较强的情感动员效果。悲情常常还伴有同情和义愤。① 对于涉及社会敏感问题特别是弱势群体的社会舆情事件，媒体多会采用此类动员策略。狂欢话语策略在表达中注入戏谑和恶搞，拓展出情感释放的交互空间。它不仅可能涉及对小人物的同情，还可能涉及对大人物的不满。对于媒体来说，狂欢话语策略是以一种"弱者的武器"抗议霸权性的价值观念，展现其道义情感的话语策略。

第二，片段式框架策略。美国学者伊扬格提出"片段式框架"（episodic frame）概念。"片段式框架则常以讲述个人或事件故事的方式报道新闻议题。"② 片段式框架让受众觉得事件的责任应该归咎于具体的个人，因而它始终伴随着不满和愤怒。这种片段式框架因为符合社会结构矛盾，具有强大的情感动员效果。专业媒体、社会化媒体通过运用片段式框架来点燃公众的参与热情，从而获取强大媒体动员力量，因此敏感社会舆情可以在短时间内出现群体情感的聚集和感染。

三　社会情感调控：公权力危机传播

敏感热点舆情的演化外源动力机制不仅包括挑战者的情感动员，也包括公权力的情感调控活动。对于公权力机构来说，敏感社会舆情的应对实际上就是一种危机传播。公权力作为舆情情感能量的分化者和调控者，目的在于运用各种符号资源来解决危机和挽救组织形象。情感调控实际上要回答的是公权力机构何时介入以及如何介入舆情事件中，去分解社会情感能量或舆情热度的问题。

何时介入？公权力应对速度和事件持续时间成正比。如果在媒体激烈互议舆情事件时，公权力被动应对或者应对速度过慢，也就是在舆情压力

① 杨国斌：《悲情与戏谑：网络事件中的情感动员》，《传播与社会学刊》2009 年第 9 期。
② 夏倩芳、黄月琴：《社会冲突性议题的媒介建构与话语政治：以国内系列反"PX"事件为例》，《中国媒体发展研究报告 2010 年·媒体卷》，2010，武汉大学出版社。

面前，公权力机构意识到舆情事件无法隐瞒后，才把经过把关过滤的信息通过相关的渠道进行公开回应，公权力就会丧失"第一时间"的情感调控的效力，从而在舆情演化态势中处于边缘化的境地，这也使得网民的情感无法分化消减。

如何介入？公权力通常采取两种方式。一种是"软着陆"的调控方式，也就是积极配合专业媒体来引导舆情，在应对时和民众互动，倾听民众利益和情感诉求，这就会阻止网络谣言滋生，使得舆情和弥漫的社会怨恨情感平息。另一种是构建严密防控体系的"硬着陆"或"含糊其词"的调控方式。"硬着陆"是指公权力通过强行禁止讨论构建强硬的维稳处置方式；"含糊其词"的应对方式是指搪塞媒体和公众以转移注意力的方式。"硬着陆"或者"含糊其词"的方式可能导致两种情况：一种情况是不仅不能疏导舆情事件中的社会怨恨情感，反而使矛盾越来越激化，将冲突进一步扩大化，对公权力机构形成更大压力并使得公权力机构做出多次调控；另一种情况是暂时减少或者消除舆情和情感的热度，但由于公民的诉求未得到满足，行动的"这些意外后果可以系统地反馈回来，成为下一步行动未被认识到的条件"[①]。公权力机构的这种压制和推卸责任的社会实践会成为公众的集体记忆，而成为制约下一次行动的社会结构矛盾张力。所以，将来一旦有同类诉求的事件发生，可能就会再次激起对这个事件的探讨，舆情敏感度和热度加大。

四　构建基于"善治"的网络舆情治理体系

目前，我国网络舆情监管体系从技术、法制和管理层面展开，多关注一些重大的、突发性负面话题和事件，希冀通过功能强大的网络舆情监管体系及时发现舆情并解决。网络舆情监管体系虽然在控制中国社会舆情方面起着一定的作用，但是过度的硬性管制本身有可能使原本可以释放的小规模和地方性的怨恨积累起来，提升整个社会的结构性怨恨平均水平。公

---

① 〔英〕安东尼·吉登斯：《社会的构成：结构化理论大纲》，李康、李猛译，生活·读书·新知三联书店，1998，第68页。

众（包括网络公众）的自愿参与和配合，以及公众自觉创造的和谐稳定才是真正的社会稳定。鉴于情感在当代中国热点舆情中关键性的动力作用，必须树立基于"善治"（good governance）的社会舆情治理体系。所谓善治，是指"在最大限度地推动社会发展的前提下，建立政府公共组织与市民社会之间的合作关系"①。善治理论的基本价值取向主要包含以下六个要点，即有效性、回应性、负责性、参与性、合法性、透明性。② 具体到基于"善治"的社会舆情治理体系，应该做到以下方面。

第一，转变对网络舆情应对的理念思路。不能寄希望于毕其功于一役而永远解决舆情危机。由于社会转型带来的社会结构变化以及风险在中国还将长期保持一个较高的水平，必须根据社会现实追求一种动态的平衡，寻求不断开拓社会舆情引导或危机治理的新思路。只有这样，才能提高对敏感热点社会舆情引导和社会治理的有效性水平，也才能实现由事后处置转向以事前预防为主。

第二，搭建良好的公权力与公众的舆情互动机制。公权力机构必须对网络舆情和怨恨情绪表达做出合理的回应。其一，及时应对，加强与公众的互动。擅于吸纳网络舆情中正面、积极的建设性意见，将之纳入公共决策体系，建构"善治"政府形象，提升政府公信力。其二，建构各种民间话语与官方话语对话平台和制度化沟通渠道。如构建网络问政制度、政府新闻发言人制度、政府门户网站、政务微博平台等，提升它们作为弱势群体有效的怨恨释放和利益表达机制的功能。

第三，推动专业媒体构建负责的引导模式。"情绪在某种程度上可以影响个体的行为方式，同时情绪是对我们如何解释世界的反映。"③ 社会怨恨情感的唤起是对导火索事件的归因偏向导致的，专业媒体在主观层面上引导对这种归因偏向的矫正就成为关键所在，其应在网络舆情的动员过程中构建引导模式。一方面，专业媒体应第一时间介入社会舆情事件报道，并进行框架设定，这样做比较容易把握住社会舆情的引导权。另一方面，专

---

① 俞可平：《权利政治与公益政治——当代西方政治哲学评析》，社会科学文献出版社，2003。
② 俞可平：《治理与善治》，社会科学文献出版社，2000，第10~11页。
③ 庄锦英：《决策心理学》，上海教育出版社，2006，第178页。

业化媒体对网络舆情的引导固然重要，但是要以事实为依据。实际上，很多专业化媒体在舆情事件的动员中成为虚假信息的制造者，导致非理性情感的传播，因此规范专业化媒体的职业道德建设尤为迫切。

第四，培育成熟的社会化媒体参与主体。社会化媒体是公众参与的重要渠道，由于既有的社会结构和制度安排没有为常态化的民意表达与情感疏导提供足够的渠道，故而民众从心理文化到行为方式都难以获得公民化的塑造。这表现为他们一方面在网络舆情中往往凭借道义参与情感动员，却在另一方面做出暴力语言（如各种谩骂攻击的语言）、暴力行为（人肉搜索是对普通公民隐私的侵犯）等违背社会伦理的行动。因此，培育网络参与主体成熟的参与意识和参与行为，就显得尤为重要。这种成熟的网络参与主体可以通过加强媒介素养教育、建立防止网络参与"数字鸿沟"机制等途径来实现。

网络公共参与

大学生网上社会公共事务参与影响因素分析[*]

社会公共事务包括教育、科技、文化艺术、医药卫生、体育等公共事业和社会服务，以及维持社会秩序的公共事务等，与全体社会成员的切身利益和日常生活联系最紧密。Web2.0技术赋予了普通中国民众参与社会公共事务的渠道，中国网民借由互联网和手机等新媒体参与社会公共事务讨论已经成为一个不容忽视的社会现实。

占中国网民人数三分之一强的大学生群体是中国网民中最活跃的群体之一。CNNIC发布的《2009年中国青少年上网行为调查报告》的数据表明：与普通网民相比，大学生群体对于信息获取、交流沟通、网络娱乐和商务类应用的使用率都为最高。76.3%的大学生拥有博客，60.7%的大学生使用社交网站，50.4%的大学生使用论坛/BBS。网络已经成为大学生生活的一部分，大学生网民每周的上网时间达到18.6个小时。那么这些具备较高文化知识水平、思维活跃的大学生网民对社会公共事务感兴趣吗？他们积极参与网络社区社会公共事务的讨论和活动吗？决定大学生网民参与社会公共事务的关键因素是什么？这些是本篇关注的问题。

---

* 该文原发表于《新闻与传播研究》2010年第5期，作者为余红。

一 文献综述

社会公共事务参与涉及知情和表达两个主要环节，理性的表达基于较为充分的知情。网上社会公共事务参与指关注社会公共事务并在网上发表意见的行为。很明显网上社会公共事务参与属于新媒体使用的第二层次。在采纳某种新媒体以后，如何使用新媒体是分化受众的关键因素。考虑到社会公共事务参与和媒介素养密切相关，本篇分别从创新扩散、使用和满足理论，媒介素养理论，以及社会公共事务参与三个方面展开文献梳理。创新扩散、使用和满足理论关注影响人们采纳与使用某种创新（媒介）的主观心理认知因素，而媒介素养理论则强调受众在新闻信息传播活动中的信息传播能力。

（一）创新扩散、使用和满足理论

国内传播学界对于新传播技术采纳和使用的研究，主要集中在创新扩散理论、使用与满足理论和权衡需求理论，认为某些感知的新媒体特征能够影响互联网采纳和使用。[①] 周葆华检验了创新扩散理论、使用和满足理论对网络知情和表达的解释力。[②] 他发现在上海这样经济较为发达、网络普及率较高的城市，网民已经较为普遍地接纳电子论坛、博客等 Web2.0 形态用于知情和表达，但运用 Web2.0 进行新闻阅读和意见表达的程度并不乐观，绝大多数人属于偶尔为之。在影响上海市民 Web2.0 采纳和使用的因素中，感知流行扮演着重要角色；新媒体权衡需求显著影响使用，但不影响采纳。有学者将感知的新媒体特征整合进技术接受模型（TAM），认为网络知识是影响大学生网络认知和态度的重要变量；此外，自我效能感、感知易用性、感知有用性、感知乐趣等心理因素显著影响大学生的网

---

① Zhu, J. J. H., & He, Z., "Perceived Characteristics, Perceived Needs and Perceived Popularity: A Doption and Use of the Internet in China," *Communication Research* 4 （2002）: 466-495；韦路、李贞芳：《数字电视在中国大陆的采用：一个结构方程模型》，《新闻与传播研究》2007 年第 2 期；张明新、韦路：《移动电话在我国农村地区的扩散与使用》，《新闻与传播研究》2006 年第 1 期。

② 周葆华：《Web2.0 知情与表达：以上海网民为例的研究》，《新闻与传播研究》2008 年第 4 期。

络使用意向。[①]

马修·S. 伊斯特（Matthew S. Eastin）和罗伯特·拉罗斯（Robert LaRose）指出受众的媒介参与功效意识与媒介使用程度呈显著正向相关，即受众如果觉得使用媒介能够达到自己的目的则会趋向于积极接触和使用媒介。[②] 陆晔和郭中实发现外在的媒介参与功效意识直接决定公众是否会采取媒介参与行动。[③]

由此可以看出，新媒体的技术特征并不必然导致人们采纳和使用新媒体，决定人们采用与否以及如何使用的是人们"感知"的新媒体特征、"感知"的流行、"感知"的需求以及对使用效益的理性估计。大学生是高智商群体，在接触媒介的过程中具有明确的目的性和较强的功利性，呈现出一种富于理性的动机结构，[④] 对媒介的商业属性有比较清醒的认识，但对受众在传播中的能动地位认识不足，参与媒介互动和媒介内容制作的人数比例很低，[⑤] 媒体参与功效意识比较薄弱。[⑥] 因此，大学生对于网上社会公共事务的参与，是基于"感知的新媒体特征"、"感知需求"和"使用效能感"的一种综合判断。

（二）媒介素养理论

美国素养研究中心对媒介素养做了如下定义：指人们面对媒介各种信息时的选择能力、理解能力、质疑能力、评估能力、创造和生产能力，以及思辨的反应能力。媒介素养与公民素养有密切联系，受众的思考力、对所使用媒介的评价、信息处理能力影响媒介素养水平。

思考力意味着个体所具有的头脑复杂性，它与个体智力、所受教育、

---

① 韦路、张明新：《网络知识对网络使用意向的影响：以大学生为例》，《新闻与传播研究》2008年第1期。

② Eastin, M. S., & LaRose, R. "Internet Self-Efficacy and the Psychology of the Digital Divide," *Journal of Computer-Mediated Communication* 1（2000）.

③ 陆晔、郭中实：《媒介素养的"赋权"作用：从人际沟通到媒介参与意向》，《新闻学研究》2007年第92期。

④ 鲍海波、杨洁、王喜严：《象牙塔里看媒介——西安大学生媒介素养现状调查》，《新闻记者》2004年第5期。

⑤ 刘佳：《上海大学生媒介素养现状调查报告》，《新闻记者》2006年第3期。

⑥ 蒋宏、姜进章、王方群等：《大学生传媒素养现状研究》，《全民科学素质与社会发展——第五届亚太地区媒体与科技和社会发展研讨会论文集》，2006。

生活阅历等诸多因素相关。媒介信息处理是指受众在接触媒介信息时所采取的一系列认知策略，如"开放、质疑、反思、批判的态度"。[①] 对北京、上海、广州和西安四个城市的居民调查发现，我国公众的媒介信息处理能力总体处于中等偏下水平，男性的得分高于女性，中老年人和低教育、低收入群体较为被动地接收媒介信息，对信息的辨别力不强；[②] 与普通公众相比，大学生对互联网表现出出色的接受能力和驾驭能力，对媒介真实和客观真实具有一定的自发性辨别意识；[③] 对媒介持理性批判的态度，较能抵制媒介中的不良信息。[④]

媒介评价为受众看待媒介的基本观念和意识。网民对网络社区是否有效或者能够满足其需求的体认，将会影响其对网络社区中信息处理的好坏和参与网络社区的程度高低。对网络社区的评价越高，网民越会花时间去阅读其中的信息，并且越愿意参与其中的活动；反之，对网络社区的评价越低，网民则会很少浏览网络社区，更不可能参与其中的活动。

（三）社会公共事务参与

社会公共事务与全体社会成员的切身利益和日常生活联系紧密。社会公众对公共管理活动的参与主要表现在社会公众对政府决策的影响上，如：通过立法、司法机构对政府行为加以约束，通过各种渠道对政府活动予以舆论监督，从对自身利益的关心和实现角度影响政府公共政策的制定和实施过程。[⑤]

有调查显示大学生最为重视大众媒体的舆论监督功能，但只有 1.9% 的大学生觉得大众传媒对监督政府做出了贡献，对媒体舆论监督的表现不

---

① Hobbs, R., "Media Literacy, Media Activism. Telemedium," *The Journal of Media Literacy* 3 (1996).

② 周葆华、陆晔：《受众的媒介信息处理能力——中国公众媒介素养状况调查报告之一》，《新闻记者》2008 年第 4 期。

③ 鲍海波、杨洁、王喜严：《象牙塔里看媒介——西安大学生媒介素养现状调查》，《新闻记者》2004 年第 5 期。

④ 徐瑾：《互联网时代上海高校媒介素养调查报告》，《传播与中国·复旦论坛：媒介素养与公民素养论文集》，2007。

⑤ 王乐夫：《论公共管理的社会性内涵及其他》，《政治学研究》2001 年第 3 期。

是很满意。① 在上海这样网络普及率较高的城市，市民运用 Web2.0 进行新闻阅读和意见表达的程度也不高，绝大多数人属于偶尔为之。Web2.0 上的信息获取和表达，目前还尚未成为网民的常态性行为，积极者只是少数。②

鉴于社会公共事务的公共性和公益性，不难想到参与网络社区公共事务讨论的网民应该是关注社会公共事务的活跃网民。他们关心时政和民生，积极参与网络社区讨论，频繁的发言奠定了他们在网络社区的影响力；而网络社区的影响力也给网民一种"实现自我"的心理感受，这种自我实现的心理成为激励他们积极参与网络社区讨论的原动力。由此，网络活跃程度和网上公共事务参与密切相关。

根据上述文献梳理，本篇提出如下研究假设。

H1：大学生网民对网络社区的感知特征会影响其网上社会公共事务参与。

H1a：大学生网民对网络社区的评价越高，则越积极参与网上社会公共事务。

H1b：大学生网民的网络社区参与功效意识越高，则越积极参与网上社会公共事务。

H2：大学生的媒介素养与其网上社会公共事务参与密切相关。

H2a：大学生的网络知识和技能水平越高，则越积极参与网上社会公共事务。

H2b：大学生的媒介接触渠道越广，则越积极参与网上社会公共事务。

H2c：大学生的政治思考能力越强，则越积极参与网上社会公共事务。

H2d：大学生的信息分析处理能力越强，则越积极参与网上社会公共事务。

---

① 蒋宏、姜进章、王方群等：《大学生传媒素养现状研究》，《全民科学素质与社会发展——第五届亚太地区媒体与科技和社会发展研讨会论文集》，2006。
② 周葆华：《Web2.0 知情与表达：以上海网民为例的研究》，《新闻与传播研究》2008 年第 4 期。

H3：大学生的网络活跃程度与网上社会公共事务参与密切相关。

H3a：大学生网民在网络社区影响力越大，则越积极参与网上社会公共事务。

H3b：大学生网民对社会公共事务越关注，则其网络影响力越大。

二　研究设计

（一）样本的选择

根据 CNNIC 发布的《第 23 次中国互联网络发展状况统计报告》中关于网民人口学特征和武汉高校的实际情况，① 本次抽样控制了专科学生、大一新生以及博士生的人数。课题组在武汉市一、二、三、四类高校中随机选取了 7 所高校，在这 7 所高校中分别选择了一个人文社科专业班级和一个理工科专业班级的全班学生进行问卷填答。调查于 2010 年 4 月 12～18 日进行，共发出问卷 347 份，回收有效问卷 301 份。样本的专业涉及计算机、土木、电信、机械、生物等理工类专业，经济、法律、新闻、中文、社会等人文社科类专业，还包括了农学、医学、军事等其他类专业。表 1 为样本概况统计。就样本关键人口变量分布而言，此立意抽样的效果较佳。

表 1　样本描述性统计

单位:%

项目	分类	占比
性别	男	57.8
	女	42.2
学历	专科	4.3
	本科	72.8
	硕士及以上	22.9

---

① 武汉市高校普遍规定大一新生不允许在宿舍配备个人电脑，因此大学一年级学生上网的时间较短，也较少接触网络社区。通过对武汉专科院校的观察和访谈发现专科学生的上网行为多集中于娱乐游戏，与本篇研究主题无关，故控制了专科和大一学生比例。

项目	分类	占比
年级	大一	7.0
	大二	27.3
	大三	17.6
	大四、大五	25.2
	硕士及以上	22.9
专业	理工类	47.5
	人文社科类	42.9
	其他类	9.6
每月花销	400 元以下	5.6
	400~600 元	42.2
	601~1000 元	43.9
	1000 元以上	8.3

（二）测量

除了控制变量和网络知识的测量外，其余研究变量统一采用李克特 5 级量表进行测量，回答采用"完全不符合"、"比较不符合"、"说不清"、"比较符合"和"完全符合"，计分从 1 到 5 逐步递增。需要指出的是，问卷中有部分题项采用逆向陈述，在编码时计分需颠倒，从 5 到 1 递减。

第一，对网络社区的评价。从信息传播的及时性、真实性、公益性、有益性等方面测量，量表包括"网络社区能够及时地传播信息""网络社区中的信息整体上真实准确""网络社区为公共利益服务""网络社区有报纸、电视等看不到的信息""网络社区让我学到很多知识"5 个题项。

第二，信息处理能力。根据媒介素养"质疑、拒绝、核实"观点，量表包括"我有时会质疑网络社区中的信息"、"我有时会拒绝网络社区中的观点"和"当我不确定网络社区中的信息是否正确时，我会通过其他途径求证"3 个题项。

第三，政治思考能力。从思考的独立性和民生问题的理解力 2 个方面测量，采用"网络社区中的信息会影响我的决定"和"绝大多数时政和民生问题超出了我的理解能力"2 个逆向题项测量。

第四，网络社区影响力。网络社区影响力是在莱萨·赖内克·弗林
（Leisa Reinecke Flynn）等人的舆论领袖测量量表的基础上改良而来。[①] 量
表包括"网络社区中经常有人向我请教问题或求助"，以及 4 个逆向陈述
"我在网络社区中发的文章或发起的讨论极少有人回应""我对网络社区
的讨论不起作用""我的观点或建议极少被网络社区的成员采纳""当与
网络社区的成员有意见分歧时我总是保持沉默"。

第五，网络社区参与功效意识。网络社区参与功效意识是网民对参与
网络社区讨论能够达成理想效果的估计，该指标可以直接预测网民利用网
络社区参与公共事务的意向。[②] 包括"网络社区中热议的问题会引起重
视""被网络社区曝光的时政、民生问题会得到解决"2 个题项。

第六，网上社会公共事务参与。该量表在国内学者对公众的政治认知
和媒介参与意向量表的基础上做了改进。[③] 包括"我对时政和民生问题很
感兴趣""我经常思考时政和民生问题""在网络社区中，我最喜欢浏览
时政和民生信息""我每天都花时间阅读有关时政和民生问题的文章"
"会转载有关时政和民生的新闻到网络社区""积极参与网络社区中时政、
民生问题的讨论""热心参与网络社区时政、民生问题的投票、祈福、募
捐活动"7 个题项。

第七，媒介接触。网络活跃分子，特别是意见领袖，大多广泛接触大
众媒体，[④] 且人际交往网络较广。[⑤] 由于互联网是大学生获取信息和新闻
的首要来源，[⑥] 本研究将媒介接触细分为传统大众媒体（电视、广播、报
纸或杂志）、新媒体（搜索引擎、个人网站、网络社区和手机）、人际交

① Flynn, L. R., Goldsmith, R. E., & Eastman, J. K., "Opinion Leaders and Opinion Seekers: Two Measurement Scales," *Academy of Marketing Science* 2 (1996): 137.

② Bandura, A., *Social Foundations of Thought and Action: Social Cognitive Theory*, Englewood Clifs, NJ: Prentice-Hal, 1986.

③ 周葆华、陆晔：《从媒介使用到媒介参与：中国公众媒介素养的基本现状》，《新闻大学》2008 年第 4 期。

④ Katz, E., & Lazarsfeld, P. F., *Personal Influence*, New York: Free Press, 1955.

⑤ Schenk, M., & Rössler, P., "The Rediscovery of Opinion Leaders: An Application of the Personal Strength Scale," *Communications* 1 (1997): 5-30.

⑥ 参见 CNNIC《2009 年中国青少年上网行为调查报告》，2010 年 4 月。

往（同事或亲友）。

第八，网络知识。在国内学者的测量量表基础上改进，[1] 采用总加量表测量。共包含 8 个题项，测量 4 种操作知识：知道什么是"置顶"及知道如何将文章"置顶"；知道"蠕虫"这种网络病毒及知道怎样使电脑不受"蠕虫"病毒的侵害；知道什么是"Cookies"及知道如何使用"Cookies"；知道什么是"代理服务器"及知道如何设置"代理服务器"。答案分为"是"和"否"2 项，若选择"是"，则赋值 1 分；选择"否"，则赋值 0 分。

第九，控制变量。包含人口学变量和网络社区浏览基本情况，包括性别、学历、专业、月花费、网络社区注册年限、日浏览时长、周登录次数等。

三　研究发现

（一）测量评估

本研究采用一系列量表来测量诸多潜在变量，因此首先需要对量表进行测量效度和测量信度评估。为了检验测量的建构效度，将有关网络社区的 24 个陈述进行验证性因子分析，采用主成分提取法，共提取 6 个公因子，共解释 65.0% 方差。采用方差最大法旋转因子载荷后，6 个因子可被分别命名为"网络影响力""关注民生""网络社区评价""功效意识""信息处理能力""政治思考能力"。因子分析 KMO 值为 0.879，巴特利球体检验结果显著。媒介接触因子分析结果提炼出 3 个因子，共解释了 63.6% 方差。第一个因子包括电视、广播、杂志等传统大众媒体，第二个因子包括互联网和手机等新媒体，第三个因子为人际交往。因子分析结果与设计思路相吻合，显示测量具有较佳的建构效度。

在量表测量信度方面，除了政治思考能力量表测量信度不佳（α = 0.176）外，其余测量都具有较高信度。表 2 为关键变量测量和信度、效度检验结果。

---

[1]　韦路、张明新：《网络知识对网络使用意向的影响：以大学生为例》，《新闻与传播研究》2008 年第 1 期。

表 2 关键变量测量及信度、效度检验结果

因素	题项	均值	标准差	因子荷重	α 系数
网络影响力	1. 我对网络社区的讨论不起作用	2.17	0.983	0.812	0.883
	2. 我在网络社区中发的文章或发起的讨论极少有人回应	2.33	0.969	0.829	
	3. 我的观点或建议极少被网络社区的成员采纳	2.28	1.060	0.857	
	4. 网络社区中经常有人向我请教问题或求助	2.31	1.000	0.829	
	5. 当与网络社区的成员有意见分歧时我总是保持沉默	2.41	1.124	0.628	
关注民生	1. 我对时政和民生问题很感兴趣	3.22	1.319	0.863	0.921
	2. 我经常思考时政和民生问题	2.91	1.218	0.849	
	3. 在网络社区中，我最喜欢浏览时政和民生信息	2.79	1.223	0.849	
	4. 我每天都花时间阅读有关时政和民生问题的文章	2.85	1.255	0.842	
	5. 会转载有关时政和民生的新闻到网络社区	2.12	1.022	0.537	
	6. 积极参与网络社区中时政、民生问题的讨论	2.09	1.013	0.570	
	7. 热心参与网络社区中时政、民生问题的投票、祈福、募捐等活动	2.22	1.119	0.594	
网络社区评价	1. 网络社区能够及时地传播信息	3.88	0.928	0.679	0.717
	2. 网络社区中的信息整体上真实准确	3.20	0.815	0.657	
	3. 网络社区为公共利益服务	3.23	0.945	0.665	
	4. 网络社区有报纸、电视等看不到的信息	4.02	0.908	0.667	
	5. 网络社区让我学到很多知识	3.70	0.938	0.552	
功效意识	1. 网络社区中热议的问题能够引起重视	3.04	1.016	0.801	0.721
	2. 被网络社区曝光的时政、民生问题会得到解决	2.72	0.922	0.858	
信息处理能力	1. 我有时会质疑网络社区中的信息	3.94	0.904	0.710	0.550
	2. 我有时会拒绝网络社区中的观点	4.08	0.816	0.691	
	3. 当我不确定网络社区中信息是否正确时，我会通过其他途径求证	3.67	0.973	0.609	

因素	题项	均值	标准差	因子荷重	α系数
政治思考能力	1. 网络社区中的信息会影响我的决定	3.05	1.075	0.625	0.176
	2. 绝大多数时政和民生问题超出了我的理解能力	3.39	1.044	0.612	
网络知识	1. 我知道什么是"Cookies"	0.55	0.538	0.766	0.849
	2. 我知道什么是"代理服务器"	0.61	0.508	0.703	
	3. 我知道如何使用"Cookies"	0.37	0.544	0.696	
	4. 我知道"蠕虫"这种网络病毒	0.65	0.520	0.670	
	5. 我知道如何将文章"置顶"	0.63	0.544	0.665	
	6. 我知道如何设置"代理服务器"	0.42	0.594	0.644	
	7. 我知道什么是"置顶"	0.78	0.491	0.621	
	8. 我知道怎样使电脑不受"蠕虫"病毒的侵害	0.34	0.514	0.594	
传统大众媒体接触	1. 电视	2.79	1.035	0.766	0.633
	2. 广播	2.48	1.050	0.780	
	3. 报纸或杂志	3.37	0.995	0.527	
新媒体接触	1. 搜索引擎	4.34	0.778	0.696	0.687
	2. 个人网站	3.87	1.095	0.708	
	3. 网络社区	3.92	0.946	0.666	
	4. 手机	4.26	1.047	0.634	
人际交往	1. 同事或亲友	3.87	0.935	0.721	—

鉴于政治思考能力对本研究的重要性，在后面分析中，本研究将政治思考能力的 2 个题项单独处理。其余测量信度和效度俱佳的量表采用总加计分法，分别构建"网络影响力""关注民生""网络社区评价""功效意识""信息处理能力""网络知识""传统大众媒体接触""新媒体接触""人际交往"等指数，带入后续回归模型分析。

（二）数据统计分析

由表 2 各变量均值和标准差可以看出数据分布呈现 2 个明显反差："网络影响力""关注民生""功效意识"的均值大都低于或趋于中间值 3，说明整体而言大学生对自己在网络社区的影响力呈现较为保守的评价，平时不太关注时政和民生问题，对网络社区热议时政、民生问题以期引起关注和解决抱有谨慎态度。另外大学生的"信息处理能力""政治思考能力"等均值较高，对网络社区的评价也趋于正面。

为了探寻影响大学生参与社会公共事务的重要因素以及这些因素对因变量的贡献度，将网络影响力和关注民生分别作为因变量，将网络知识、传统大众媒体接触、新媒体接触、人际交往、信息处理能力、功效意识、网络社区评价、政治思考能力作为自变量，同时纳入模型的还有人口统计变量和上网时长等控制变量，进行多元线性回归分析，① 分析结果见表3。括号内数字为标准化回归系数假设检验的显著性水平。

表3 以"关注民生"和"网络影响力"为因变量的回归模型

因变量	自变量	
	关注民生 标准化回归系数 （$n=297$）	网络影响力 标准化回归系数 （$n=297$）
网络知识	.006（.904）	.066（.205）
传统大众媒体接触	.168（.000）	-.095（.064）
新媒体接触	.007（.896）	.127（.026）
人际交往（同事或亲友）	-.102（.034）	.057（.288）
信息处理能力	.173（.000）	-.103（.056）
功效意识	.112（.017）	.066（.209）
网络社区评价	.056（.270）	.010（.856）
网络影响力	.448（.000）	—
关注民生	—	.558（.000）
思考独立性	.066（.151）	-.044（.394）
民生问题理解力	.264（.000）	-.026（.625）
网络社区区龄	.035（.451）	.008（.878）
网络社区登录频率	.038（.428）	.084（.114）

---

① 在进行回归分析之前，对数据进行了诊断。删除了在影响力分布上属于极端值的4个个案，故参与回归分析的个案数为297个。回归模型皆进行了多重共线性诊断，以关注民生为因变量的模型DW系数为1.852，各变量的膨胀因子（VIF）大于1.2；以网络影响力为因变量回归模型DW系数为1.980，各变量的膨胀因子（VIF）大于1.15。

续表

因变量	自变量	
	关注民生 标准化回归系数 （ $n=297$ ）	网络影响力 标准化回归系数 （ $n=297$ ）
性别（男＝1）	.158（.001）	.020（.714）
专业（人文社科＝1）	.001（.984）	.013（.801）
学历	.001（.991）	−.078（.130）
月生活花费	.070（.120）	−.079（.120）
R^2	.502	.380
调整后 R^2	.474	.345

（1）模型解释力

以"关注民生"为因变量的回归模型中，用上述变量来解释大学生关注民生，可以解释47.4%的方差。说明用上述变量来测量大学生网上社会公共事务参与，可以解释将近一半的原因，模型效果较佳。剩余的方差需要发掘其他变量来解释。在以"网络影响力"为因变量的回归模型中，用上述变量来解释大学生网络活跃程度，可以解释34.5%的方差，模型效果不错。

（2）假设检验

对"关注民生"有显著性影响的变量按照标准化回归系数由大到小依次为：网络影响力（0.448）、民生问题理解力（0.264）、信息处理能力（0.173）、传统大众媒体接触（0.168）、性别（0.158）、功效意识（0.112）、人际交往（−0.102）。这说明：网络影响力越高，则越关注民生；信息处理能力越强，则越关注民生；功效意识越强，则越关注民生；男性相比女性显得更加关注民生问题。假设H1b"大学生网民的网络社区参与功效意识越高，则越积极参与网上社会公共事务"、假设H2d"大学生的信息分析处理能力越强，则越积极参与网上社会公共事务"、假设H3a"大学生网民在网络社区影响力越大，则越积极参与网上社会公共事务"成立。

网络社区评价、网络知识对"关注民生"有微弱正向影响，标准化回归系数分别为 0.056、0.006，但未通过 95%显著性水平检验，说明网络社区评价和网络知识并不显著影响大学生关注和参与时政与民生问题的讨论。假设 H1a "大学生网民对网络社区的评价越高，则越积极参与网上社会公共事务" 和 H2a "大学生的网络知识和技能水平越高，则越积极参与网上社会公共事务" 被证伪。

在政治思考能力方面，独立思考能力和理解力都对关注民生有正向影响，但只有理解力通过 95%显著性水平检验，说明对民生问题的理解力越高，则越关注民生，但独立思考能力高并不必然促成对民生的高度关注，因此假设 H2c 未被完全证实。

媒介接触对民生关注的影响也呈现较为复杂的情况，不同类型的媒介对 "关注民生" 具有不同的作用：传统大众媒体和新媒体接触对 "关注民生" 是正向作用，人际交往则是负向作用。这说明不同媒介接触渠道对 "关注民生" 是一种 "此消彼长" 的竞争关系，而非合作互补关系。因此假设 H2b "大学生的媒介接触渠道越广，则越积极参与网上社会公共事务" 未被证实。

在以 "网络影响力" 为因变量的模型中，用上述变量来解释网络影响力可以解释约 34.5%的方差。"关注民生" 为贡献力最大的变量，标准化回归系数为 0.558，且通过 95%显著性水平检验。因此，假设 H3b 得到证实。

结　论

本研究实证研究大学生网上社会公共事务的影响因素，研究假设 H1b、H2d、H3a、H3b 得到证实，H1a 和 H2a 被证伪，H2b、H2c 未被完全证实。本研究发现以下内容。

（1）较高的网络知识和信息处理能力并不必然导致关注社会公共事务

由表 2 网络知识和信息处理能力的均值和标准差可以看出，大学生网民具备较高的网络知识和信息处理能力。他们对网络社区的评价也不低，认为网络社区具有信息传递及时、客观、真实等特征，但整体上大学生对网络社区中社会公共事务议题并未呈现明显的兴趣，参与网络社区社会公共事务的讨论和活动也不够积极。诸多研究证实网络知识、人口统计学变量是显著影响新媒体采纳的因素，是划分"网民"与"非网民"的数字鸿沟；但在本研究中上述因素未能显著影响大学生网上社会公共事务参与。控制变量中，唯一作用显著的是性别。说明新媒体普及后，网民的新媒体使用行为和动机是分化网民的第二道鸿沟，是造成互联网使用群际差异的重要因素。

（2）"网络影响力"与"关注民生"密切相关

本研究发现"网络影响力"对网上"关注民生"的解释力最大，其标准化回归系数在所有自变量中最高；而在"网络影响力"模型中，"关注民生"对"网络影响力"的贡献也最大，证明网络活跃度和网上社会公共事务参与存在密切关联。

为了进一步剖析不同类型网民社会公共事务参与情况，本研究采用谱系聚类方法，以"网络影响力"为分类指标，根据大学生网民的网络影响力大小，将样本聚类划分为2类。聚类分析结果将51个影响力较高的样本归为活跃类，占全部样本数的17.2%，剩余246个样本（82.8%）归为普通类。表4为活跃类和普通类网民在社会公共事务认知和参与上的差异。

表4 活跃类和普通类网民在社会公共事务认知和参与的比较

题项	活跃类（$n=51$）均值	普通类（$n=246$）均值	显著性水平
1. 我对时政和民生问题很感兴趣	4.10	3.14	0
2. 我经常思考时政和民生问题	3.80	2.72	0
3. 在网络社区中，我最喜欢浏览时政和民生信息	3.57	2.63	0
4. 我每天都花时间阅读有关时政和民生问题的文章	3.78	2.65	0
5. 会转载有关时政和民生的新闻到网络社区中	3.29	1.87	0
6. 积极参与网络社区中时政、民生问题的讨论	3.25	1.85	0
7. 热心参与网络社区中时政、民生问题的投票、祈福、募捐等活动	3.43	1.97	0

由表 4 数据可发现：活跃类网民和普通类网民在时政、民生问题的认知和参与上存在显著不同。活跃类网民在"关注民生"各个指标上的得分均显著高于普通类网民。以 3 分为态度中间点，活跃类网民明显表示"对时政和民生问题非常感兴趣"，得分为 4.10，而普通类网民得分为 3.14，态度中性略微偏向赞同。除此之外，有关民生参与的其他 6 个说法，普通类网民的得分都低于中间值 3，表明不太认同。而活跃类网民得分均在 3 分到 4 分之间，说明主体上是认同上述说法的。由此可以得出结论，网络影响力大的一些活跃分子大多对时政、民生问题很感兴趣，平常会关注和收集相关信息，并积极参与网络社区的讨论和活动。而大部分大学生网民，虽然不否定"对时政和民生问题非常感兴趣"，但是主动在网上阅读时政、民生新闻及表达的意愿不强。

笔者在与一些大学生访谈过程中得知，他们在民生问题上不会轻易发言，因为单纯的灌水显得比较无聊，除非有独树一帜的观点才会表达。但是在大多数情况下，他们想要表达的观点常常被别人捷足先登。也有学生认为虽然在 BBS 上发表文章在某种程度上具有匿名性，但网络仍然是一个社会，在网络上"发声"仍被视为一种公开表达意见的行为。他们会因为感觉到压力、不想介入纷争或不愿公开表达自己的意见等放弃"发声"，因此，在网络上仍然存在"沉默的大多数"。但这些沉默者寻求信息的主动性并不低，他们常常使用网上社区中阅读帖子和收发邮件的功能，在被动中依旧包含着积极的信息索取。

（3）传统大众媒体和人际传播对大学生网上社会公共事务参与的作用不同

本研究发现，媒介接触是显著影响大学生网上社会公共事务参与的因素，但是传统大众媒体和人际传播并未呈现如创新扩散理论所言的互相作用、互为补充的关系，二者对网上大学生社会公共事务参与呈现不同的作用方向：越多接触传统大众媒体的学生越关注和积极参与网上社会公共事务，人际交往越多的大学生越不关注和参与网上社会公共事务。

虽然新媒体接触也对网上社会公共事务参与有微弱的正向作用，但未能通过显著性水平检验，说明一些频繁接触新媒体的大学生并不积极参与网上社会公共事务，但是关注传统大众媒体报道的学生同时也是使用网络的积极分子。这类学生趋向于从不同来源（如传统大众媒体和网络）来分析、核实新闻报道和资讯，他们是参与网上时政、民生问题讨论的中坚力量。研究证实信息处理能力显著正向影响网上社会公共事务的参与，再一次证实了关注民生的大学生更舍得花时间和精力去分析、甄别，乃至核实新闻报道和资讯。

由此，我们可以得出结论：对时政、民生问题兴趣不大，仅仅浏览时政、民生新闻而不在网上表达是当下大部分大学生的选择。但是仍然有少部分积极的活跃分子，他们非常关注时政、民生问题，积极转载新闻，参与网络社区的讨论和投票等活动，他们是支撑网络社区时政、民生讨论的中坚力量。这部分活跃分子约占学生网民总数的17%。

决定大学生积极参与网上社会公共事务的重要因素不是网络知识和技能，而是对社会公共事务的兴趣，以及质疑、批判、核实媒体报道的信息处理能力。并且，一旦他们觉得在网上曝光社会问题能够引起社会相关部门注意、有助于社会问题的解决，这种网络舆论监督的效能感就能够显著影响大学生网上社会公共事务的参与。

敌意媒体效应的溯源、沿革和本土化[*]

在报道一个争议性话题时，大众媒体秉承着新闻专业主义的原则，往往会将不同立场的观点都呈现出来。但即使这样，已经存有强烈预设观点的个人，仍然会认为媒体报道存在偏见，且这种偏见是利于对方而不利于己方的。这种现象就是"敌意媒体效应"（hostile media effect）。这种现象在当今中国的舆论生态下屡见不鲜，它往往伴随一些颇具争议的公共议题发生。在这类话题中，个体更有可能会对自己已持有的观点抱有坚定的信念，而对媒体报道中展示出的对立话题反应强烈，进而感知到媒体的敌意和偏见。这种现象使得当今中国不少媒体的公信力、传播力和影响力有不同程度的下降。

敌意媒体效应最初是在 1985 年由美国社会心理学学者罗伯特·瓦隆（Robert Vallone）、里·罗斯（Lee Ross）和马克·莱佩（Mark Lepper）发现并提出的。在此后的三十余年中，不同学科背景的学者们不仅从多个维度验证了敌意媒体效应的存在，还考察了它受哪些因素影响（调节变量）、它的解释机制（中介变量）和影响。如今，关于敌意媒体效应的研究已经拓展到政治传播、大众传播、公众舆论和社会心理学等领域。那么该理论能否帮助我们理解并分析现在中国主流媒体影响力下降等现象呢？

---

　*　该文原发表于《新闻界》2018 年第 7 期，作者为余红、李婳婳。

本篇将从它的缘起出发，回顾和梳理现有的研究成果，并阐述其在中国本土化语境下的意义。

一 理论基础：从现象到定义

最初关于敌意媒体效应的研究可以追溯到 1985 年罗伯特·瓦隆、里·罗斯和马克·莱佩这三位心理学家关于 1982 年黎以战争的实证研究。1982 年 6 月 6 日，以色列因其驻英国大使被巴勒斯坦武装暗杀，出动了以色列国防部队，对黎巴嫩境内的巴勒斯坦解放组织和叙利亚军队发动了大规模的进攻。其间发生了由以色列支持的黎巴嫩长枪党民兵组织对巴勒斯坦难民的贝鲁特大屠杀。当贝鲁特被血海环绕时，一场没有硝烟的冲突也正在进行着。立场不同的各党派人士对电视、广播等大众媒体发起抗议。亲以色列者认为电视新闻上不断地将视线集中在以色列轰炸贝鲁特，暗示着以色列是侵略者而巴勒斯坦解放组织是受害者。亲巴勒斯坦者则持相反观点，认为媒体对巴方存在偏见。

双方激烈争执引起了学者的关注。瓦隆等人发现，两个阵营的受众在对新闻的感知上表现出微妙的差别，而且这种差别有悖于确立已久的社会心理学理论。若依照理论假设，受众应该会以自我介入（egocentrically）的方式在新闻报道中找到支持自己观点的论据。而事实上，在中立观众看来公平客观的新闻报道，却使非中立的受众从中感知到"敌意偏见"。瓦隆等人根据观察，提出假设并展开了实证研究。"敌意媒体效应"这一现象由此被发现，进而成为之后诸多学者研究的一大命题。

那么到底什么是敌意媒体效应呢？奇怪的是，它还没有一个被学术界广泛接受的定义。通常学者们都用"过程"和"现象"这些词来描述它，同时还强调作为感知对象的媒体报道必须是"中立的"，且报道的话题是有争议的，以引发受众不同的感知。①

敌意媒体效应所感知的对象是中性、客观和公平的媒体内容，这一点是学术界的共识。虽然新闻不可能完全中立客观，但这些限定语确实捕捉到了这个现象的核心特征，使得它在学术上是有趣的——属于不同立场群体的个体对于同样的媒体内容在感知上却有着惊人的不同。这是社会判断理论（social judgement theory）的一个特例，又或从更大的意义层面上遵循了社会判断理论的规则。而现在，关于敌意媒体效应定义的难题和争议在于"自我卷入的党派人士"（ego-involved Partisans）这样的限定语是否应该被纳入定义。瓦隆等人研究得出，对敌意媒体偏见的感知植根于一个经典且复杂的概念——自我卷入（ego-involvement）。② 然而瓦隆在定义时，有意避开"自我卷入"这个概念，采用了"党派人士"的说法。

有些学者沿用了"党派人士"的定义方式。譬如 Hansen 和 Kim 将这种现象描述为"党派人士从中立的新闻报道中感知到不利于自身的偏见的场景"。还有学者则在定义中采用了一个更明确的术语——"卷入"（involvement）。如 Gunther 等人将敌对媒体效应描述为"高度卷入一个问题的人更倾向于感知到对这个问题的新闻报道是有偏见的，特别是针对他们自己观点的偏见"③。相比之下，另一些学者则尽量避免使用"卷入"的概念，就像 Arpan 和 Raney 将敌意媒体效应定义为"一些新闻消费者将

---

① Arpan, L. M., & Raney, A. A., "An Experimental Investigation of News Source and the Hostile Media Effect," *Journalism & Mass Communication Quarterly* 2 (2003): 265-281. Chia, S. C., et al., "Personal Bias or Government Bias? Testing the Hostile Media Effect in a Regulated Press System," *International Journal of Public Opinion Research* 3 (2007): 313-330. Gunther, A. C., Miller, N., & Liebhart, J. L., "Assimilation and Contrast in a Test of the Hostile Media Effect," *Communication Research* 6 (2009): 747-764. Hansen, G. J., & Kim, H., "Is the Media Biased Against Me? A Meta-Analysis of the Hostile Media Effect Research," *Communication Research Reports* 2 (2011): 169-179. Huge, M., & Glynn, C. J., "Hostile Media and the Campaign Trail: Perceived Media Bias in the Race for Governor," *Journal of Communication* 1 (2010): 165-181. Vallone, R. P., Ross, L., & Lepper, M. R., "The Hostile Media Phenomenon: Biased Perception and Perceptions of Media Bias in Coverage of the Beirut Massacre," *Journal of Personality & Social Psychology* 3 (1985): 577-85.

② Hovland, C. I., Harvey, O. J., & Sherif, M., "Assimilation and Contrast Effects in Communication and Attitude Change," *Journal of Abnormal Psychology* 2 (1957): 244-252.

③ Gunther, A. C., et al., "Congenial Public, Contrary Press, and Biased Estimates of the Climate of Opinion," *Public Opinion* 3 (2001): 295-320.

表面上的中性的新闻视为（针对他们的观点的）偏见的过程"①。

　　强调"卷入"和"党派人士"的定义方法存在两个较大的问题。首先，"卷入"内涵涉及多个维度，学术界目前对它的定义也尚未达成共识。关于"卷入"的一份经典文献表明，尽管研究者们已经做出颇多努力和尝试，但对于极端的态度、话题本身对个体的显著性、自我的属性是如何与"卷入"相互关联的，尚未得出明确的结论。其次，若是将"卷入"这一概念纳入定义，我们必须要厘清"卷入"和其相关因素的关系，而这无疑是更复杂困难的。如果敌意媒体效应是根据"卷入"定义的，那么就需要确定产生这种效应或现象所必需的"卷入"的具体特质，这就使得研究任务越来越复杂。比方说，如果用"自我卷入"的概念定义了敌意媒体效应，那么当"价值相关的卷入"（value-relevant involvement）也成为一个决定因素的时候，该怎么办？它是否也成为一个调节变量？② 还是再修改定义？更重要的是，将"卷入"纳入定义中，事实上就已经假定，高度的"卷入"与敌意媒体效应是同构的。而关于"卷入"对敌意媒体效应的影响，应该是放在实证中去验证的问题。因此这种定义方式事实上已经默认了卷入对效应的影响，与后续的研究是矛盾的，缺乏科学性和合理性。

　　于是有学者提出，用"先前的态度"（prior attitude）取代"卷入"和"党派人士"，对敌意媒体效应进行界定。这样既避免了上述问题，也更容易构建一个相关变量更明确清晰的概念体系。学者 Perloff 这样定义："对某个问题抱有强烈的（事先）态度的个人，倾向于从（关于该话题的）相对客观中立的媒体报道中感知到偏见，且这种偏见是倾向于自己对立方的观点的。"③

　　这种定义将敌意媒体效应描述为一种经典且单纯的现象——媒体的新

① Arpan, L. M., & Raney, A. A., "An Experimental Investigation of News Source and the Hostile Media Effect," *Journalism & Mass Communication Quarterly* 2 (2003): 265-281.

② Gunther, A. C., Miller, N., & Liebhart, J. L., "Assimilation and Contrast in a Test of the Hostile Media Effect," *Communication Research* 6 (2009): 747-764.

③ Perloff, R. M., "A Three-Decade Retrospective on the Hostile Media Effect," *Mass Communication & Society* 6 (2015): 701-729.

闻报道在无党派人士看来是客观平衡的，而态度对立的双方却从中感知到偏见，且他们所感知到的偏见方向是相反的。然而事实上还存在这种情况：持相反态度的双方可能会就报道的偏见方向达成一致，但感知到的偏见强弱程度是不同的。这一点是由 Gunther 等学者最初提出来的，同时他还阐述了媒体偏见的细微差别，对敌对媒体效应的定义做了有效补充。Gunther 等人将此称为"相对敌意媒体效应"。相对敌意媒体效应指的是，尽管两个意见对立的群体都会把某篇新闻报道看作有利于某一方的，但他们感知到的偏见程度不同——认为报道对于自己的立场是相对较少同情的。① 泛而言之，当对某个问题持不同态度观点的个体，就同一媒体内容的评价显示出显著差异时，就会发生敌意媒体效应。

二 理论发展现状：从存在到影响

（一） 对敌意媒体效应的证明

在瓦隆等人发现敌意媒体效应后，很多学者将研究方向集中于证明（或证伪）该现象。研究大致分为两类：一类是实验研究，通过设置一些条件，控制某些变量进行操作；另一类是利用现有的调查数据和资料，进行统计分析。

实验研究延续了经典的态度研究，考察了立场坚定的群体成员中的敌意媒体效应。早期的研究证明，这种效应会发生在亲阿拉伯和亲以色列的党派人士中，他们的政治立场驱使他们以截然不同的方式来看待媒体报道。② Gunther 等学者通过一系列的实验研究，证明了敌意媒体效应存在

---

① Gunther, A. C., Miller, N., & Liebhart, J. L., "Assimilation and Contrast in a Test of the Hostile Media Effect," *Communication Research* 6 (2009): 747-764.

② Vallone, R. P., Ross, L., & Lepper, M. R., "The Hostile Media Phenomenon: Biased Perception and Perceptions of Media Bias in Coverage of the Beirut Massacre," *Journal of Personality & Social Psychology* 3 (1985): 577-585. Giner-Sorolla, R., & Chaiken, S., "The Causes of Hostile Media Judgments," *Journal of Experimental Social Psychology* 2 (1994): 165-180. Perloff, R. M., "Ego-Involvement and the Third Person Effect of Televised News Coverage," *Communication Research* 2 (1989): 236-262.

于诸多领域，如劳工①、科学传播②、健康传播③、总统大选④等争议问题。基于实验的敌意媒体效应研究由此拓展到政治、社会乃至体育等议题中。

调查研究则通过分析地区和国家样本中的数据来验证敌意媒体效应，为其提供了外部有效性。已有研究证明，一些党派变量（如政党认同、党派关联、对争议话题的理念等）对敌意媒体偏见有显著效果。⑤

（二）敌意媒体效应的调节变量

在已知敌意媒体效应存在的背景下，学者们不禁好奇：有哪些因素会影响它的强弱、大小呢？于是他们根据已有的传播学理论、社会学理论等从不同的角度提出许多假设，并进行了验证。目前经证实，能调节敌意媒体效应的变量有这些。

其一，媒介的影响范围（reach）。学者 Gunther 和 Schmitt 认为，偏见同化（biased assimilation，又称偏颇吸收）与敌意媒体效应之间的一个重要差异在于——发生偏见同化时，信息的传播渠道通常只是一份专业研究报告，影响范围较小；而敌意媒体效应的传播渠道是大众媒体，影响辐射到海量受众。⑥ 大众媒体受众是异质化的，且数量庞大，因此个体可能会默认或假设自己与其他受众存在很多不同之处，假设其他人容易受到志同道合者的影响。与"第三人效果"同理，受众被视为被动的，且容易被有偏见的媒体影响。因此，当个体认为信息的影响范围很广时，就会产生

① Christen, C. T., Kannaovakun, P., & Gunther, A. C., "Hostile Media Perceptions: Partisan Assessments of Press and Public during the 1997 United Parcel Service Strike," *Political Communication* 4 (2002): 423-436.

② Gunther, A. C., et al., "Congenial Public, Contrary Press, and Biased Estimates of the Climate of Opinion," *Public Opin Q* 3 (2001): 295-320.

③ Gunther, A. C., et al., "Partisan Evaluation of Partisan Information," *Communication Research* 4 (2012): 439-457.

④ Dalton, R. J., Beck, P. A., & Huckfeldt, R., "Partisan Cues and the Media: Information Flows in the 1992 Presidential Election," *American Political Science Review* 1 (1998): 111-126.

⑤ Eveland, W. P., Shah, D. V., & Kwak, N., "Assessing Causality in the Cognitive Mediation Model," *Communication Research* 4 (2003): 359-386.

⑥ Gunther, A. C., & Schmitt, K., "Mapping Boundaries of the Hostile Media Effect," *Journal of Communication* 1 (2004): 55-70.

敌意媒体效应；而当个体觉得信息只有较小的影响半径时，就会出现偏见同化。许多实验为这一假说提供了有力的支持。[①]

其二，"卷入"（involvement）。Hansen 和 Kim 通过荟萃分析提出，"卷入"变量调节了媒体的敌意效应——个人"卷入"某个问题中越深，敌意媒体偏见也会随之加深。[②] 但同时，他们在低卷入度下也发现了显著的敌意媒体效应。另外，Hansen 和 Kim 将"卷入"分为高、中、低三个层级，缺乏明确的理论依据。没有明确的"卷入"定义、具体的标准和编码依据，则关于"卷入"分类的相互主观性（intersubjectivity）将很难在不同的编程者或研究人员之间实现。

虽然 Hansen 和 Kim 的研究结论说服性不足，但他们的研究视角和切入点为此后的学者提供了方向。目前的研究表明，价值相关的卷入（value-related involvement）和情感卷入（affective involvement）对敌意媒体效应存在影响。[③]

其三，社会认同（social identity）。与"卷入"密切相关的另一个变量是社会认同（或群体认同）。以社会认同的视角来看，敌意媒体效应是一种群体成员、群体认同和群体地位发挥重要作用的群际现象。[④] 社会认同理论表明，涉及内群体利益的媒体报道将会激发群体认同感，从而引发成员自我分类（self categorization）。群体成员将自身与群体外的人区分开

---

① Gunther, A. C., Miller, N., & Liebhart, J. L., "Assimilation and Contrast in a Test of the Hostile Media Effect," *Communication Research* 6（2009）: 747-764. Gunther, A. C., et al., "Partisan Evaluation of Partisan Information," *Communication Research* 4（2012）: 439-457. Gunther, A. C., & Liebhart, J. L., "Broad Reach or Biased Source? Decomposing the Hostile Media Effect," *Journal of Communication* 3（2006）: 449-466.

② Hansen, G. J., & Kim, H., "Is the Media Biased Against Me? A Meta-Analysis of the Hostile Media Effect Research," *Communication Research Reports* 2（2011）: 169-179.

③ Choi, J., Yang, M., & Chang, J. J., "Elaboration of the Hostile Media Phenomenon The Roles of Involvement, Media Skepticism, Congruency of Perceived Media Influence, and Perceived Opinion Climate," *Communication Research* 1（2009）: 54-75. Matthes, J., "The Affective Underpinnings of Hostile Media Perceptions," *Communication Research* 3（2013）: 360-387.

④ Hartmann, T., & Tanis, M., "Examining the Hostile Media Effect as an Intergroup Phenomenon: The Role of Ingroup Identification and Status," *Journal of Communication* 3（2013）: 535-555.

来，认为内群体优于外群体，以此提升自尊感。① 当接触到对内群体不利的媒体报道时，成员个体会认为媒体塑造的群体形象不准确，并坚信这会破坏内群体在整个社会中的合法性。因此成员会贬低媒体报道，将其视为充满敌意偏见的。通过这种方式，他们减少了象征威胁，恢复了社会自尊心。尤其是群体认同感处于两端的成员，更有可能会对涉及内群体的媒体报道反应强烈，由此产生敌意媒体偏见的倾向。他们认为自己有责任和义务去维系正面的群体形象。② 因此，群体认同可以作为敌意媒体效应的调节因素。而且也有确实的证据表明，对于一个群体组织抱有强烈认同感的成员，敌意媒体偏见的感知更为显著。③

（三）敌意媒体效应的解释机制

为什么对一个问题抱有强烈态度的个体，在遇到关于该问题的新闻报道时，会感知到敌对媒体偏见呢？相当多的学者聚焦于这个棘手的问题，试图揭开隐藏在它背后的解释机制。目前有四种假设④：其一，选择性记忆（selective recall），指的是个体专注于与自己意见相反的信息，认为它更突出，所以脑海中回想起的更多的是与其立场相悖的信息；其二，选择性分类（selective categorization），是指个体在将报道中的信息分类时，把更多的内容归为不利于自身观点的立场；其三，不同的标准（different standard），个体根据不同的标准去解读和看待报道中的信息，认为有利于其立场的内容是准确的，觉得对其立场不利的信息是不准确的；其四，对

---

① Duck, J. M., Terry, D. J., & Hogg, M. A., "Perceptions of a Media Campaign: The Role of Social Identity and the Changing Intergroup Context," *Personality & Social Psychology Bulletin* 1 (1998): 3-16. Ariyanto, A., Hornsey, M. J., & Gallois, C., "Group Allegiances and Perceptions of Media Bias," *Group Processes & Intergroup Relations* 2 (2007): 266-279.

② Hartmann, T., & Tanis, M., "Examining the Hostile Media Effect as an Intergroup Phenomenon: The Role of Ingroup Identification and Status," *Journal of Communication* 3 (2013): 535-555.

③ Duck, J. M., Terry, D. J., & Hogg, M. A., "Perceptions of a Media Campaign: The Role of Social Identity and the Changing Intergroup Context," *Personality & Social Psychology Bulletin* 1 (1998): 3-16.

④ Gunther, A. C., & Schmitt, K., "Mapping Boundaries of the Hostile Media Effect," *Journal of Communication* 1 (2004): 55-70. Giner-Sorolla, R., & Chaiken, S., "The Causes of Hostile Media Judgments," *Journal of Experimental Social Psychology* 2 (1994): 165-180.

媒体偏见的预设观点（prior beliefs about media bias），指个人带着一系列消极负面的观点和态度去对待媒体，并带着这种负面情绪去评判特定问题的新闻报道。

有学者通过设计精妙严谨的实验，验证了这些假设。现有的研究显示，选择性记忆不能解释敌意媒体效应。[①] Schmitt 等认为，选择性分类能最好地解释敌意媒体效应，尽管不同标准对敌意媒体效应也有一定作用。至于预设观点的假设，在 Giner-Sorolla、Chaiken 和 Ariyanto 的研究中得到了证实，而 Matheson、Dursun[②] 和 Arpan、Raney[③] 则认为它不成立。

（四）敌意媒体效应的影响

敌意媒体效应究竟有怎样的影响？它对认知、情绪（或情感）甚至行为是否有影响？有不少学者集中探讨了这些问题，最多的是关于敌意媒体效应如何影响公众舆论的讨论。Gunther 等人援引了"说服性媒体推理"（persuasive press inference）的概念来设想敌意媒体效应可能影响舆论的方式——怀有媒体偏见的个人会推断媒体报道大致类似于他们之前接触过的新闻，并假定影响范围大（high-reach）的新闻会影响到大众，因此推测公众舆论与该报道的偏见方向性是一致的。所以那些认为新闻报道不利于自身的人会推导出这样的结论：公众舆论与他们的立场是相反的。这与投射效应（projection）形成了鲜明有趣的对比。后者假定个人将自己的观点投射到他人身上，并预测公众舆论与自己的意见是一致的。有研究表明，这两种截然相反的感知都有可能发生。[④] 有一些研究证明二者都

---

① Gunther, A. C., & Schmitt, K., "Mapping Boundaries of the Hostile Media Effect," *Journal of Communication* 1 (2004): 55–70. Giner-Sorolla, R., & Chaiken, S., "The Causes of Hostile Media Judgments," *Journal of Experimental Social Psychology* 2 (1994): 165–180.

② Matheson, K., & Dursun, S., "Social Identity Precursors to the Hostile Media Phenomenon: Partisan Perceptions of Coverage of the Bosnian Conflict," *Group Processes & Intergroup Relations* 1 (2001): 116–125.

③ Arpan, L. M., & Raney, A. A., "An Experimental Investigation of News Source and the Hostile Media Effect," *Journalism & Mass Communication Quarterly* 2 (2003): 265–281.

④ Tsfati, Y., "Hostile Media Perceptions, Presumed Media Influence, and Minority Alienation: The Case of Arabs in Israel," *Journal of Communication* 4 (2007): 632–651.

是有效的，还有一些证据表明投射效应对感知舆论的影响比敌意媒体效应更大。[①]

敌意媒体效应还有可能影响受众的行动。根据经典的传播学理论"第三人效应"，个体在预计到不良信息对受众产生的影响时，会采取某些行为和措施。[②] Gunther 和 Storey 的研究指出，推定影响（Presumed Influence）和敌意媒体感知助燃了愤怒的情绪。[③] 还有学者认为，个人在感知到媒体的敌意和偏见后，将会为了纠正这些偏见而采取一定行动。[④]

此外，敌意媒体效应可能会降低受众的政治效能感，减少其对大众媒体整体客观性的信任，从而激发其对民主的不信任。有学者认为，敌意媒体效应会让政治上的少数派选择采取多样的行为方式，有时是固执地否认对主流民意的无视，有时是采取反民主的行动，甚至会有更消极的做法，即退出功能性的政治、社会活动。[⑤] Tsfati 和 Cohen 在一系列研究中发现了支持这种设想的证据。

三　本土化：不足与机遇

媒介效果一直都是传播学重点关注的领域。关于它的研究也经历了从"强效果论"（如"魔弹说"）到"有限效果论"再到"回归强大效果论"的过程（有"三阶段说"和"四阶段说"的争议）。[⑥] 但随着信息时

---

① Huge, M., & Glynn, C. J., "Hostile Media and the Campaign Trail: Perceived Media Bias in the Race for Governor," *Journal of Communication* 1 (2010): 165-181.

② Davison, W. P., "The Third-Person Effect in Communication," *Public Opinion Quarterly* 1 (1983): 1.

③ Gunther, A. C., & Storey, J. D., "The Influence of Presumed Influence," *Journal of Communication* 2 (2003): 199-215.

④ Barnidge, M., & Rojas, H., "Hostile Media Perceptions, Presumed Media Influence, and Political Talk: Expanding the Corrective Action Hypothesis," *International Journal of Public Opinion Research* 2 (2014): 135-156.

⑤ Tsfati, Y., & Cohen, J., "On the Effect of the 'Third-Person Effect': Perceived Influence of Media Coverage and Residential Mobility Intentions," *Journal of Communication* 4 (2010): 711-727.

⑥ 廖圣清:《西方媒介效果研究的新进展——以对 1990 年代五本大众传播国际核心期刊的内容分析为主要依据》,《新闻大学》2008 年第 4 期。

代的到来，人们毫不费力便能掌握浩繁的信息，媒体不再是公众接触信息的唯一可靠来源，人们对媒体的态度也随之产生了变化。对敌意媒体效应的研究正是在这种背景下发展开来。不同学科领域的学者纷纷将视线投向敌意媒体效应，因为它捕捉到了人类行为非理性的一面。那么，敌意媒体效应在中国本土化语境中存在吗？一些主流媒体影响力的下降与它有关吗？适合用该理论去分析当下中国舆论场中的媒介现象吗？

（一）后真相时代：主流媒体影响力下降

2016年《牛津字典》将年度词选为"后真相"（post-truth），认为当前我们处在一个对于形塑公众舆论而言，情感和个人信仰被置于事实与真相之上的社会环境中。"后真相"指的是对客观事实的陈述不如诉诸情感和个人信仰更容易影响舆论。这源于欧美精英和学者们在西方舆论场对特朗普当选美国总统和英国脱欧等事件的观察。美国媒体人杰森·哈尔辛（Jayson Harsin）提出当今社会正从"真相体制"（regimes of truth）向"后真相体制"（regimes of post-truth）转变。[①] 前者指向的是媒体、政治组织、教育机构、科学论述和主流的真相仲裁者紧密联系并互相作用的规范性社会；而后者则指向权力利用"真相市场"（truth market）压榨剥削人们参与、生产和表达的"自由"的控制型社会。[②] "后真相"反映了互联网兴起后人们获取新闻信息方式发生的变化及其后果。碎片化的信息再加上"信息茧房"的效应，让人们对已持有的观点越发固执，更加偏向非理性的表达。这种现象是全球化的。

在我国的互联网生态中，一些敏感信息会触发网民的情绪，让他们积极主动地去表达和宣泄自己的情感。甚至很多网民只顾着相信自己认为的事实，而没有耐心去等待最后的真相。在这样的舆论环境下，客观事实有时候是退居其次的。这与敌意媒体效应中受众的选择性感知是不谋而合的。受众会根据自己本身的立场、所属群体、对该话题的"卷入"程度等选择性地从媒体报道中感知到不利于自身的信息。尽管媒体尽可能客

---

① Harsin, J., "Regimes of Posttruth, Postpolitics, and Attention Economies," *Communication Culture & Critique* 2（2015）：327-333.

② 支庭荣、罗敏：《"后真相"时代：话语的生成、传播与反思——基于西方政治传播的视角》，《新闻界》2018年第1期。

观、全面、中立地陈述事实，但网民却认为被欺骗、敷衍，感受到媒体的偏见，并更加坚信自己的观点就是事实的全部。

在当下这种多元化的新媒体时代，很多时候主流媒体是处在弱势地位的。一些先发声的自媒体，抓取某些信息中的敏感点，煽动着受众的情绪，成为新的 KOL（Key Opinion Leader，关键意见领袖）。此时，网民们已经形成自己的观点和立场。而传统的主流媒体出于新闻专业主义和新闻采编流程等原因，在时效性和反应及时性上略逊于自媒体。之后即便发表了客观中立的新闻报道，网民们仍然依靠自己原先的观点和立场去对其做解读，倾向于相信符合自己心理预期的信息，进而质疑报道的真实性和可信度。这种受众对主流媒体的带有偏见和敌意的感知，使得如今我国不少主流媒体的公信力下降，影响力也大不如前。

（二）敌意的产生与纾解方式

那么为什么不少人对主流媒体抱有敌意呢？这要从敌意的形成和演变来看。社会心理学者认为，敌意的产生与内群体、外群体和群际威胁密不可分。社会环境可能会激发个体对群体成员身份或社会身份的认知，具有显著社会认同的个体将自己归类为内群体成员，并会通过区分内群体与外群体来获得积极正向的自尊。当内群体感知到外群体带来的群际威胁时，通常会产生一些防御性反应以维持自身的正当性和稳定性，对外群体的敌意就是其中一种。在敌意媒体效应的研究中，学者们发现人们对媒体报道怀有很强敌意的原因之一，是觉得媒体的影响范围（reach）较大，会对"天真脆弱"的他人形成强烈的影响（第三人效应），即在感知上放大报道中对内群体不利的内容，进而认为它会对内群体构成威胁。中国主流媒体的辐射范围不可谓不广，因此受众可能感知到的群际威胁也就更大，这刺激受众产生敌意心理。另外，从敌意的演变过程来看，它是由焦虑感（信息不对称使受众对事实全貌不了解）到怀疑感（对主流媒体不在场和官方声音缺位背后原因存疑）再到敌意层层递进的。倘若公众的焦虑感没有在前期被纾解，其就会一步步朝着敌意演化。

这意味着，要想消除公众对主流媒体的敌意，光靠提高媒体从业人员的新闻专业素养和能力是远远不够的，还需要多方合力，发挥联动效应。首先，也是最重要的应该是提升公民的信息素养（empowering individual）。

事实证明，媒体大量的事实查验（fact-checking）和官方辟谣，效果其实不够理想。因此要重视培养受众在信息过载情况下的判断力。其次，应建立一定的社会安全阀机制，化解公众不满情绪。同时要加强对 KOL 的引导作用，进行信息的筛选和过滤。自媒体和新的 KOL 们拥有平民化的、个性化的表达，但缺乏相应的媒介素养。在加强培养他们的信息素养的同时，也应对其中煽动网民情绪的虚假信息进行过滤。再次，信息及时公开，消除"信息不对称"，让主流媒体时时在场。信息的不透明、不公开会让公众产生焦虑感，主流媒体和官方的不及时发声会让这种焦虑进一步演化为怀疑，从而产生不信任感和敌意。所以应努力做到信息透明公开，建构社会认知的全景。最后，学界应进行跨学科、跨领域的合作，多视角、多维度地分析研究。关于敌意媒体效应的研究能够有效帮助我们理解受众产生这种敌意感知的深层原因和机制，而现阶段国内对其的研究却很少，笔者只检索到了 4 篇。刘杉、方明豪简单介绍了什么是敌意媒体效应及其适用的场景；[1] 宋佳、孙宇科在此基础上，从舆情和风险的角度，分析了受众敌意媒体感知的成因及引起的人为风险；[2] 薛可、梁海、余明阳和管静静均从社会互动的视角，探究社会连带关系、不同种类的"卷入"对敌意媒体效应产生的作用。[3]

可以看到，国内关于敌意媒体效应的研究是相对匮乏的。这既是不足也是机遇。在"后真相"时代的舆论氛围中，中国新闻传播语境和范式面临着全新的挑战。国内学者亟须研究并发展敌意媒体效应理论，确立自身的研究旨趣与范式，以适应本土化问题的导引以及秩序的建构，在新时代助力主流媒体提升影响力和传播力。

---

① 刘杉、方明豪：《敌意媒体效应的本土化解读：适用与拓展》，《文化学刊》2013 年第 3 期。

② 宋佳、孙宇科：《微媒体舆情传播中敌意媒体感知与人为风险引导——基于认知传播视角的分析》，《当代传播》2017 年第 3 期。

③ 薛可、梁海、余明阳：《社会互动对敌意媒体效果的影响》，《上海交通大学学报》（哲学社会科学版）2011 年第 6 期。管静静：《微博互动及其对敌意媒体效应的影响研究——基于社会网络理论视角》，硕士学位论文，江西师范大学，2014。

国际传播与国家形象

国家形象概念辨析[*]

随着中国国家实力的提升，国家形象成为学界研究热点。不同学科研究视域的差异造成国家形象概念理解的差异，出现了"国家形象""国家声誉""国家威望""国家品牌形象""国家认同"等不同提法。厘清概念是学术对话的前提，也是探讨国家形象建构策略的基石。

一 国家、民族、形象概念辨析

1. 国家（country）和民族（nation）

在汉语中，国家、政府与民族之间有明显的区隔。马克思主义从唯物主义角度，强调国家是一个阶级实现其统治的工具。如恩格斯提出，国家无非是一个阶级镇压另一个阶级的机器。[①] 列宁对国家的定义是："国家是阶级统治的机关，是一个阶级压迫另一个阶级的机关。"[②] 韦伯则从社会角度出发，将国家定义为："在一既定领土内成功地要求物质力量的合法使用、实行垄断的人类社会。"[③] 国际法层面的研究则主要强调将国家作为"国际人格者"所具有的特征："现代意义上的国家，在国际法上应

---

* 该文原发表于《中州学刊》2014年第1期，作者为余红、王琨。

① 《马克思恩格斯全集》第29卷，人民出版社，2020，第238页。

② 《列宁选集》第3卷，人民出版社，2012，第114页。

③ 张芳山、涂宪华：《"国家"概念的历史演绎——兼论昆廷·斯金纳的国家理论》，《理论月刊》2011年第8期。

具备四个要素：定居的人民、确定的领土、政府和主权。"①

由不同学者的研究成果可以看出：不同时期或不同的流派对国家的定义或有所不同，但其关于国家的基本特征的认识是统一的。总的来说，构成国家的基础是领土和人口，它们体现了国家的自然属性；其次是在自然属性之上形成的政治属性，即国家的法律制度以及行使暴力的权力，其根本目的是维护自身的统治。

一般认为，民族概念由西方国家民族概念、苏联及俄罗斯的民族概念、中国的民族概念三个源头演变发展而来。目前民族的一般性概念，是指人们在一定的历史发展阶段形成的有共同语言、共同地域、共同经济生活以及表现着共同的民族文化上的共同心理素质的稳定的共同体。

从国家与民族的基本内涵可以看出，两者的区别在于"民族更侧重于认同，国家则指向暴力机器"②。因此，外文文献对"国家形象"的表达多为"nation image""national image""nation's image"，即强调国家形象研究的着力点是认同；这也与西方学界对"形象"的理解有密切关联。

2. 形象（image）

西方学者科特勒认为形象是指人们所持有的关于某一对象的信念、观念与印象。③ 也就是说，形象是人们对对象事物的主观感知。④ 主观上的认知与客观性的对象物之间并不是完全对等的关系，"晕轮效应""刻板印象"等认知偏差都是形象与对象物的不一致。形象根据主客体的不同又分为自形象、他形象以及多主体形象等，在个体层次依次为自我对自我、自我对他者、他者对自我的认知过程；将这一理念应用到国家形象则有相应的国内形象、国外形象等。认知心理学家指出，当人从大脑对对象物的形象进行重新提取时，所获取的不是储存在大脑中关于对象物的所有认知。在不同的环境以及背景下，主体对对象物形象的"提取"并不相

① 张毓强：《国家形象刍议》，《现代传播》2002年第2期。
② 孙关宏、胡雨春、任军锋主编《政治学概论》（第二版），复旦大学出版社，2008，第58~59页。
③ Kotler, P., "Marketing Management: Analysis, Planning, Implementation, and Control," *Upper Saddle River*, NJ: Prentice-Hall International, 1997.
④ 孙有中：《国家形象的内涵及其功能》，《国际论坛》2002年第3期。

同，因此形象具有碎片性和时间性特点。尽管形象具有碎片化的特征，是正负不和谐形象的总合体，但在一定的条件下，对象物可以存在一个相对稳定的总体形象，也就是对象物的主形象。① 主形象可以在一定条件下将一些次要形象更加边缘化。主形象也最能够突出对象物的特点，与其他对象物区别开来。因此，在国家形象的塑造当中，应首先确定国家的主形象，围绕主形象展开系统建设。主形象应建立在国家自身的特征上，这种特征应该是在历史发展中最主要的（central）、独特的（distinctive）和相对稳定（enduring）的。

二 国家形象概念分化

由于国家形象研究的学科交叉性和国家形象问题的复杂性，不同学科对国家形象概念内涵和外延的理解不同，出现了一些与国家形象相关的提法。如国际政治和国际关系领域中的"国家声誉""国家威望"，社会学和政治学都关注的"国家/民族认同"，以及国际营销领域的"国家品牌"。

1. 国家声誉

国家声誉在国际政治学及国际关系学中形成，并通过经济学中博弈论的研究进一步发展。对于国家声誉，王学东和陈寒溪分别提出了两种具有代表性的定义。王学东认为，一个国家的声誉，就是国际体系中的其他行为体对于这个国家持久特征或特性的一种信念与判断。声誉的主要功能就是利用国家过去的行为来预测、解释其未来的行为。声誉是国家在互相交往过程中表现出来的一贯的行为特征，是国家的一种"非物质诉求"，也是外交战略的目标之一。② 陈寒溪提出，国家声誉是国家相对稳定的偏好和行为所获得的一种国际评价，评价的依据主要来自国际道德和国际法，以及在国际政治中的权力地位。他认为国家声誉至少分为两种类型：道

---

① O'Shaughnessy, J., & O'Shaughnessy, N. J., "Treating the Nation as a Brand: Some Neglected Issues," *Journal of Macromarketing* 1 (2000).

② 王学东：《国家声誉与国际制度》，《现代国际关系》2003 年第 7 期。

德—法律声誉和政治—权力声誉（威望）。① 王学东所做的定义从经济学角度出发，而陈寒溪所做的定义则侧重于国际政治，但从两者中仍可以看出国家声誉的基本特点：声誉与国家的信誉有关，在国家间的互动中产生，建立在国家的历史行为的基础上，因此需要长期的时间和成本积累。

对于国家声誉和国家形象之间的区别，王学东有一个比喻：如果以物理中的反射做类比的话，同样是反射光线（得到的是虚像而非实像），国家声誉近似镜面反射，而国家形象则属于漫反射。② 这个比喻同时指出了两者之间的相同点和相异点。相同点在于，两者都是"非实像"，即都是建立在客体及其属性的客观存在基础上，在客体与评价主体的互动中形成的一种主观认知。相异点在于，国家形象具有极度发散性，对于相同的对象物，每个独立的个体、国家会因为自身主观因素和客观环境因素而形成不同的"形象"。而国家声誉以国家历史行为为基础，虽然会与客观事实有所出入，但在总体上是国家可信度的真实表现，这也是通过国家声誉来推测国家未来行为的前提条件。

此外，国家声誉产生的前提是国家之间的行为互动，而国家形象的建构渠道繁多；国家声誉是评价主体对一国行为偏好的认知，而国家形象则是受众对包括国家行为在内的国家综合情况的认知和评价；国家声誉存在于国际社会，而国家形象则包括国内形象和国外形象。因此，国家声誉并不能等同于国家形象，但可以看作国家形象的一部分。

2. 国家威望

国家威望是指一个国家通过把国内的道德、知识、科学、艺术、经济或军事等成果向他国投射（projection）而获得的一种理想的国际形象。③普遍的观点认为，国家威望最主要的作用是作为一种"无形的"政治武器。

摩索根将国家追求权力的政策分为三种类型：寻求权力、保持权力和展示权力。而国家威望则是用来保持和展示自身的权力的。国家威望最常

---

① 陈寒溪：《中国如何在国际制度中谋求声誉——与王学东商榷》，《当代亚太》2008 年第 4 期。

② 王学东：《国家声誉与国际制度》，《现代国际关系》2003 年第 7 期。

③ 李智：《试论国际传播在国家树立国际威望中的作用》，《国际论坛》2005 年第 1 期。

用的建构方法就是通过政治和军事突出本国的优势，对别国造成心理上的压力。国家威望依靠的是一个国家在各个方面的实力，尤其是军事和政治力量。因此威望在一定时期内是稳定的——其国家实力是相对稳定的。

国家威望与国家形象的区别在于以下几点：国家威望与国家声誉类似，评价主体是其他国家及其民众；国家威望是国家权力的一种"表达"，是国家权力的附属品，主要依托于国家的政治、军事实力，因此国家威望更多存在于有一定实力的强国。国家形象则是包括国家政治、军事实力等国家综合情况的反映，每个国家都拥有自己的"国家形象"。总的来说，国家形象、国家声誉和国家威望三者都可以看作国家的非物质诉求，它们在本质上都是以对象物的客观存在为基础，都是以实现国家利益为目的；但在形成条件、作用方式以及详细的目标方面仍存在差别，并不能将国家声誉和国家威望等同于国家形象。

3. 国家认同

在社会学领域，认同主要描述一种特殊的集体现象，包含群体特征和群体意识两个层面：群体特性是指一个群体的成员具有重要的乃至根本的同一性；群体意识则是指群体成员团结一致，有共同的性情意识和集体行动。而在政治学领域，认同是一个不同于"物质利益"的分析概念，分析家用它来解释政治行为的非工具性（non-instrumental），强调身份和集体认同对个人行为的深刻影响，类似的观念也是国际关系理论建构主义学派的一个重要主张，即把认同和身份视为特定政治行为的产物和结果。[①]

在现代政治理论中，国家其实是国家共同体（nation）和国家政权系统（state）的结合体，通常被称为"民族—国家"（nation-state）[②]。在这种语境下存在民族认同和国家认同。民族认同指一个民族的人对其自然及文化倾向性的认可与共识。国家认同是指一个国家的人民对自己祖国的历史文化传统、道德价值观、理想信念、国家主权等的认同，即国民认

① 钱雪梅：《从认同的基本特性看族群认同与国家认同的关系》，《民族研究》2006 年第 6 期。
② 肖滨：《两种公民身份与国家认同的双元结构》，《武汉大学学报》（哲学社会科学版）2010 年第 1 期。

同。① 前者侧重文化认同，后者则是一种政治认同。尽管民族认同与国家认同之间存在一定的冲突和矛盾，但认同作为个人对组织的归属感，具有强大的驱动力，对社会行动有着重要的影响。

因此，国家/民族认同表现为组织内部成员对组织的认可以及内部成员之间达成的共识，而国家形象则是内部受众和外部受众对国家的认知，这种认知既包括认可的方面，也包括不认可的方面，即国家形象是"好形象"与"坏形象"的综合体。国家形象与国家/民族认同之间存在差异，但两者之间同样存在很强的相互作用。一个好的国家形象有利于提升内部成员对国家的认同，而国家成员对国家的认同则可以维护甚至推动国家形象的积极发展。

杨夏和曾燕提出了组织认同和组织形象之间的四种关系：成员定义自己的特征与其定义组织的特征的一致性越高，成员的组织认同则越强；当成员所在组织的形象相对于其非所在组织的区别性越明显时，成员对自己所在组织的认同就会越强烈；组织形象提高成员自尊的程度越大，成员的组织认同越强；成员的组织认同将会有利于组织形象的保持与改进。② 将组织中形象与认同之间的关系类比至国家，一个国家良好的国家形象以及独特的国家特征、较高的国家地位都会增强国内民众对本国的认同，增强国家的合法性。而本国国民对国家的认同将有利于国家形象的海外传播以及其他国家及其民众对本国的认可。这也是国家形象传播的文化心理意义。

4. 国家品牌

国际营销领域中国家形象的研究最初始于对原产地形象（country of origin）的研究，目的是探究原产地形象对商品销售以及消费者的态度是否有影响。随着产品生产的专业化分工不断加强，原产地形象又分化出产品制造国形象（made-in country image）和产品—国家形象（product-country image）等概念，其研究的目的也与原产地研究相同，最终产品概

---

① 贺金瑞、燕继荣：《论从民族认同到国家认同》，《中央民族大学学报》（哲学社会科学版）2008 年第 3 期。
② 杨夏、曾燕：《浅议组织形象与成员组织认同的关系》，《经营管理者》2011 年第 15 期。

念应用到了地方和国家，产生了目的地形象、国家品牌等概念。

Ying Fan 认为国家品牌是将整个国家看作一个整体，其代表的是国家的无形资产，与特定的产品没有关系。与此相对，产品—国家形象则是国家形象的一个子集。[①] 可以看出他所认为的国家品牌并不代表有形的产品或服务，而是包含了地理、历史、文化等各个方面的因素，建设国家品牌的目的就是促销国家形象。安尔霍特认为国家品牌是政治、国家层面的品牌，并提出了"西蒙·安霍尔特国家品牌六边形"[②]作为国家品牌的建设图形。

国家品牌和国家形象是否可以相互替代？笔者认为是否定的。国家品牌是具有政治性的国家商品化的结果。国家品牌实际上是将国家作为一个品牌，与国家形象更贴切的概念应该是国家品牌形象，就如同每个商品品牌或公司品牌会有一个对应的"品牌形象"。然而品牌所强调的是主体基于自身的特色从而与他者形成区分，形象则是受众对主体综合情况的感知。一种商品也许不能成为一个品牌，但一定会给受众留下一个形象。同样地，将国家作为一个品牌，可能仅仅强调了其中某些正面的、具有特色的领域，而忽略了对其他领域的形象塑造。因此，国家品牌形象可以看作国家形象最突出的一部分，而不应该等同于国家形象。

此外，国家与商品还有所不同。国家不能提供有形的产品和服务，能输出的仅限于国家的各种信息，其目的不是可见的经济利益，更多的是建立情感纽带和精神纽带。将国家作为一个品牌并进行类似于商品品牌化的行为对国家形象的树立以及改造是否有用，至今仍在激烈的争论之中。

综上，笔者认为国家声誉、国家威望、国家品牌形象都是国家形象的构成子集，是国家在不同领域中的行为表现以及行为结果的体现。而国家认同与国家形象之间的关系表现为两者之间的相互作用。它们之间的关系可以用图 1 表示。

---

① Fan, Y., "Branding the Nation: What is Being Branded?," *Journal of Vacation Marketing* 1 (2006).

② A. B. 格鲁莎：《国家品牌：现代条件下国家形象的塑造技巧——以意大利为例》，王丽梅、薛巧珍译，《国际新闻界》2008 年第 11 期。

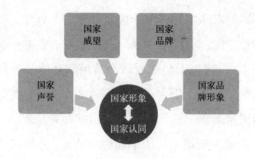

图1　国家形象及相关概念关系

三　国内研究的分歧和共识

国内学者普遍承认国家形象是受众对国家整体情况所持有的一种认知，但学者们的侧重点并不相同。具体来说，这些概念之间的分歧点集中于国家形象评价主体界定、国家形象要素构成以及国家形象建构方式等几个方面。

关于国家形象评价主体的界定主要有两种观点。一种认为国家形象即是国家的国际形象，研究多从国际传播、国际关系视角出发。如李寿源教授认为国家形象是"一个主权国家和民族在世界舞台上所展示的形状相貌及国际环境中的舆论反映"[1]；杨伟芬教授认为国家形象是"国际社会公众对一国相对稳定的总体评价"[2]；刘继南教授认为国家形象是"其他国家（包括个人、组织和政府）对一国的综合评价和总体印象"[3]；龚文庠教授认为"国家形象是一个国家的政体、外交、内政领导人、官员、人民、文化、历史等诸多方面在国际上的综合形象"[4]。另一种则认为国

---

[1]　李寿源主编《国际关系与中国外交——大众传播的独特风景线》，北京广播学院出版社，1999，第305页。

[2]　杨伟芬主编《渗透与互动——广播电视与国际关系》，北京广播学院出版社，2000，第25页。

[3]　刘继南主编《大众传播与国际关系》，北京广播学院出版社，1999，第25页。

[4]　龚文庠：《从形象说起——关于"对外宣传"的对话》，参见尹鸿、李彬主编《全球化与大众传媒：冲突·融合·互动》，清华大学出版社，2002，第321页。

家形象的受众同时包括国内、国外受众。如管文虎提出"国家形象是一个综合体，它是国家外部公众和内部公众对国家本身、国家行为、国家的各项活动及成果所给予的总的评价和认定"[①]；程曼丽提出"国家形象是社会公众，尤其是国际社会公众对一个国家整体情况的客观反映"[②]；同样强调国内、国外两种受众的还有孙有中、张昆等。

学者对国家形象的构成要素理解有所不同：有的强调国家实力要素，有的强调国家或民族精神气质；有的侧重国家本身和国家行为，有的则还包含了社会、人民和产品等诸多方面的要素。典型观点如下：张昆、徐琼认为国家形象是国际舆论和国内民众对特定国家的物质基础、国家政策、民族精神、国家行为、国务活动及其成果的总体评价和认定；[③] 管文虎则强调"国家本身、国家行为、国家的各项活动及成果"；[④] 孙有中认为国家形象的要素包括"该国政治、经济、社会、文化与地理等方面"，并将其分为政治形象、经济形象、社会形象、文化形象、外交形象、军事形象、人民形象7个维度；[⑤] 而程曼丽则突出国家形象是一种主体意识，是国家或民族精神气质中的闪光点；[⑥] 徐进借鉴 Anholt-GFK Rope 的国家指数（NBI）将国家形象分为"外贸、治理、文化、人民、旅游、移民与投资"；[⑦] 刘小燕提出国家形象构成要素包括国家的社会制度、民族文化、综合国力、政治局势、国际关系、领袖风范、公民素质、社会文明等。[⑧]

我国学者在国家形象构建路径方面存在的分歧，可大体表现为媒介构建路径和社会构建路径的区别。前者认为国家形象是由媒介塑造形成的。如徐小鸽认为国家形象是指一个国家在国际新闻流动中所形成的形象，或者说是指一国在他国新闻媒介的新闻和言论报道中所呈现的形象；[⑨] 程曼

---

① 管文虎主编《国家形象论》，电子科技大学出版社，1999，第23页。

② 程曼丽：《论"议程设置"在国家形象塑造中的舆论导向作用》，《北京大学学报》（哲学社会科学版）2008年第2期。

③ 张昆、徐琼：《国家形象刍议》，《国际新闻界》2007年第3期。

④ 管文虎主编《国家形象论》，电子科技大学出版社，1999，第23页。

⑤ 孙有中：《国家形象的内涵及其功能》，《国际论坛》2002年第3期。

⑥ 程曼丽：《大众传播与国家形象塑造》，《国际新闻界》2007年第3期。

⑦ 徐进：《国家品牌指数与中国国家形象分析》，《国际关系学院学报》2012年第1期。

⑧ 刘小燕：《关于传媒塑造国家形象的思考》，《国际新闻界》2002年第2期。

⑨ 徐小鸽：《国际新闻传播中的国家形象问题》，《新闻与传播研究》1996年第2期。

丽指出，公众对国家所持有的"反映"不过是媒介所提供的拟态环境在其头脑中的映像；① 刘继南等人将国家形象界定为"在物质本源基础之上，人们经由各种媒介，对某一国家产生的兼具客观性和主观性的总体感知"②。后者则认为国家形象是国家间交往互动的产物，是国际社会中国家主体间的相互文化建构。③ 如方伯华提出，国家形象是"一个国家在国际的政治、经济、文化、军事、科技等诸方面相互交往过程中给其他国家及其公众留下的一种综合印象"④。

对于国家形象的重要性，学者们已形成共识，多从国际政治、国际关系角度考虑，认为国家形象是国家软实力，良好的国家形象可以带来国际声誉，从而更好地服务于国家利益。如刘康认为国家形象是服务于国家利益的；⑤ 金正昆，⑥ 张骥、刘艳房，⑦ 都认为国家形象的本质是软实力的重要组成部分；郭树勇指出国家形象是一个国家在国际社会印象中的基本精神面貌与政治声誉。⑧

由以上分析可以看出，国内学者在界定国家形象时往往不是从同一个维度出发的，这也是国家形象概念数量繁多却没有一个统一概念的原因。具体来说，笔者认为国家形象的概念分为三个维度（见图2），每个维度中的国家形象都应该包括国内形象和国外形象。

第一个维度中的国家形象概念属于自我本位，是本国对国家形象进行的自主建构，如国家通过媒介、外交等手段塑造出的国家形象，也可看作国家形象的"自塑"。如刘康认为，国家形象是现代民族—国家为确保国

① 程曼丽：《论"议程设置"在国家形象塑造中的舆论导向作用》，《北京大学学报》（哲学社会科学版）2008年第2期。
② 刘继南、何辉等：《中国形象——中国国家形象的国际传播现状与对策》，中国传媒大学出版社，2006，第5页。
③ 董青岭：《国家形象与国际交往刍议》，《国际政治研究》2006年第3期。
④ 转引自李正国《国家形象构建》，中国传媒大学出版社，2006，第23页。
⑤ 刘康：《如何打造丰富多彩的中国国家形象？》，《新闻大学》2008年第3期。
⑥ 金正昆、徐庆超：《国家形象的塑造：中国外交新课题》，《中国人民大学学报》2010年第2期。
⑦ 张骥、刘艳房：《论全球化时代国家形象战略与国家利益的实现》，《国际观察》2009年第1期。
⑧ 郭树勇：《论大国成长中的国际形象》，《国际论坛》2005年第6期。

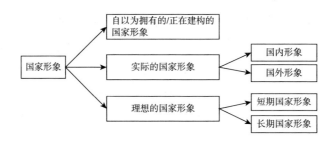

图 2　国家形象的不同维度及内涵

家利益，通过政府与民间的公关、文化表述、传媒、学术等方式，向本国国民和国际社会展示、传播的形象；① 李寿源提出国家形象是"一个主权国家和民族在世界舞台上所展示的形状相貌及国际环境中的舆论反映"。② 第二个维度中的国家形象属于他者本位，以受众为形象建构的主体，也可被称为"他塑"，即受众所持有的国家形象。大部分的国家形象概念研究都是从这个角度出发，并将其分为国内形象和国外形象。如果说前两个维度都是基于国家形象是一种评价状态或行为结果而确立的，则第三个维度是从时间轴上将国家形象的含义进行了延伸。在理想的国家形象（第三维度）指导之下，国家通过种种行为、渠道和传播策略建构形象（第一维度），最终在主观认知的影响下，形成了受众实际上所持有的该国的国家形象（第二维度）。同时需要注意的是，第一维度和第三维度的国内形象与国外形象是一致的，它们都是理想的形象塑造的结果，而实际的国家形象（第二维度）因为国家意识形态、受众认知等差异所以在国内形象和国外形象之间有所差别。

此外，还应注意国家形象与"媒介中的国家形象"的区别。媒介不是塑造和传递国家形象的唯一路径，因此，由媒介报道中分析出的国家形象也不应当等于受众所持有的对国家的认知。

国内学者的研究集中于他者眼中的本国形象，如对国外媒体涉华报道

① 刘康：《如何打造丰富多彩的中国国家形象?》，《新闻大学》2008 年第 3 期。
② 李寿源主编《国际关系与中国外交——大众传播的独特风景线》，北京广播学院出版社，1999，第 305 页。

的分析测量及国家形象的指标建构研究。而对于本国的国内形象，本国内的他国形象以及国家形象的短期、长期定位，都没有深入的研究。如图3所示，国内形象可理解为国家的内形象，是国家对自我形象的认知。内部的自我认知决定了国家成员的行为，但认知并不是一成不变的。国内传统媒体是国家对外的发声端，是国外媒体最重要的信息来源。此外，自媒体的产生及应用让民众拥有更便捷的表达方式，对传统媒体和自媒体的分析可以获得更加真实的国家内形象。只有把握好国家自身的内形象，才能够正确地树立国家的国际形象。

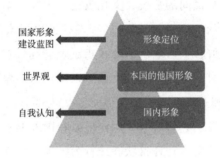

图3　国家形象的层次

本国的他国形象反映出本国如何看待他国，可以看作一个国家的世界观。一个国家对其他国家的看法将影响到其对自身的认知。只有通过对他国的了解以及将其与自身做对比，才能够体现出自身独特、持久、核心的特征，才能够形成具有特色的国家形象。

短期和长期的国家形象则是指本国在时间轴的不同点上想要树立的国际形象，反映了国家形象的动态性。国家形象必须建立于本国特点之上，国家对自身的认同和世界观则是确定国家形象特点的关键；空洞地讨论国家形象建构措施无异于建设空中楼阁。

总　结

综合以上众多学者的研究，笔者认为，国家形象的组成要素应包括以下几个方面：物质要素、精神要素、行为要素以及制度要素（见图4）。其中物质要素是指国家各个方面条件的客观存在，包括政治、经济、军事、地理等各方面的实力，即硬件条件；精神要素是指国家民族精神以及民族性格（国民性）等；行为要素是指国家行为（包括国内外的政治、经济等各方面行为）、国家活动及其成果，体现了国家形象的动态性；制度要素也指国家的意识形态，是一个非常重要的因素。意识形态影响主体自我的认知，同时影响着对他国形象的解读，进而会影响国家的行为和国家形象。

因此，本研究认为，国家形象是国内外受众对一个国家的物质要素、精神要素、制度要素以及行为要素的总体认识。理想的国家形象是对四个要素的真实反映，而实际的国家形象会受到受众主观因素以及媒介呈现的影响，造成国内外形象的差异。

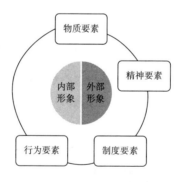

图4 国家形象构成要素

中国在飞速发展的过程中始终没有摆脱"形象"问题。国家形象虽然已经受到了国内学术界各个领域的重视，但太多研究只注重国家形象建构技术，没有深入挖掘国家形象概念系统的丰富性和复杂性。国家形象的基本概念及内涵是什么？我们到底想要展示什么样的国家形象？这些都是在进行国家形象建构之前应该理清楚的基本问题。

弥合与创新：智能化国际传播体系构建新路径[*]

国际传播，是各国主流媒体国家形象塑造与国际话语权提升的前沿阵地。目前，我国国家形象塑造已取得显著成就，但在国际传播中仍时常遭遇"失声"与"被误读"的窘境。一方面，固有刻板印象与文化折扣成为对外传播的痼疾，极大地影响了我国国际传播的效力水平。另一方面，伴随多变的国际形势与媒介智能化时代的到来，我国国际话语权提升迫在眉睫。因此，我们有必要对我国国际传播体系建设进行新的构想，抓住跨越式发展的战略机遇期。

一　竞争加剧：我国国际传播体系建设的困境与机遇

我国自 2008 年起加速推动主流媒体在海外的国际传播布局，习近平总书记则在 2013 年的全国宣传思想工作会议上提出"讲好中国故事"的重要表述。① 从"媒体走出去"、"文化走出去"到"故事走出去"，我国主流媒体积极探索对外传播的新方法、新手段。然而，面对日益复杂的国际舆论环境与媒介技术变革带来的挑战，我国对外"故事出海"仍面临

---

* 该文原发表于《中国编辑》2022 年第 7 期，作者余红、邓琴玲玉。

① 《习近平：胸怀大局把握大势着眼大事　努力把宣传思想工作做得更好》，《人民日报》2013 年 8 月 21 日，第 1 版。

舆论偏见与行动困境。

一方面，新时代下大国战略博弈局势升级，美国公开提出"2021 年战略竞争法案"，希望从国际舆论层面抹黑中国。另一方面，媒介技术的高速发展正引发国际传播生态的结构性变革：机器人水军、深度伪造强势入局，造成假新闻泛滥；技术黑箱带来算法操纵与信息茧房，强化传播的信任壁垒。与此同时，针对全新的网络受众，过去"单向"的、"传者中心"的传播策略正面临失灵窘境，跨文化交流的文化折扣不仅难以弥合认知差异，甚至引发"逆火效应"。

一般而言，广义上的国际传播力指的是作为传播者的国家对外进行信息传播活动能力与能量的总和。具体而言，包括国际传播的能力、效力以及权力。[①] 其中，国际传播能力多指国家在人力、财力、物力方面的投入；国际传播效力偏向对信息传播效果的考察；而国际传播权力则强调对国际话语权、议程设置等方面的把握。新形势下，"讲好中国故事"必须是一项涵盖国际传播的能力、效力、权力提升的立体工程。与此同时，作为信息传播的最小单元，国际传播话语体系建设也是系统提高我国国际传播能力、塑造国际形象的重要一环。

目前，围绕国际舆论场的全媒介智能传播生态正逐渐成形。借力全球传播平台化、分众化、智能化的新趋势，我国也迎来了重塑国家形象、提升国际话语权的战略机遇期。首先，国家提出"AI 新基建"提速海外智媒生产与产业升级，为国际传播能力升级提供了政策支撑；其次，云计算、5G 等技术与传媒从业者交互激活"媒体大脑"，传统文化与虚拟现实碰撞"沉浸中国"新体验，极大增强了国际传播效力。然而，从当下国际传播的实践来看，眼下"具有中国特色"的话语符号有所丰富而对外话语体系尚未形成，海外媒体布局较广却难以产生集群效应，国际话语权虽有提升但与我国的国际地位并不匹配。因此，本篇主要从重塑话语体系、创新传播效能和提升传播权力三方面探讨智能时代我国国际传播体系构建的新路径。

---

① 刘继南、周积华、段鹏等：《国际传播与国家形象——国际关系的新视角》，北京广播学院出版社，2002，第 88 页。

二 重塑话语体系：以智能定制与情感认同弥合文化间性

国际传播首先要解决"说什么"和"怎么说"的问题，"我者视角"与"国家叙事"是我国对外实践被诟病最多的两大痛点。官方立场既容易遭受西方媒体的"污名化"，也很难激发海外受众的共情。与时代广场上"我者中心"的国家形象宣传片相比，"小而美"的故事选题更能触动海外用户的心弦。因此，主流媒体作为对外传播的关键行动者，需要在"用户思维"指导下进行精准、高效的智能化新闻策划、生产与投放，要善于以情动人，将"他者视角"收编至"中国故事"话语体系构建之中，编织网络时代的数字亲缘。

1. 丰富话语内容：构建智能定制与底色思维相融的触达系统

毫无疑问，传播具有深厚文化内涵的"中国故事"仍为当下我国国际传播的核心。然而，在信息爆炸的时代，并非所有故事都能激发海外受众的兴趣。因此，丰富话语内容的前提是精确定位叙事命题与受众偏好的核心关联点。目前全球约有 46.2 亿社交媒体用户，日平均在线时长超 2 小时。① 这种媒介平台化的趋势也为国际传播中的内容定制与精准传播提供了丰富的"数据养料"。基于用户数据、自动爬取等技术，主流媒体可以对不同区域、不同背景的用户特征、信息偏好、使用习惯进行"智能细摹"与用户画像，最终"因地制宜""因趣制宜""因时制宜"进行智能化传播主题定制与个性化的信息推送。

"因地制宜"要求传媒行动者尊重对象国的特点与文化间性，"一国一策"进行选题策划与新闻报道。如中央广播电视总台推出 44 种语言对外传播平台，打造法语"独具姜心工作室"、阿拉伯语"一千零一日工作室"等多语种网红工作室。

"因趣制宜"要求传媒行动者面对以情感、兴趣等特定关系维系的用户圈层，有针对性地进行分众化传播。如围绕国宝熊猫的憨厚形象、定位"和平友爱"的"熊猫频道"成功出海，成为 TikTok 上最受欢迎的中国

---

① Datareportal，"Digtial 2021 October Global Statshot Report"．

官方账号。但这并不意味着严肃新闻在国际传播中完全丧失市场。近年来，心理健康、气候变化、新冠疫情等严肃议题也在海外社交媒体平台引发了激烈讨论。基于此，在面对国际重大议题时，主流媒体也应迅速反应、大胆发声，主动寻找国际议题与"中国价值"的核心契合点，借力而上。

"因时制宜"要求传媒行动者善于借助国际舆情监测、机器人写作等智能工具，抓牢重要节点传播与负面媒介事件的战略传播期。尤其在外交与外宣紧密相连的背景下，中国细微的舆情波动也会牵动全球用户的信息感知。具体而言，在"一带一路"建设、"北京冬奥会"等重要传播节点，主流媒体应乘势而上，主动设置国际议程；同时也需对国内可能孵化的负面媒介事件进行智能检测，以攻代守，把握网络舆情公关的首因效应。

丰富话语内容还在于打造优秀传统文化与现代化生活相接洽的符号系统。全媒体环境下，各种符号表征的媒介产品是国家形象建构的基础。从历年的《中国国家形象全球调查报告》来看，目前海外用户对我国的媒介形象认知较为扁平：对中国文化的了解仍停留在中餐、中医药和武术；高铁为中国现代科技进步的代表。事实上，利用虚拟现实技术，传统中国故事已有了现代化改编，如敦煌壁画等文化符号借由智能合成技术实现云上重生；除了北京、上海等代表性城市，成都、武汉、郑州等城市也在现代化建设的大潮中散发着年轻的活力，等待对外传播者的转译与挖掘。

话语内容建设也必须时刻不失鲜明中国特色。尽管机器人写作、编辑极大地提高了产品制作效率，但算法推荐下的新闻娱乐化趋势也提醒媒介行动者加强对内容核心价值的把关，牢守国际新闻传播的价值底色。要不断强化对富含中国特色的媒介符号的整合嵌入，着重讲述中国话语中的新概念、新范畴、新思想，用融通中外的媒介符号阐释中国主张与中国智慧，实现算法与价值的双向触达。

2. 创新话语模式：以多模态叙事与他者视角编织数字亲缘

霍尔认为用户在对媒介内容进行解码过程中通常存在"统治-霸权立场""对立立场""协商立场"三种解码类型。为了避免前两种冲突型立场，降低用户在解码过程中的"文化折损"，需要寻找中西方符号、互动模式的最大公约数，创新编码的话语方式。

从传播形态来看，"屏"传播越来越成为全球传播的主流。根据皮尤研究中心的调查，约48%的美国成年用户主要通过社交媒体获取新闻。其中Facebook主要吸引25~34岁的中青年用户，而Snapchat与TikTok的用户画像则更趋低龄（13~29岁）。① 基于海外用户的代际分布特征与流媒体使用习惯，主流媒体也应采用与新世代相适应的叙事手法。研究发现，Facebook等社交平台上编码的视觉效果与内容交互率正相关。② 具体来说，直播、视频以及图片等视觉模态的评论率要高于文本编码。与此同时，不同社交媒体平台也存在信息可供性的区分。如Snapchat平台上提供了新闻资讯板块，而在Instagram和TikTok上，新闻却与其他用户分享的视频和图像融为一体。在平台算法流行度与相关性驱动下，只有具有高吸引力的内容才能接触到更广泛的用户。

因此，面对与视媒体相伴成长的千禧用户与Z世代，主流媒体应针对不同代际的风格特点，灵活使用新媒体直播、Vlog短视频、微纪录片等多模态叙事手法，用青年人喜欢的方式讲最流行的中国故事；同时，也要关注社交媒体媒介平台的信息可供性问题，根据不同平台的特点定制编码方式，多个平台间产生叙事联动，最终形成国际传播的合力。

此外，认同也是国际传播中"合意"产生的心理基础。与根植于亲缘关系、地缘关系、宗教等形式的认同相比，社交媒体打破了人际互动的时空、圈层、文化区隔，使建构基于情感、意义共享的网络社群认同成为可能。从国际传播现状来看，海外受众对我国主流媒体的"官方立场"仍持怀疑、保留立场。因此，从"我者中心"的视角出发进行叙事时要时刻重视共同性的构建，让中国故事"听得懂""传得响"。然而，官方立场难免有"王婆卖瓜"之嫌。为了避免"自说自话"带来"他异性"的对抗，还需"借船出海"，用"他方视角""第三方视角"打造新时代的"数字亲缘"。具体如下。

---

① Pewresearch, "News Consumption Across Social Media in 2021".
② Smart Insights, "Global Social Media Statistics Research Summary 2022".

第一，鼓励外宣旗舰媒体提高人才队伍国际化水平，削弱文化间性导致的他异性隔阂。目前，我国对欧美市场的用户画像研究已经较为成熟，但作为全球社交媒体用户第二大聚集地的东南亚以及更远的非洲地区则仍处于对外传播中的"飞地"。因此，主流媒体应该加强相关国家区域人才引进，强化相关区域的传播布局。

第二，重视对文化他者如洋网红、在华留学生与空间他者如海外华人华侨等行动者的吸纳，打造不同于中西双方官方的"民间立场"。如在此次新冠疫情期间，部分在华外国网红通过对武汉、新疆等地的实地探访，用短视频 Vlog 的形式破除部分西方媒体对中国的抹黑。因此，国家、平台也应增强对"中外文化交流"活动或海外创作者激励计划的政策与流量倾斜，鼓励以"第三方视角"进行的内容生产与传播。

三 创新传播效能：以场景再造与社群互动打造叙事元网络

目前全球互联网生态正向年轻化、圈层化、个性化过渡。为实现"传播中国优秀文化，宣介中国发展变化"的核心要求，除了核心话语体系的打造，还需进一步挖掘海外用户的内容需求与传播潜力，不断提升国际传播的传播效能与影响力水平。一方面，面对海量溢出、实时更新的媒介产品，讲好中国故事需要进行时代化改编与技术创新，不断强化内容质感与产品体验；另一方面，社交媒体的开放语境使用户作为内容产销者的门槛降低。在全球化与逆全球化趋势交织的背景下，"展示真实、立体、全面的中国"，必须突破西方固有拟态环境的桎梏，与海外用户在互动中形成"增信释疑、凝心聚力的桥梁纽带"，搭建"中国故事"与"命运与共"的叙事元网络。

1. 场景再造：以沉浸技术与情感交互升级内容质感

媒介智能化时代，XR（AR、VR）建模、虚拟仿真等技术手段与游戏、直播、教育、医疗等泛内容产业相融，打破了传统新闻的叙事结构，搭建起虚实相融的国际传播新场域。无论是《纽约时报》推出的"The Daily 360"还是 CNN 打造的"CNNVR"，全球顶级媒体已经加快对沉浸式新闻平台与内容的布局。通过对新闻现场的环境、声音、图片、新闻当事人等素材的采集，虚拟现实引擎能够对复杂的影像素材进行自动渲染，最终实现对真实场景的沉浸式复刻。

从传播效力来看，借助 VR 眼镜等可穿戴设备，沉浸式新闻重构了用户身体在场的方式，虚实场景的叠加为用户带来了第一人称的交互体验。与第三人称的旁观相比，作为"目击者"的亲历体验更能激发用户的移情效应。基于此，各国新闻机构、传媒实验室也迅速展开了对沉浸式新闻的开发，如 2014 年南加州大学推出的《叙利亚项目》（Project Syria）中，用户以第一人称视角经历了叙利亚街区的一场爆炸，激发了体验者对战争中难民、儿童的共情。

我国对沉浸式新闻的探索已初见成效。如 2021 年的两会报道中，新华社推出沉浸新闻产品"听会"，通过"5G+8K"技术实现了沉浸演播室与两会现场声画景的全真同步。然而在国际传播领域，基于 360° 球幕直播技术的"半沉浸式"新闻仍是主流。可以预见的是，未来通过对海外云直播间的搭建以及智能同声传译技术的引入，沉浸式国际新闻报道能够进一步突破时空表征，为海外用户打造一个立体、真实且可感、可触的中国。

除了在场沉浸，基于游戏、剧本杀、互动视频等"超文本"交互的"符号沉浸"也是场景再造的一种方式。与全息投影、全真模拟、全景交互呈现方式相比，符号沉浸对内容的质感提出了更高的要求。以"游戏+新闻"为例，根据《世界报》等媒体对难民逃亡真实经历的报道，法国的游戏工作室推出了《埋葬我，亲爱的》（Bury me, my love）新闻游戏。玩家通过与游戏 NPC（非玩家角色）的对话、互动以及剧情选择，沉浸式体验了叙利亚难民的逃亡之路。由此可见，新闻游戏的成功出海在于对新闻价值、新闻故事及其精神内核的深度挖掘与提炼，将"中国故事"融入游戏世界观架构、人物设定、情节故事、场景设计等元素中。

目前，我国国际新闻报道中已经涌现出 H5 小游戏、互动短视频等新形式。与之相较，新闻游戏的体量较大，需要依靠游戏策划、媒介叙事、智能引擎等泛内容产业全链条的转化与联动。随着游戏制作门槛的不断降低，新闻游戏未来也有望成为"中国故事"出海的重要载体。

2. 重构连接：搭建"中国故事"与"命运与共"的叙事元网络

以 5G、云计算、物联网等技术为代表的元宇宙时代的到来也引发了国际传播中信息、媒介技术与用户三方连接生态的变革。从连接的层次来看，可将其分为底层的技术连接、中层的人机交互以及顶层的网络关系。

首先，元网络底层技术配置与联通为我国国际叙事元宇宙的网络架构提供了物质性基础。一方面，万物互联的低延迟性依赖于 5G、AIoT（人工智能物联网）、数字基建等数据传输技术的提升。另一方面，海量用户实时互动的需求也给云计算、边缘计算、全球云架构等云资源的国际化协同分配提出了更高的要求。与此同时，元宇宙的经济系统也促逼国际传播变现手段的升级，通过区块链技术实现线上线下全场景的接入，实现新闻+游戏、新闻+医疗、新闻+教育等全内容产业的传播变现。

其次，虚实共生技术推动了"故事"与用户、传播者与用户、用户与用户之间基于情感与场景的"深度交互"。其一，元宇宙空间中，"中国故事"与海外用户的关系已并非相互隔绝的编码与解码，而是完成了从"浅层叙述"向"全真体验"、"实时创作"的转向。其二，去中心化的宇宙逻辑消弭了传播者与用户间的角色区隔。在元宇宙中，并非所有内容都能获得全球用户青睐。因此，传媒从业者必须借助大数据分析、虚拟现实、3D 动画建模等技术，深挖与提炼跨区域、跨文化、跨圈层用户的需求与共同的价值纬度，不断开发多样化的高质量融合产品。其三，以元宇宙新闻游戏为例，游戏中，海外玩家通过操纵"虚拟化身"与凝聚中国精神和故事内核的场景、情节故事以及其他玩家交流互动，创造出基于新闻故事 IP 的跨文化虚拟共同体。

最后，叙事元宇宙的开放性使媒体从业者、用户、AI 主播、平台等共同构成了"中国故事"的行动者网络。一方面，多元 IP 行动者的出现极大地丰富了"中国故事"的编码规则、表现形式、价值内涵，使构建"命运与共"的国际传播元宇宙成为可能。另一方面，人工智能的强赋能性虽提升了个体行动者的内容生产效力，但过度的"算法代包"也为国际传播的内容价值导向增添了新的风险。基于此，其一，国家要加强对用户行动者跨文化传播意识、能力以及智能化传播思维的培养。其二，平台应该培养从业者的国际传播责任意识，为中国故事对外表达提供平台渠道与算力支持。其三，传媒机构要不断创新"中国故事"的叙事手法、提高产品研发融合水平、加快国际传播人才队伍建设，将加强跨界、跨圈层的内容合作与交流贯穿元宇宙战略布局的始终，最终实现新时代的人才、渠道、资源、技术元网络的深度整合。

四 提升传播权力：布点连线结盟，突破"西强东弱" 国际传播格局

卡斯特认为传播即权力。在权力网络理论视域下，智能媒体时代网络传播权大致可以分为准入权、规范权、控制权与建构权四种。[1] 目前，我国国际传播权力的提升面临着诸多挑战与威胁。一方面，以美国为首的西方国家希望通过继续维持其对未来互联网"准入""排他"规则的制定、实施权力，以达到对国际话语权的掌控。如在放弃全球互联网的域名权后，近年来美国仍企图利用其政治优势，建立以其为核心的"未来互联网"联盟。另一方面，作为关键网络节点的占据者与编织者，Facebook、Twitter等来自西方国家的头部互联网企业垄断了绝大部分国际传播的渠道与流量。以 Twitter 为例，[2] 截至 2022 年 1 月，Twitter 已覆盖了全球约 7.6 亿用户，除了美国本土用户外，Twitter 还吸引来自日本（5800 万人）、印度（2300 万人）、巴西（1900 万人）等其他国家的国际化用户，各国领导人也时常利用平台进行政策宣传与公共交流。

在此背景下，党的十八大以来我国政府以及相关互联网企业、平台也加强并积极展开了对未来全球互联网准入权、规范权等赛道的战略布局与竞争。近两年，中国代表团积极向国际电信联盟提交 5G 技术方案；华为联合工信部、中国电信等提出了"New IP"计划；腾讯也利用自身在海外元宇宙游戏产业的布局争取对元宇宙全球发展规划的参与。

除了对准入权、规范权的争夺，提升具体传播效能、增强我国国际话

---

① 〔美〕曼纽尔·卡斯特：《传播力》（新版），汤景泰、星辰译，社会科学文献出版社，2018，第 34 页。
② Statistics, "Leading Countries Based on Number of Twitter Users as of January 2022".

语权还需要强化国际传播中对实际控制权、建构权的多维布点、跨圈连线、破冰结盟，逐步突破国际传播中的"话语霸权"与"渠道霸权"。

1. 多维布点：全场景、全平台孵化网红媒体人与网络意见领袖

首先，要重视并广泛利用社交网络特殊节点的舆论引导作用。路透研究中心发现，网络意见领袖在印度社交媒体新闻用户中最受欢迎，美国用户则更有可能在 Facebook 和 Twitter 上关注主流媒体和记者。与传统媒体节点不同，"网红记者"兼具个人与媒体组织属性，能够通过对自身 IP 社群的运营，与粉丝建立强烈的情感连接，进而对其所在媒体机构实现流量反哺。

因此，主流媒体应以海外旗舰媒体为核心节点，重视网红媒体人的涟漪效益，为国际传播注入新兴力量。一方面，根据不同的平台特点与用户需求制定垂直细分类型、个人 IP 运营策略，并利用媒体资源优势输出优质内容，推进"好感传播"。另一方面，面对国内外重大媒介事件时，统一声音，与其他网络意见领袖（外交部发言人、外宣部门、网红）产生联动，多点发声，实现私域流量的联网整合。

2. 跨圈连线：创新传播策略，以"模因效应"连接跨圈层行动者

以平台为中心要最大限度地连接跨圈层行动者。在参与性文化背景下，深谙精准个性化推送与"模因效应"使 TikTok 迅速成为国际社交平台市场一支异军突起的中国力量。研究发现，[①] 具有高跨文化适应性的模因短视频一般具有完整文本、流行音乐等核心元素，且其视频结构更加开放，更易导入原始素材进行平台智能生成。

这也说明主流媒体在引导国际传播时须创新传播策略，利用"模因效应"推动用户的情绪感染与价值共振，最大限度地连接跨圈层海外行动者。如新冠疫情期间由人民日报发起的《不放弃》手势舞就引发了众多跨界人士与普通用户的积极参与，产生了良好的传播效应。同时，国际传播也要特别考虑内容在地性的转化，如针对东南亚、非洲用户对于歌舞类视频的内容偏好，主流媒体就可以将中国传统戏曲、民间歌舞文化融入模因挑战，在与海外用户的参与互动中提高中华文化的感召力。

---

① Reuters Institute, "Reuters Institute Digital News Report 2020".

3. 破冰结盟：提高国际互动频率，加快与亚非拉国家的协作水平

最后，在"人类共同体"的畅想下，我国国际传播也从来不是"单打独斗"，而是希望用"中国价值""中国精神""中国智慧"契合世界发展的时代大潮，激荡国际舆论场的同声共鸣。

一方面，我国主流媒体要广交朋友，加强与国际头部媒体以及第三方独立媒体的交流与合作。如 CGTN 主播刘欣与美国福克斯新闻主播 Trish Regan 就中美贸易问题展开了视频对话，既"借台唱戏"表明了中国立场，也产生了较好的国际舆论效果。同时，地方政府、媒体也应该开始立足本土资源优势，借助一体化智能新闻生产云平台、云资源库，大胆试水国际传播布局。在乡村振兴的政策背景下，各地"特色小镇"不仅要对内宣传，也要积极拥抱新的媒介形式，对外讲好"乡土故事""乡土文化"。

另一方面，也要积极开发新的对外传播渠道，挖掘国际媒介市场的隐藏增长点。以东南亚市场为例，目前越南人口的互联网接入率达 70%，且社交媒体新用户以每年 10% 的比例增长。从目前相对饱和的社交媒体市场来看，亚非拉地区用户对社交媒体高速渗透的需求也为我们提供了拓展国际传播渠道的重要机遇期。近年来，中国已经通过加强对非洲地区地方电视台的投资与合作，讲好共建"一带一路"故事。新时期，我国主流媒体与海外平台也应该继续积极挖掘、响应国际市场的需求，不断加强我国国际传播控制权与建构权。

结　语

新时代的国际传播必是机遇与暗礁并行。媒介智能化的发展既引发了国际传播在内容、方式、渠道等方面的变革，同时也导致了国际舆论场基于技术、终端、人才、政策等要素的全方位竞争。大变局下，主流媒体作为对外传播的核心行动者，需以"技术+"的传播智慧、"新闻+"的融合态势、"文化+"的价值导向，团结与争取一切海内外的传播行动者，不断提升我国在国际传播中的话语优势、传播效能、传播权力。让中国故事嵌入时代发展的大潮，让中国价值黏合国际交流的纽带，让中国声音激荡世界舆论的回响。

风险传播

媒体报道如何影响风险感知：
以环境风险为例[*]

科学技术的高速发展使人类社会面临一系列现代风险。[①] 现代风险是一种依赖于传承的知识建构起来的认知结果，在对风险的解释和意义的再生产过程中，传媒担当重要的角色。"对风险的媒介化非同小可——被用来理解风险的媒体会提供风险的感受并因此而卷入对风险的生产、操纵、协商和置换。"[②] 出于追求新闻价值的目的，媒体报道忽视"平淡"的风险知识和科学进展，重视风险的戏剧化和人情化表述，[③] 报道内容渲染了面对未知风险时的疑惑、恐惧、忧虑、担心等情绪，形成"媒介传染病"（media pandemics），[④] 甚至造成社会恐慌情绪。因此，媒体被认为是风险

---

[*] 该文原发表于《新闻大学》2017 年第 6 期，作者为余红、张雯。

① 〔德〕乌尔里希·贝克：《风险社会》，何博闻译，译林出版社，2004，第 18~19 页。
② 〔英〕芭芭拉·亚当、乌尔里希·贝克、约斯特·房·龙：《风险社会及其超越：社会理论的关键议题》，赵延东、马缨等译，北京出版社，2005，第 37 页。
③ Dudo, A. D., Dahlstrom, M. F., & Brossard, D., "Reporting a Potential Pandemic: A Risk-Related Assessment of Avian Influenza Coverage in U.S. Newspapers," *Science Communication* 28（2007）：429-454. Nisbet, M. C., & Huge, M., "Attention Cycles and Frames in the Plant Biotechnology Debate: Managing Power and Participation through the Press/Policy Connection," *The International Journal of Press/Politics* 11（2006）：3-40.
④ Gainor, D., & Menefee, A., "Avian Flu: A Media Pandemic," http://www.businessandmedia.org/news/2006/news20060308.asp, 最后访问日期：2015 年 12 月 15 日。

放大站。[①]

但事实上，"媒体是否放大了风险"迄今为止在实证研究结果中相互矛盾，"媒体是否显著作用于风险感知"并未得到令人信服的经验证明。本研究旨在采取实证研究方法，以环境风险为研究案例，考察我国媒体环境风险报道是否显著影响了民众风险感知。如果有影响，影响的机制和路径如何？原因是什么？厘清上述问题，有助于深刻理解媒介在风险传播中的角色和地位，有助于促成顺畅有效的风险传播，这对于达成社会信任，促进社会和谐，无疑具有较大理论意义和现实意义。

一 文献回顾

（一）风险感知

以核技术争论为起点，社会风险研究经历了从技术范式向文化范式的转变，风险测量从"风险有多大"的技术路径转向"风险有多可怕"的心理学和文化社会范式。风险越未知和可怕，人们对风险的感知越高；可怕性和未知性成为勾勒风险特征的两个维度。[②] 风险的可怕性指向风险的可控性、恐惧以及风险的灾难性和致命的后果；风险的未知性指向风险的不可观测性、未知性以及危害延迟效应等特征。可怕性被证明是最重要的影响风险感知的成分。[③]

影响风险感知的因素众多而复杂，大量研究证明了性别、年龄、教育程度、收入、个体动机、风险经历等因素都会影响风险感知。跨文化研究

---

① Hasperson, R. E., et al., "The Social Amplification of Risk: A Conceptual Framework," *Risk Analysis* 8 (1988): 177-187.

② Slovic, P., Fischhoff, B., & Lichtenstein, S., "Facts and Fears: Understanding Perceived Risk," *General Motors Research Laboratories* 39 (2005): 1005-1006.

③ Boholm, A., "Visual Images and Risk Messages: Commemorating Chernobyl," *Risk Decision & Policy* 3 (1998): 125-143. Vlek, C., & Stallen, P. J., "Judging Risks and Benefits in the Small and in the Large," *Organizational Behavior & Human Performance* 28 (1981): 235-271.

则发现不同的文化环境对个人风险感知的不同具有解释力。[1]

风险类型显著影响人们的风险感知。[2] 一般认为自然风险不可控，而科技和人化风险则可以通过一定的法律法规来控制；科技风险发生时给人类带来的灾难性后果比自然风险要更加严重、复杂，会持续更长的时间；相比自然风险，人化风险给人们带来更"可怕"的风险感知。

风险是自然与社会互动的产物，风险发生后，经过传播和扩散风险信息的人、群体、组织的选择、解释以及扩散，影响到整个社会。大众媒体在塑造公众风险感知中扮演了重要角色。[3] 媒体通过强调一些风险而忽略另一些风险来影响公众的风险感知，[4] 媒体报道偏爱偶发性和灾难性风险事件，[5] 重视风险的冲突性、戏剧性和煽情式叙事。[6] 总结媒体与风险感

---

[1] Englander, T., et al., "A Comparative Analysis of Risk Perception in Hungry and the United States," *Social Behavior* (1986): 55 - 66. Teigen, K. H., Brun, W., & Slovic, P., "Societal Risks as Seen by a Norwegian Public," *Journal of Behavioral Decision Making* 1 (1988): 111-130. Kleinhesselink, R. R., & Rosa, E. A., "Cognitive Representation of Risk Perceptions a Comparison of Japan and the United States," *Journal of Cross - Cultural Psychology* (1991): 11-28.

[2] Erikson, K., "Toxic Reckoning: Business Faces a New Kind of Fear," *Harvard Business Review* 68 (1990): 118 - 126. Baum, A., Fleming, R., & Davidson, L. M., "Natural Disaster and Technological Catastrophe," *Environment and Behavior* 15 (1983): 333 - 354. Axelrod, L. J., Mcdaniels, T., & Slovic, P., "Perceptions of Ecological Risk from Natural Hazards," *Journal of Risk Research* 2 (1999): 31-53.

[3] Kasperson, R. E. & Kasperson, J. X., "The Social Amplification and Attenuation of Risk," in Kunreuther, H., & Slovic, P., eds., *Challenges in Risk Assessment and Risk Management*, The Annals of the American Academy of Political and Social Science, 1996, pp. 94-105.

[4] Slovic, P., "Informing and Educating the Public about Risk," *Risk Analysis* 6 (1986): 403-415.

[5] Greenberg, M. R., et al., "Network Evening News Coverage of Environmental Risk," *Risk Analysis* 9 (1989): 119-126.

[6] Dudo, A. D., Dahlstrom, M. F., & Brossard, D., "Reporting a Potential Pandemic: A Risk - Related Assessment of Avian Influenza Coverage in U. S. Newspapers," *Science Communication* 28 (2007): 429-454. Nisbet, M. C., & Huge, M., "Attention Cycles and Frames in the Plant Biotechnology Debate: Managing Power and Participation through the Press/Policy Connection," *The International Journal of Press/Politics* (2006): 3-40.

知的实证研究，可以发现媒介渠道①、媒介接触或报道量②、信息呈现方式③、信息质量④等都被证明影响公众风险感知，但研究结论互相矛盾。仔细检索上述研究关键变量的测量，媒介接触、媒体报道量、媒介渠道和信息呈现方式其实都与研究所处社会背景中的媒介生态密切相关。在媒介形态界限分明的前互联网时代，从媒介接触、媒体报道量、媒介渠道和信息呈现方式探讨媒体如何影响风险感知具有较好区分效度，但在互联网融合各种类型媒体的状况下，延续以往报纸/广播/电视/互联网的分类，或者简单的新/旧媒体、人际传播/大众传播等分类的媒介测量已经失去了效度。学者们意识到并不是某种媒介（例如社交媒体）必然会正面/负面影响风险感知，而是传播的内容和方式使然。随着风险报道从"镜像风险事实"的客观性报道转向"面临风险如何行动"的解释性报道，媒体在解释风险议题中通过强调某些事实、忽略某些事实而影响人们风险感知，

① Morton, T.A., & Duck, J.M., "Communication and Health Beliefs: Mass and Interpersonal Influences on Perceptions of Risk to Self and Others," *Communication Research* 28 (2001): 602-626. Burger, J., McDertnot M.H., & Chess, C., "Evaluating Risk Communication about Fish Consumption Advisories: Efficacy of a Brochure Vrsus a Classroom Lesson in Spanish and English," *Risk Analysis* 23 (2003): 791-802. 谢晓非、李洁、于清源：《怎样会让我们感觉更危险——风险沟通渠道分析》，《心理学报》2008年第4期。周萍人、齐振宏：《消费者对转基因食品健康风险与生态风险认知实证研究》，《华中农业大学学报》（社会科学版）2012年第1期。

② Young, M.E., Norman, G.R., & Humphreys, K.R., "Medicine in the Popular Press: The Influence of the Media on Perceptions of Disease," *Plos One* 10 (2008): 1-7. Leppin, A., & Aro, A.R., "Risk Perceptions Related to SARS and Avian Influenza: Theoretical Foundations of Current Empirical Research," *International Journal of Behavioral Medicine* 16 (2009): 7-29. 王甫勤：《风险社会与当前中国民众的风险认知研究》，《上海行政学院学报》2010年第2期。

③ Stapel, D., & Velthuijsen, A., "Just as if It Happened to Me: The Impact of Vivid and Self-relevant Information on Risk Judgments," *Journal of Social and Clinical Psychology* 15 (1996): 102-119. Hollands, J., & Spence, I., "The Discrimination of Graphical Elements," *Applied Cognitive Psychology* 15 (2001): 413-431. Lópezvázquez, E., & Marván, M.L., "Risk Perception, Stress and Coping Strategies in Two Catastrophe Risk Situations," *Social Behavior & Personality An International Journal* 31 (2002): 61-70. 谢晓非、李洁、于清源：《怎样会让我们感觉更危险——风险沟通渠道分析》，《心理学报》2008年第4期。

④ Stapel, D., & Velthuijsen, A., "Just as if It Happened to Me: The Impact of Vivid and Self-relevant Information on Risk Judgments," *Journal of Social and Clinical Psychology* 15 (1996): 102-119.

这种作用过程与框架理论不谋而合。因此，媒体与风险研究重心转向实证探析媒体框架（或新闻框架）的效果。

（二）媒体框架、受众框架与框架效果

框架概念起源于社会学与心理学，1980 年整合后运用于新闻大众传播学。① 1974 年，社会学家戈夫曼指出框架是协助个体组织、解释日常事件的工具。② 恩特曼指出："框架涉及选择、凸显，对一件事使用框架，就是选择所感知的现实的某些方面，并使之在传播文本中更加突出，用这样的方式促成一个独特问题的界定、因果解释、道德评价以及提供如何处理的忠告。"③ 此即媒体角度的框架。

心理学流派的框架理论与 Kahneman 和 Tversky 的期待理论联系紧密。期待理论认为个体所做决定会被逻辑上相同但语意上不同的信息改变。④ 因为个人无法完全理解世界，所以他们会运用图示来对信息分类解释。⑤ 将之运用在传播学中就是受众分析、处理、解释接收到的信息的方式，此即受众意义的框架。

Scheufele 明确指出信息输入和输出活动中存在媒体框架和受众框架两种框架。⑥ 潘忠党也认为，框架至少存在于两处，一处隐含在文本当中，另一处则在人的认知当中，也就是人的记忆当中。⑦

---

① D'Angelo, P., "News Framing as a Multi Paradigmatic Research Program: A Response to Entman," *Journal of Communication* 52 (2002): 870-888. Entman, R. M., "Framing: Toward Clarification of a Fractured Paradigm," *Journal of Communication* 43 (1993): 51-58.

② Goffman, E., *Frame Analysis: An Essay on the Organization of Experience*, Boston: Northeastern University Press, 1974, pp. 21-40.

③ Entman, R. M., "Framing: Toward Clarification of a Fractured Paradigm," *Journal of Communication* 43 (1993): 51-58.

④ Kahneman, D., & Tversky, A., "Prospect Theory: An Analysis of Decisions under Risk," *Econometrica* 47 (1979): 263-291. Kahneman, D., & Tversky, A., "Choices, Values and Frames," *American Psychologist* 39 (1984): 341-350.

⑤ Entman, R. M., "Framing: Toward Clarification of a Fractured Paradigm," *Journal of Communication* 43 (1993): 51-58. Scheufele, D., & Tewksbury, D., "Framing, Agenda-setting, and Priming: The Evolution of Three Media Effects Models," *Journal of Communication* 57 (2007): 9-20.

⑥ Scheufele, D.A., "Framing as a Theory of Media Effects," *Journal of Communication* 49 (1999): 103-122.

⑦ 潘忠党：《架构分析：一个亟需理论澄清的领域》，《传播与社会学刊》2006 年第 1 期。

　　媒体框架一直是学界研究的重点。媒体通过强调、选择事件的某些方面，而对事件进行特殊的解释，这种框架行为对受众的信息处理[①]、态度认知[②]、行为倾向[③]产生影响。媒体对风险采用的不同报道框架影响民众的风险感知和风险决策行为。[④]

　　在风险研究中，我国新闻传播学者研究聚焦于媒体框架，[⑤] 尤其关注核电、PX 项目、垃圾焚烧厂等风险冲突事件中不同风险主体对媒介框架的争夺，[⑥] 研究大多采用社会运动理论范式，因而这类研究对大众媒体与国家、社会的话语竞争和权力博弈论述深入，而对风险传播本身关注不足。

　　可以说，在我国媒介研究中，媒体框架受到重视。框架研究围绕"媒介中心"来进行，受众被忽视。对受众的忽视分为两个方面。第一是对"受众框架"的忽视，即对于受众用何种框架来解读信息、他们需要何种框架的研究缺失。第二是从受众角度探究媒体框架对受众产生了何种影响的忽视。我国风险传播实践中，普通民众常常是被告知和说服的对

① Valkenburg, P. M., Semetko, H. A., & De Vreese, C. H., "The Effects of News Frames on Readers' Thoughts and Recall," *Communication Research* 26 (1999): 550-569.

② Druckman, J. N., & Nelson, K. R., "Framing and Deliberation: How Citizens' Conversations Limit Elite Influence," *American Journal of Political Science* 47 (2003): 729-745. Durrant, R., et al., "Tobacco in the News: An Analysis of Newspaper Coverage of Tobacco Issues in Australia, 2001," *Tobacco Control* 12 (2003): 75-81.

③ Schemer, C., Wirth, W., & Matthes, J., "Value Resonance and Value Framing Effects on Voting Intentions in Direct Democratic Campaigns," *American Behavioral Scientist* 56 (2012): 334-352.

④ Tversky, A., & Kahneman, D., "Judgment under Uncertainty: Heuristics and Biases," *Science* 185 (1974): 1124-1131.

⑤ 曾繁旭、戴佳、郑婕：《框架争夺、共鸣与扩散：PM2.5 议题的媒介报道分析》，《国际新闻界》2013 年第 8 期。张扬：《京沪穗三地雾霾报道的框架分析——以〈北京晚报〉〈新民晚报〉〈羊城晚报〉为例》，《新闻记者》2014 年第 1 期。李艳红：《以社会理性消解科技理性：大众传媒如何建构环境风险话语》，《新闻与传播研究》2012 年第 3 期。郝永华、芦何秋：《风险事件的框架竞争与意义建构——基于"毒胶囊事件"新浪微博数据的研究》，《新闻与传播研究》2014 年第 3 期。

⑥ 周裕琼、齐发鹏：《策略性框架与框架化机制：乌坎事件中抗争性话语的建构与传播》，《新闻与传播研究》2014 年第 8 期。邱鸿峰：《新阶级、核风险与环境传播：宁德核电站环境关注的社会基础及政府应对》，《现代传播（中国传媒大学学报）》2014 年第 10 期。夏倩芳、黄月琴：《社会冲突性议题的媒介建构与话语政治：以国内系列反"PX"事件为例》，《中国媒体发展研究报告 2010 年·媒体卷》，2010，武汉大学出版社。

象，媒体在报道风险议题时更多采用政府、专家、科技精英和媒体自身作为主要信源，民众在消息来源中所占比例微乎其微。

基于此，本研究从受众角度出发，提出"框架沟"这一新概念，探求媒体框架与受众框架偏离程度是否激起受众的负面情绪并显著影响其风险感知。

（三）情绪的中介作用

心理学家认为情感并不必然是理性、知识和认知的对立面，情感是实践理性和道德理性的一种形式，具有认知和情感两个方面。[①] 随着风险沟通由"单向告知"向"共同参与"的转变，风险沟通的关键不仅在于传播科学知识，更在于安抚民众情绪，建立社会信任。因此，风险研究关注框架对受众情绪的影响。[②] Nabi 的经验研究证明了新闻框架能够激起受众的特殊情绪回应，[③] 一些特定的框架，比如冲突框架会引起更加强烈的情绪。[④]

---

① Scherer, K. R., "On the Nature and Function of Emotion: A Component Process Approach," in Klaus, R. S., & Paul, E., eds., *Approaches to Emotion*, New Jersey: Lawrence Erlbaum Associates, 1984, pp. 293–317. Zagzebski, L., "Emotion and Moral Judgment," *Philosophy and Phenomenological Research* 66 (2003): 104–124.

② Faseur, T., & Geuens, M., "Communicating the Right Emotion to Generate Help for Connected Versus Unconnected Others," *Communication Research* 37 (2010): 498–521. Kim, H. J., & Cameron, G. T., "Emotions Matter in Crisis: The Role of Anger and Sadness in the Publics' Response to Crisis News Framing and Corporate Crisis Response," *Communication Research* 38 (2011): 826–855. Nabi, R. L., "A Cognitive-functional Model for the Effects of Discrete Negative Emotions on Information Processing, Attitude Change, and Recall," *Communication Theory* 9 (1999): 292–320. Nabi, R. L., "Anger, Fear, Uncertainty, and Attitudes: A Te. st of the Cognitive – functional Model," *Communication Monographs* 69 (2002): 204–216. Nabi, R. L., "Discrete Emotions and Persuasion," in Dillard, J. P., & Pfau, M., eds., *The Persuasion Handbook*, California: Sage, 2002, pp. 289 – 308. Nabi, R. L., "Exploring the Framing Effects of Emotion: Do Discrete Emotions Differently Influence Information Accessibility, Information Seeking, and Policy Preference," *Communication Research* 30 (2003): 224–247. Nabi, R. L., "Emotion and Media Effects," in Nabi, R. L., & Oliver, M. B., eds., *The Sage Handbook of Media Processes and Effects*, California: Sage, 2009, pp. 205–221.

③ Nabi, R. L., "Emotion and Media Effects," in Nabi, R. L., & Oliver, M. B., eds., *The Sage Handbook of Media Processes and Effects*, California: Sage, 2009, pp. 224–247.

④ Gross, K., & Brewer, P. R., "Sore Losers: News Frames, Policy Debates, and Emotions," *Harvard International Journal of Press/Politics* 12 (2007): 122–133.

情绪显著影响公众风险感知。Finucane 等的"情感启发式"① 和 Loewenstein 等提出的"作为情感的风险"② 理论对情感和风险感知之间的关系进行了有力的说明。Slovic 和 Peters 总结人类感知风险的两种方式：理性分析模式和情感启发模式。③ 人在面临突发性、未知性风险，缺乏足够信息辅助决策的时候，就会启动情感决策模式，所以快速的情感判断是一种进化上的适应和高效的信息处理方式。④

正性情感和负性情感对风险感知存在不同影响。学者指出媒体报道负面情绪的话语会使受众消极而无动于衷，反之则让受众有所触动。⑤ Nabi 提出的认知功能模型（cognitive functional model）指出新闻信息一旦激起了特殊的情绪，这种情绪就会影响到随后的信息处理、感知、评价以及信息记忆。⑥ 心理学家 Lerner 和 Kelter 进一步指出：某个风险事件激起的恐惧和愤怒情绪状态具有惯性，不仅显著影响受试者对该风险的感知和决策，而且影响会波及另一种不相关风险感知和行为。⑦ 因此，风险情绪可以形成情感记忆，作为下一次情感启发的"情绪库"。

考虑到当前媒介融合背景下我国媒介渠道的多元性，本研究选择从报道内容入手，探讨媒体框架与受众框架之间的差距形成的"框架沟"是否显著影响民众风险感知；引入情绪中介变量，研究我国媒体风险报道的

---

① Finucane, M. L., et al., "The Affect Heuristic in Judgments of Risks and Benefits," *Journal of Behavioral Decision Making* 13 (2000): 1-17.

② Loewenstein, G. F., et al., "Risk as Feelings," *Psychological Bulletin* 127 (2001): 267-286.

③ Slovic, P., & Peters, E., "Risk Perception and Affect," *Current Directions in Psychological Science* 15 (2006): 322-325.

④ Slovic, P., et al., "The Affect Heuristic," *European Journal of Operational Research* 177 (2007): 1333-1352.

⑤ Chadwick, A. E., "Toward a Theory of Persuasive Hope: Effects of Cognitive Appeals, Hope Appeals, and Hope in the Context of Climate Change," *Health Communication* 30 (2015): 598-611.

⑥ Nabi, R. L., "A Cognitive-functional Model for the Effects of Discrete Negative Emotions on Information Processing, Attitude Change, and Recall," *Communication Theory* 9 (1999): 292-320.

⑦ Lerner, J. S., & Keltner, D., "Beyond Valence: Toward a Model of Emotion Specific Influences on Judgment and Choice," *Cognition and Emotion* 14 (2000): 473-493. Lerner, J. S., & Keltner, D., "Fear, Anger, and Risk," *Journal of Personality and Social Psychology* 81 (2001): 146-159.

内容和方式是否激起民众的焦虑、恐惧、愤怒、失望、羞愧、同情、希望等情绪；研究媒体报道激起的风险情绪是否影响了风险感知。研究设计模型见图1。

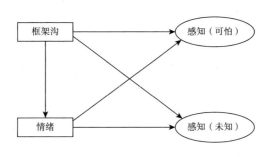

图1　研究设计模型

根据模型，提出如下研究假设：

H1：框架沟与情绪存在相关；框架沟越大，受众负面情绪反应越强；

H2a：框架沟与风险可怕性感知存在相关；框架沟越大，受众越觉得风险可怕；

H2b：框架沟与风险未知性感知存在相关；框架沟越大，受众越觉得风险未知；

H3a：情绪与风险可怕性感知存在相关；负面情绪越强烈，越觉得风险可怕；

H3b：情绪与风险未知性感知存在相关；负面情绪越强烈，越觉得风险未知。

二　研究方法

（一）研究样本

本研究采取大学生样本。诸多研究证明性别、年龄、文化教育程度、价值观、社会阶层等变量显著影响风险感知。大学生群体在文化教育程度、价值观、社会阶层等方面具有共性，上述变量影响可以得到有效控制；另外，大学生作为高频触媒人群，媒体对其环境风险感知的影响可能更为显著，从而易于被观测到。

本次研究的被试来自武汉六所高校，样本均匀覆盖一本、二本、三本不同层次。抽样控制了性别、专业、年级比例，以班级为抽样单位。六所高校共发放问卷 825 份，回收 731 份，去除不合格问卷后，保留 585 份问卷纳入本次分析。分析模型将性别和年级作为控制变量。

（二）变量测量

风险感知。环境风险可以二分为自然风险和人化风险。本研究采纳凯勒（Keller）等对环境风险的分类：新科技风险、有害物质风险以及自然灾害风险。[①] 为了方便问卷填答者理解三类环境风险，问卷选取转基因、雾霾和地震三种具体风险作为代表，依次询问受试者对三类风险的感知情况。

风险感知的测量参考斯洛维克的研究，从未知性和恐惧性两大维度测量。风险感知的未知性由 2 个题项构成，分别为科学界对该风险的了解、暴露在风险中的人对该风险的了解。风险感知的可怕性由 4 个题项组成，分别为直觉该风险的可怕性、可控性、致命性和灾难性程度，受访者需要在 5 点量表上指出他们的同意程度（1＝完全不同意，5＝非常同意）。

框架沟。框架沟为受众框架和媒体框架之间的差距。在借鉴 Vreese 等[②]提出的 7 个通用新闻框架基础上，根据我国环境风险新闻报道的特点将框架数量扩展至 10 个：分别为：1. 风险发生和进展情况；2. 相关科学知识；3. 风险产生的原因；4. 谁应该负责任；5. 各方的态度；6. 政府的作为；7. 风险影响与结果；8. 风险解决方法；9. 风险事件与道德伦理；10. 风险中的人物及其情感。

针对转基因、雾霾和地震三种风险，要求受访者选出三个最关注的新闻框架和三个最满意的新闻框架。对每个框架分别赋值 0~3（第一满意/第一关注＝3，第二满意/第二关注＝2，第三满意/第三关注＝1，未选取＝

---

① Keller, C., et al., " Bringing Appraisal Theory to Environmental Risk Perception: A Review of Conceptual Approaches of the Past 40 Years and Suggestions for Future Research," *Journal of Risk Research* 15 (2012): 237-256.

② De Vreese, H., et al., " Framing Politics at the Launch of the Euro: A Cross-national Comparative Study of Frames in the News," *Political Communication* 18 (2001): 107-122.

0），框架沟=｜满意分-关注分｜。

情绪。情绪操作为媒体报道激起受众的情绪反应。情绪测量参考 Kühne 和 Schemer[1]、Nabi[2] 的情绪框架量表以及 Böhm 和 Pfister[3] 对情感反应的分类，结合我国媒体风险报道实践，设计了 10 个题项，包括：1. 媒体报道政府不作为导致环境风险时，我感到失望；2. 媒体报道生产企业不负责任造成环境风险时，我感到愤怒；3. 媒体报道风险事件造成的人员死伤和财产损失时，我感到同情；4. 媒体报道风险的解决、改善方法时，我感到充满希望；5. 媒体报道政府积极采取与群众沟通和科学治理的行动时，我感到充满希望；6. 戛然而止、碎片化的报道会让我恐慌；7. 媒体报道中矛盾的信息会让我担忧；8. 未知的风险来临时，主流媒体如果没有相关报道会让我恐慌；9. 未知的风险来临时，媒体对风险的及时报道会减少我的恐惧；10. 未知的风险来临时，权威媒体的报道会减少我的恐惧。受访者需要在 5 点量表上指出他们的同意程度（1=完全不同意，5=非常同意）。情绪量表的克朗巴哈信度系数为 0.81。

（三）假设检验方法

本研究使用结构方程模型的最大似然估计法进行假设检验。框架沟为外生变量，情绪和风险感知被设定为内生变量，性别以及年级则作为控制变量被纳入模型。分别建立转基因、雾霾和地震三个 SEM 模型。

模型拟合考察了 4 个指标：模型卡方统计、增值拟合指数（IFI）、比较拟合指数（CFI）、近似误差均方根（RMSEA）。首先，为了避免样本量产生的偏差，使用卡方自由度之比进行测量，小于 3 较好，小于 5 可以接受；其次，RMSEA 值显示模型与总体之间的拟合度，低于 0.05 则认为

[1] Kühne, R., & Schemer, C., "The Emotional Effects of News Frames on Information Processing and Opinion Formation," *Communication Research* 42 (2015): 387-407.

[2] Nabi, R. L., "Anger, Fear, Uncertainty, and Attitudes: A Test of the Cognitive-functional Model," *Communication Monographs* 69 (2002): 204-216.

[3] Böhm, G., & Pfister, H. R., "Action Tendencies and Characteristics of Environmental Risks," *Acta Psychologica* 104 (2000): 317-337.

拟合完美，低于 0.08 是可以接受的。[①] 最后，CFI 和 IFI 将零模型与假设模型进行比较，表明假设模型的拟合优越度，两个值高于 0.95 是可以被接受的。[②]

另外，为了测量情绪的中介效应，采取 Baron 和 Kenny[③] 提出的方法进行中介分析。在控制性别以及年级变量的基础上，分析情绪的中介效应。使用 Preacher 和 Hayes[④] 编制的 SPSS 中介效应 processmacro 程序进行统计分析。程序使用自举法检验中介效应，通过重复抽样使得估算值更加准确。[⑤] 程序会产生一个变量间接效应的 95% 的置信区间，若区间内不包括 0，则间接效应在 0.05 的水平上具有统计学意义。

三 数据分析

（一）描述性统计

1. 框架沟的特征

首先，三类风险框架沟均值从大到小依次为：雾霾（0.6732）、转基因（0.6460）、地震（0.5834）。雾霾和转基因框架沟均值与地震存在显著差异。

其次，三类风险框架沟的内部构成有显著差异。

雾霾框架沟中，原因沟和进展沟最大（沟均值大于 1），紧接其后为科学

① Browne, M. W., & Cudeck, R., " Alternative Ways of Assessing Model Fit," in Bollen, K. A., & Long, J. S., eds., *Testing Structural Equation Models*, California: Sage, 1993, pp. 136–162.

② Hu, L. T., & Bentler, P. M., "Cutoff Criteria for Fit Indexes in Covariance Structure Analysis: Conventional Criteria Versus New Alternatives," *Structural Equation Modeling: A Multidisciplinary Journal* 6 (1999): 1–55.

③ Baron, R. M., & Kenny, D. A., "The Moderator–mediator Variable Distinction in Social Psychological Research: Conceptual, Strategic and Statistical Considerations," *Journal of Personality and Social Psychology* 51 (1986): 1173–1182.

④ Preacher, K. I., & Hayes, A. F., "Asymptotic and Resampling Strategies for Assessing and Comparing Indirect Effects in Multiple Mediator Models," *Behavior Research Methods* 40 (2008): 879–891.

⑤ Hayes, A. F., "Beyond Baron and Kenny: Statistical Mediation Analysis in the New Millennium," *Communication Monographs* 76 (2009): 408–420.

沟（0.97）、解决沟（0.84）、影响沟（0.76）、政府作为沟（0.76）、责任沟（0.66）、态度沟（0.41）、伦理沟（0.11）、情感沟（0.08）。

转基因框架沟中，科学沟（1.20）和进展沟（1.11）均值大于1，其余依次为影响沟（0.88）、原因沟（0.73）、政府作为沟（0.61）、态度沟（0.60）、解决沟（0.48）、伦理沟（0.40）、责任沟（0.36）、情感沟（0.09）。

地震框架沟中，进展沟均值最大（1.01），其余依次为政府作为沟（0.88）、科学沟（0.76）、影响沟（0.73）、解决沟（0.65）、原因沟（0.63）、态度沟（0.47）、情感沟（0.35）、责任沟（0.19）、伦理沟（0.15）。

以框架沟均值大于1为标准，雾霾方面是原因沟和进展沟，转基因方面是科学沟和进展沟，地震方面是进展沟。进展沟显著存在于三种环境风险，可见我国媒体在风险进展报道方面与民众的期许差距显著。此外，媒体在传播转基因相关科学知识、雾霾归因时采用的报道框架未得到民众认同。

2. 情绪

因为量表中情绪有正面和负面之分，所以对正面情绪进行反向处理，保持情绪测量方向的一致性。随后进行了因子分析，KMO = 0.747，巴特利特检验近似卡方值为1648.381，概率 p = 0.00，适合因子分析。抽取特征值大于1的因子，最终抽出4个因子，共解释71.87%的方差变异。因子分析见表1。

表1　情绪因子分析

		均值	标准差	因子负荷			
				1	2	3	4
归因归责报道（道德情绪）	媒体报道政府不作为导致环境风险时，我感到失望	1.79	.808	.882			
	媒体报道生产企业不负责任造成环境风险时，我感到愤怒	1.90	.815	.850			
	媒体报道风险事件造成的人员死伤和财产损失时，我感到同情	1.83	.731	.580			

续表

		均值	标准差	因子负荷			
				1	2	3	4
风险治理报道（希望情绪）	媒体报道风险的解决、改善方法时，我感到充满希望	2.17	.885		.870		
	媒体报道政府积极采取与群众沟通和科学治理的行动时，我感到充满希望	2.13	.909		.855		
新闻报道方式（忧虑情绪）	戛然而止、碎片化的报道会让我恐慌	2.58	.952			.818	
	媒体报道中矛盾的信息会让我担忧	2.25	.935			.730	
	未知的风险来临时，主流媒体如果没有相关报道会让我恐慌	2.56	.938			.689	
风险的未知性（恐惧情绪）	未知的风险来临时，媒体对风险的及时报道会减少我的恐惧	2.21	.801				.877
	未知的风险来临时，权威媒体的报道会减少我的恐惧	2.07	.806				.846
特征根				1.989	1.799	1.783	1.616
解释变异量（%）				19.89	17.99	17.83	16.16

主成分因子分析提取 4 个因子。第一个是"归因归责报道与情绪"（特征根=1.989，解释变异量=19.89%），指当媒体将风险产生的原因归到不同的责任主体时，会引起受众不同的情绪。当媒体报道风险原因在于企业和政府时，会激起受众的愤怒和失望。这些情绪与 Böhm[1] 提出的"基于后果的情绪"（consequence-based emotions）和"基于道德的情绪"（ethics-based emotions）是一致的。第二个因子是"风险治理报道与情绪"（特征根=1.799，解释变异量=17.99%），指关于政府对风险的积极作为、风险在改善、解决办法的报道能够激起受众的积极情绪。第三个因

---

[1] Böhm, G., "Emotional Reactions to Environmental Risks: Consequentialist Versus Ethical Evaluation," *Journal of Environmental Psychology* 23 (2003): 199-212.

子是"新闻报道方式与情绪"（特征根＝1.783，解释变异量＝17.83%），指媒体风险报道自相矛盾时会增加读者的恐慌，媒体全面的、连续的、整体的风险报道有助于减少受众的恐惧，而戛然而止、碎片化的报道则会增加其恐惧。第四个因子是"风险的未知性与情绪"（特征根＝1.616，解释变异量＝16.16%）。当新的、未知的风险出现时，积极、及时和权威的媒体报道减少恐惧，而主流媒体报道的缺失则会增加恐惧。

四个因子的权重有细微差异，归因归责报道与情绪因子权重最大（19.89%），其次为风险治理报道与情绪因子（17.99%）和新闻报道方式与情绪因子（17.83%），权重最小的为风险的未知性与情绪（16.16%）。根据权重的线性组合形成媒体情绪综合评价分数 F 值，用于稍后的 SEM 模型。

F ＝（因子 1×19.89%＋因子 2×17.99%＋因子 3×17.83%＋因子 4×16.16%）/71.87%

（二）假设检验

采用 SEM 分别建立雾霾模型、转基因模型和地震模型检验框架沟作用于风险感知的路径，三个模型都具有较好拟合优度。模型结果见图 2、图 3 和图 4，包括路径显著度以及标准回归系数。

1. 雾霾模型

雾霾模型支持绝大多数研究假设。H1 成立，H2a 不成立，H2b、H3a、H3b 成立。

雾霾模型显示媒体报道作用于民众风险感知有 2 条路径，即框架沟—风险感知的直接效应和框架沟—情绪—风险感知的间接效应。

直接效应中，雾霾框架沟显著影响风险感知未知因素，但没有显著影响风险感知的可怕性。

雾霾模型证明了情绪的中介作用显著存在。框架沟与情绪正相关（0.09**），框架沟越大，越容易激起民众负面情绪；民众负面情绪越强烈，越感知风险可怕（0.15***）和未知（0.21***）。为了比较直接效应和间接效应的大小，使用 processmacro 程序分析计算得出：直接效应是0.2599，情绪中介效应为 0.0302，直接效应（框架沟—风险感知）显著高于框架沟—情绪—风险感知的间接效应。

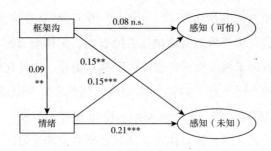

图 2　雾霾模型

注：模型拟合参数：$\chi^2 = 22.31$，df = 21，$\chi^2/df = 1.06$，p = .382，CFI = 0.996，IFI = 0.996，RMSEA = 0.010。

2. 转基因模型

与雾霾模型不同，转基因模型显示媒体报道作用于风险感知的不同机制。框架沟并不直接影响民众的风险感知，媒体报道作用于转基因风险感知全部是通过情绪中介来完成，形成框架沟—情绪—感知风险未知的作用路径。即：转基因报道框架沟越大，激起受众负面情绪越高；负面情绪越高，则感知转基因（未知）风险越大。

转基因模型中，H1、H3b 成立，H2a、H2b、H3a 不成立。

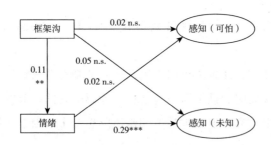

图 3　转基因模型

注：模型拟合参数：$\chi^2 = 34.20$，df = 20，$\chi^2/df = 1.71$，p = .025，CFI = 0.963，IFI = 0.965，RMSEA = 0.035。

3. 地震模型

与雾霾和转基因风险相比，地震作为一种人力不可抗拒的、偶发性的自然风险，媒体报道作用于风险感知的效果非常有限。除了 H3a 成立，其余研究假设均未能够成立。

另外，地震模型与雾霾模型和转基因模型都不同：雾霾模型和转基因模型都是对风险感知的未知因素有作用，而地震模型却是作用于感知的可怕因素。可见，风险类型影响风险感知。地震是一种"陈旧"的自然风险，雾霾风险和转基因风险是一种随着社会发展而出现的"新的"人化风险，媒体对此作用于风险感知的效果不同。

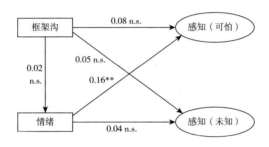

图 4　地震模型

注：模型拟合参数：χ^2 = 21.21, df = 21, χ^2/df = 1.43, p = .093, CFI = 0.965, IFI = 0.967, RMSEA = 0.027。

结论和讨论

本篇实证研究我国媒体报道对于风险感知的效果，假设媒体报道对民众风险感知的影响沿着直接和间接两条路径发生作用：直接路径指媒体框架与受众框架之间的差距（即框架沟）显著影响风险感知，间接路径指框架沟经由情绪影响风险感知。研究以三类环境风险为研究案例，构建了三个 SEM 模型来检验媒体、情绪和风险感知的关系。研究发现如下。

（一）媒体"放大"人化风险，自然风险则不然

雾霾模型显示媒体报道对民众风险感知的影响沿着两条路径同时进行：（1）框架沟—未知风险感知的直接效应；（2）框架沟—情绪—未知风险感知的间接效应。转基因报道影响民众风险感知经由情绪中介完成，

即：框架沟—情绪—未知风险感知的间接效应。地震模型则未能够证明媒体报道影响风险感知。

上述实证结果显示在雾霾和转基因等人化风险议题上，媒体报道难脱其责：雾霾和转基因报道显著影响民众风险感知；并且雾霾报道的影响是最强烈和全方位的，转基因报道的影响其次，是通过情绪中介达成的。模型结果的差异需要结合雾霾和转基因新闻框架特点来分析。

问卷调查了受访者对三类环境风险的媒体报道量感知以及对媒体报道的满意度，受访者感知报道量最多的是雾霾，其次是地震，转基因报道量最少；受访者对地震报道满意度最高，其次是转基因，对雾霾报道最不满意。近年随着雾霾天气频发，雾霾的媒体曝光度很高。

与雾霾的高曝光率不同，我国主流媒体对转基因议题报道量不大。陈海峰统计 2007~2012 年 6 年间《人民日报》有 96 篇转基因报道，[①] 戴佳等统计截至 2014 年 3 月《人民日报》有转基因报道 60 篇，《科技日报》有转基因报道 250 篇，《南方都市报》有转基因报道 120 篇。[②] 转基因议题不仅涉及技术，还交织政治、经济利益，在转基因问题上，"挺转"与"反转"两大阵营意见争执异常激烈。对我国主流媒体转基因报道内容进行分析后发现，《人民日报》《科技日报》《新京报》《南方都市报》报道框架虽略有不同倾向，但都着重营造一个理性科学看待转基因技术的舆论环境。《人民日报》和《科技日报》报道分别采用"政治框架"和"科学框架"建构"挺转"观点，《新京报》和《南方都市报》在保持与国家立场一致的情况下，适度采用"民生框架"和"程序框架"建构中立和反对意见报道。[③] 但主流媒体过度依靠政府和专家消息来源不能全面展现转基因议题的争议和相关科学的进展，自媒体上有关转基因技术的争论

---

① 陈海峰：《我国主流媒体转基因报道的框架分析——以 2007 年—2012 年〈人民日报〉报道为例》，《中国报业》2013 年第 22 期。

② 戴佳、曾繁旭、郭倩：《风险沟通中的专家依赖：以转基因技术报道为例》，《新闻与传播研究》2015 年第 5 期。

③ 戴佳、曾繁旭、郭倩：《风险沟通中的专家依赖：以转基因技术报道为例》，《新闻与传播研究》2015 年第 5 期。易清清：《〈科技日报〉转基因技术报道的框架分析（2000 至 2014）》，硕士学位论文，华中农业大学，2014。杨丽峰：《转基因食品报道的三种说服框架——基于〈人民日报〉与〈新京报〉的对比》，《新闻世界》2014 年第 6 期。

增加了转基因议题的复杂性。

因此对于有技术门槛的"未知"的转基因风险，民众尤其需要准确、权威和全面的科学知识帮助决策；但主流媒体报道不足而自媒体信息庞杂，造成民众相关科学知识匮乏，理性认知模式无法启动，情感模式便成为风险的主要决策模式。

与转基因技术影响的不确定性相比，雾霾作为一种明确有害风险，弥漫于民众的日常生活，风险经历影响民众对风险的感受。原本作为"受害者"的民众，却在雾霾新闻框架生产中，与生产企业一起，成为雾霾产生原因的责任主体，因此雾霾报道激起的民众反响是最强烈和全方位的。可见，风险报道中，如果媒体框架与受众框架明显偏离，媒体报道量越大，民众负面情绪越高，反而觉得风险越大。该研究结果对于我国媒体风险报道实践无疑具有启示意义。

（二）情绪对风险传播的重要性

本研究证明媒体报道内容和方式能够激起受众相应的情绪。这与评价倾向理论（appraisal tendency framework）一致。该理论认为情绪的产生来源于个体对事件或者环境的解释、评估和评价。[①] 评价维度包括相关性、愉悦度、新奇度、确定度、可处理潜力、可控性以及自己或他人责任。比如，不愉悦、不确定、无法控制的环境容易引起恐惧情绪；而高度相关、不愉悦、确定、可控的环境容易激起愤怒。[②] 比如未知风险（确定度）来临时主流媒体缺乏报道会令人恐慌，关于风险改善治理（可处理潜力）的报道就可以引起受众的积极情绪，媒体报道生产企业不负责任（他人责任）造成环境风险时令受众感到愤怒，媒体报道风险事件造成的人员死伤和财产损失时（可控性）令受众感到同情等。

因此，在处理风险报道的时候，要考虑到媒体框架产生的情感效果。心理学家 Lerner、Keltner 和 Nabi 提出一旦框架激起受众愤怒、悲伤等情

---

① Roseman, I. J., "Cognitive Determinants of Emotion: A Structural Theory," in Shaver, P., eds., *Emotions*, *Relationships*, *and Health*, California: Sage, 1984, pp. 11-36.

② Smith, C. A., & Ellsworth, P. C., " Patterns of Cognitive Appraisal in Emotion," *Journal of Personality and Social Psychology* 48 (1985): 813-838.

绪，这种情绪状态会影响后续的风险信息处理、认知、态度和行为；[1] 情感模式一旦开启，则会抑制理性认知模式。[2] 由于现代人化风险的"知识悖论"，风险沟通并不能消除风险，而是要通过协商建立信任，形成共识。当下我国风险沟通正在从单向度的信息告知和政策传达转向吸纳民众参与的双向风险沟通，尤其需要重视情感在风险沟通中作用。

（三）被忽略的受众

风险与民众生活密切相关。作为风险传播的主体，民众却常常被媒体忽视而"失语"。风险报道中，政府、专家（或科技精英）和媒体是主要信息来源，普通民众比例微乎其微。而"谁定义风险"和"如何解释风险"是风险沟通的实质问题。风险传播者必须深刻地认识到，公众和专家观察风险的角度是完全不同的。有鉴于此，大众媒体的任务不是对政府或专家精英判断的单向传达，也不是对公众诉求进行简单附和或排斥，而是要认识到两者分歧的原因，并据此展开行动。媒体在风险传播中要成为桥梁沟通角色，而不是消除危机和平息公众愤怒的工具。[3] 这就要求风险传播主体在风险处于潜伏期及萌芽期时就充分地与媒体进行信息公开和坦诚沟通，善用各种媒介渠道及时、准确、全面地发布风险信息和相关知识，吸纳民众参与风险决策，达成信任，从而实现有效风险沟通。因此，我国媒体在风险传播道路上任重道远。

---

[1] Lerner, J. S., & Keltner, D., " Beyond Valence: Toward a Model of Emotion Specific Influences on Judgment and Choice," *Cognition and Emotion* 14 (2000): 473-493. Nabi, R. L., "Anger, Fear, Uncertainty, and Attitudes: A Test of the Cognitive-functional Model," *Communication Monographs* 69 (2002): 204-216.

[2] Loewenstein, G. F., et al., " Risk as Feelings," *Psychological Bulletin* 127 (2001): 267-286.

[3] 李素梅、〔澳〕Cordia Ming-Yeuk Chu：《风险认知和风险沟通研究进展》，《中国卫生公共管理》2010 年第 3 期。

社交媒体语境下风险议题的建构与转向[*]

疫苗与公众生活息息相关，一旦出现问题，不仅涉及公众健康，更冲击社会信任，发酵出新的社会隐患。作为公众卫生服务项目，疫苗自身存在小概率风险隐患，而小概率事件的发生也会形成媒体报道的阶段性高潮。在近十年的媒体记忆中，疫苗安全议题一直绵延在公众生活中：2010年王克勤对山西疫苗乱象的调查报道、2010年9月的"麻疹疫苗强化免疫活动"、2013年底的"质疑乙肝疫苗致死风波"以及卷入舆论风暴的2013年郭现忠的深度报道《疫苗之殇》等。

朗氏夫妇指出，议题建构是一个整体的过程，由大众媒介、政治系统和公众三者的复杂互动组成。^① 在社交媒体语境下，这种互动关系变得更加微妙。风险议题的建构，涉事各方分别从自身利益立场出发表达诉求，形成了风险议题间的角力和博弈。^② 为了改善涉事主体在以疫苗为代表的公共卫生事件中的沟通水平，提升媒体报道的积极作用，不少学者展开了对疫苗问题媒体呈现的研究，主要集中在媒体报道比较、健康传播和风险沟通两方面。有学者采用对比的方法分析得失，总结经验教训，这种比较

* 该文原发表于《情报杂志》2017年第3期，作者为余红、马旭，收入本书略有改动。

① 转引自郭庆光《传播学教程》，中国人民大学出版社，2011，第61页。
② 李艳红：《以社会理性消解科技理性：大众传媒如何建构环境风险话语》，《新闻与传播研究》2012年第3期。高卫华、周乾宪：《中国环境议题建构及议程互动关系分析——以"PM 2.5"议题为例》，《当代传播》2014年第1期。王宇琦、曾繁旭：《谣言澄清与民众赋权——社会化媒体在风险沟通中的角色担当》，《当代传播》2015年第2期。

有国内不同事件间的、不同媒体间的，也有不同国家相似事件的。① 也有学者从健康传播和风险沟通的角度来考察疫苗等公共卫生安全事件，② 对媒体或相关涉事机构面对突发公共卫生事件的处理提供了建议和解决方案。还有学者采用文献梳理、舆情统计、推理分析等方法，对于此次问题疫苗所带来舆情风险进行了研究。③

一　事件回顾

这次风险事件始于 2016 年 3 月 18 日澎湃新闻首发《数亿元疫苗未冷藏流入 18 省份：或影响人命，山东广发协查函》，报道被多家境内外媒体广泛转载，案件迅速成为全国热点。

舆论场的风暴，从 3 月 18 日开始酝酿，随着 3 月 20 日 "300 条非法疫苗案线索公布，涉及 24 省份" 的报道发出，社交媒体一片喧嚣，微博上开始建立讨论区。3 月 22 日，《南方都市报》旧文《疫苗之殇》被再度挖出，并迅速在微信朋友圈蔓延，同时被转发到微博平台，里面罗列了许多疫苗不良反应导致儿童残疾、致死的案例和照片。舆情发酵，热度攀升，微博阅读量、讨论量急剧增长。3 月 22~23 日，围绕疫苗事件的专业性讨论全面展开，包括二类疫苗、失效疫苗的科普与激愤情绪形成分化局面。由此话题延伸的相关漫射议题开始在网络上走红，讨论持续，但趋于冷静和理性。随着案件的明朗化和疫苗知识的普及，疫苗事件在舆论场逐

---

① 黄彪文、董晨宇：《媒体对新发突发传染病的报道图景——以甲型 H1N1 流感为例》，《新闻大学》2010 年第 4 期。任杰：《2006—2010 年中英两国主流报纸对麻疹疫苗的科技报道研究》，《科普研究》2012 年第 6 期。薛可、王舒瑶：《议程注意周期模式下中美主流媒体对突发公共卫生事件的报道框架——以〈人民日报〉和〈纽约时报〉对禽流感的报道为例》，《国际新闻界》2012 年第 6 期。

② 邱少辉、方鑫、何鹏等：《自媒体时代中国乙肝疫苗事件的教训与反思》，《中国药事》2015 年第 9 期。杨剑：《2010 年全国麻疹疫苗强化免疫活动的风险沟通分析》，硕士学位论文，中国疾病预防控制中心，2012。

③ 董天策、班志斌：《自媒体传播在公共卫生事件中的信息噪音——以〈疫苗之殇〉大讨论为例》，《新闻记者》2016 年第 5 期。温超：《自媒体的信息传播特点及对事件的影响浅析——以山东失效疫苗事件为例》，《中国广播》2016 年第 6 期。郭冬阳：《从健康类公众号看社交媒体中健康信息的传播》，《东南传播》2016 年第 5 期。

渐走向了平静。

二　样本选取与分析

有学者认为，"平均每个网络舆情热点议题存活时间为 16.8 天，大多数集中在两周以内"①。本研究选取疫苗事件爆发两周内的新浪微博进行分析，即 3 月 18 日至 4 月 1 日。采用关键词"疫苗事件""疫苗之殇"等进行条件搜索，剔除与本话题无关的样本，按照"转发量"、"评论量"和"点赞量"排序选择了 419 条微博样本。

通过对样本的考察，对其进行编码分类，将博主类型归纳为"公众"、"媒体"、"大 V"（经过实名认证，且粉丝量与活跃度较高）、"政府"四类；将信息来源分为"公众""媒体""政府""专家学者""企业"五类。

关于微博内容的"议题框架"分类，恩特曼②总结了四大框架功能，即"界定问题"、"解释原因"、"道德判断"和"对策建议"；台湾学者臧国仁将文本框架分为三层，即高层结构（主旨：导言/ 标题/ 引句）、中层结构（主要事件/ 历史/ 结果/ 巧因/ 评论）和低层结构（语言：修辞方法/ 比喻），其他学者也曾运用这一框架进行分析，当然针对不同案例往往需对这套分析工具进行调整或增删。③ 本研究将微博内容中涉及的风险议题分为"科普辟谣""因果背景""对策建议""新闻事实""道德判断"五种框架，且每种框架涉及的议题如表 1 所示（由于微博内容受 140 字数所限，大部分呈现单一议题，部分微博有交叉议题或多元议题，按照其主要倾向做单一化处理）。

---

① 喻国明：《网络舆情热点事件的特征及统计分析》，《人民论坛》2010 年第 11 期。

② Entman, R. M., "Framing: Toward Clarification of a Fractured Para‐digm," *Journal of Communication* 43（1993）：51–58.

③ 曾繁旭、戴佳、郑婕：《框架争夺、共鸣与扩散：PM2.5 议题的媒介报道分析》，《国际新闻界》2013 年第 8 期。

表 1 议题框架及内容主题

框架	相关内容主题
科普辟谣	对疫苗分类的介绍，对此次涉事疫苗进行界定 对各类疫苗的全面介绍，针对不同人群的接种建议 对涉事疫苗带来的舆情恐慌进行剖析和破解
因果背景	介绍我国疫苗接种发展的历史 介绍其他国家疫苗监管的经验教训 回顾之前相关疫苗恐慌事件 本次疫苗事件发生的原因和背景分析
对策建议	针对疫苗监管部门的建议 针对媒体报道或自媒体管制的建议 对政府及相关部门在涉及疫苗舆情处理方面的建议 对民众应对疫苗恐慌及相关舆情事件的建议
新闻事实	关于问题疫苗发生及案情发展情况的实时播报 政府部门对疫苗事件的回应和处理 该事件引起的相关新闻事件的后续报道（股市、诈骗等） 各地媒体对本地疫苗安全问题的报道
道德判断	对案情的质疑，对涉案人员及监管部门的指责和控诉 情绪宣泄，或上升到对制度或国民性的抨击 联系其他热点事件对该事件进行戏谑嘲讽 悲情呼吁

三　风险议题的建构与流变

1. 从失控到有序——风险议题的生命周期

根据统计数据，微博上关于疫苗事件的讨论在 3 月 22 日陡然爆发，22~24 日居高不下，随后平缓，且道德判断框架在所有框架中占大半。这与前文中梳理的事件发展进程基本一致。

如图 1 所示，从 3 月 18 日到 4 月 1 日，疫苗事件引发的风险议题经过了形成期、爆发期、分散期和更迭期，与一般风险事件在舆论场的生命周期基本相似。议题整体呈现从失控转为有序，从惶惶然嘈杂的讨论到相对稳定和可控的状态。

（1）风险议题形成期

3 月 18 日疫苗事件被曝出后，媒体对于该事件的报道十分谨慎，

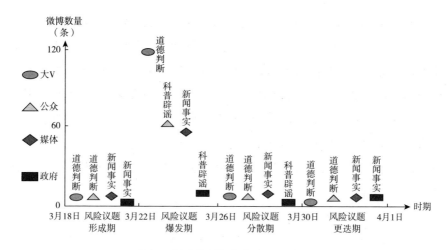

图 1　风险议题框架分布及流变图

而比较敏感的公众和大 V 已察觉事态严重，开始关注、质问和评价此事。由于此时新闻报道还未跟进，涌现的微博多采纳了道德判断框架，尽管微博数量不多，但其中的质疑、问责、愤怒和震惊已经显露潜在的风险特质。

（2）风险议题爆发期

3 月 22 日是《疫苗之殇》被加工组装重新回到舆论场的首日，此时原创发声的大多是自媒体人，争论的主题比较分散。由于疫苗事件相关硬新闻的缺乏，推想和加工的博文中散布着焦虑、愤怒和恐惧情绪。尽管当日世界卫生组织出面发言，证实此次涉事疫苗并非"杀人疫苗"或"毒疫苗"，但此时人们涌起的愤怒、忧虑和怀疑情绪难以平复，怀疑"世卫组织"为政府"洗地"的言论同样甚嚣尘上。风险情绪比较强烈，但议题相对分散。

3 月 23 日起，不少主流媒体开始播送关于疫苗事件的相关调查性新闻，对事件本质进行深入分析的文章增多，同时科普辟谣议题开始进入公众视野，这些科普类博文大多以图文结合的方式切入，代入感较强，此时，公众情绪开始缓和，虽然对此事的批判与指控依旧居高不下，但讨论中的理性声音逐渐加入，侧重点从"抱怨问题"偏向"解决问题"。

（3）风险议题分散期

3月26日，关于"疫苗事件"的调查报道还在继续，但关于"疫苗之殇"的争论已经基本到尾声，此时出现对舆论风暴的反思分析，同时也有联系此议题进行漫射的衍化议题出现。近年来发生的多起公共事件让民众对食品安全、环境安全等信心不足，在这种情况下，很容易引发"舆情搭车"现象，即每个相关话题的出现，都会让民众联想到过去发生的种种，由此衍生出对该事件的抵触、质疑。总体上3月26日微博数量开始趋于平缓，公众对其的关注和讨论也渐渐在其他热点话题的影响取代下，趋于衰退。

（4）风险议题更迭期

3月30日以后，关于问题疫苗的讨论主要围绕着案情发展和疫苗科普知识展开，值得注意的是，在此阶段新热点的出现，一方面让疫苗事件的议题被冲淡，另一方面也有借新热点重提疫苗事件的微博得到广泛传播。如以影视明星结婚为话题演化的"吴奇隆18岁的时候，刘诗诗才1岁！所以，请单身们多关心下这次疫苗事件！可能你的女朋友正在幼儿园打疫苗……"同样还有借国足出线而衍生的"别因国足的胜利而忘记问题疫苗的去向，或许有千万个足球天才被疫苗所毁……"风险议题出现娱乐化倾向的漫射，同时也面临消沉与更迭。

2. 从集权到赋权——风险的定义与互动

如图2所示，不同类型的博主在选取议题框架时，大都具有一定的立场和偏好。

其中大V们选择道德判断框架居多，一方面，这与其身份定位有直接关系，他们凭借对热点事件的评论和观点吸引拥趸；另一方面，他们中除了少数疾病防疫领域的专家外，大多不具有采写新闻或提供专业领域精准知识的能力，所以在对其他框架的选择上不占优势，比较审慎。尤其值得一提的是，他们中有一部分自媒体人，正是依靠语言的煽动性和故事演绎博得粉丝青睐，这种自由化、碎片化、情绪化的议题框架，是道德判断议题的主流声音，也造成了议题的失焦。

相似地，公众博主的议题框架集中在道德判断，一是由于此事刺痛公众神经，公众需要渠道表达情绪，大多数参与疫苗事件话题讨论的人都有

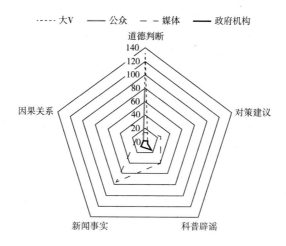

图2 不同类型博主的框架偏好

过疫苗接种经历，且社交网络参与者①的主要人群年龄段分布在40岁以下，20~29岁人群最多，他们当中的很多人面临着育儿的现实责任，结合我国二孩政策的落地，新生儿疫苗接种成为这一年龄段人群比较关心且参与度高的话题，在这种情形下，参与者的情绪波动很容易影响其态度判断。二是囿于资源能力，大部分公众除了选择表达态度，在采用其他框架时不具有优势和权威，因而在样本精选中被折叠或沉淀。

媒体在选择议题框架时，侧重新闻事实，同时其他框架也都兼顾，这是其在社交媒体上比较令人称道的表现之一。而政府机构的发声则集中在科普辟谣，体现出政府机构与科技理性的结盟。贝克认为，风险的界定和归因、归责在风险社会具有极为重要的意义。在科技风险问题上，虽然科技理性宣称价值中立，但还是会得到资本和市场等利益主体的暗示，请求联盟，试图在垄断风险定义上抢占先机。因而存在用法律和科学进行"有组织的不负责任"的现象。②

通过表2和表3对不同博主的信源采纳以及议题框架的信源倾向进行

---

① 中国互联网络信息中心（CNNIC）：《2015年中国社交应用用户行为研究报告》，2016。
② 〔德〕乌尔里希·贝克：《风险社会》，何博闻译，译林出版社，2004，第190~191页。

分析，可以对此次风险定义的角力有更加清晰的认识。

表 2 博主分类与消息来源

		消息来源					合计
		公众	媒体	企业	政府	专家学者	
博主分类	大 V	125	4	0	2	14	145
	公众	79	1	0	0	0	80
	媒体	2	102	1	49	13	167
	政府机构	0	1	0	26	0	27
合计		206	108	1	77	27	419

注：$\chi^2 = 455.038$, df = 12, p = 0.000。

表 3 议题框架与消息来源

		消息来源					合计
		公众	媒体	企业	政府	专家学者	
议题框架	道德判断框架	197	12	1	0	8	218
	对策建议框架	2	17	0	10	4	33
	科普辟谣框架	2	22	0	26	9	59
	新闻事实框架	3	46	0	38	3	90
	因果背景框架	2	11	0	3	3	19
合计		206	108	1	77	27	419

注：$\chi^2 = 341.329$, df = 16, p = 0.000。

如表 2、表 3 所示，通过对博主分类与消息来源、议题框架与消息来源的列联比较，可以发现不同类型博主对消息来源的偏好以及不同消息来源的议题框架的特点。

贝克指出，风险在政治上具有解放的潜能，随着科技理性的发展，普通公民逐渐从原初的蒙昧过渡到发展异议，他们表达对技术理性的怀疑，尝试自我界定风险。[①] 然而民众的风险感知逻辑更多地倾向于从生活经验出发，更多地聚焦于风险发生的可能性和风险后果的危害与影响。所以尽

---

① 李艳红：《以社会理性消解科技理性：大众传媒如何建构环境风险话语》，《新闻与传播研究》2012 年第 3 期。

管消息来源中公众占近一半（49.2%），但是对于风险的定义并非完全由其控制。公众偏好的道德判断框架在扩大风险感知或强调风险情绪上成效显著；然而关于定义风险，媒体依旧占据主导权。媒体对自身信源的倚重，以及偏重政府发布和专家学者解读，也恰恰与其风险定义的集权姿态相吻合。同样，政府机构除了偏向媒体及自身信源外，并没有采纳公众信源，选择框架也不涉及丝毫道德评判，而是以科技理性定义风险。

但不可否认的是，在新浪微博这个社交平台上，话语分配的制衡，在一定程度上体现了对公众的赋权。媒体主动采纳公众信源的信息并与公众进行互动，将公众风险感知逻辑作为风险定义的主体之一，提升了风险沟通的成效。

3. 从情绪化到理性克制——风险话语的表达

（1）风险议题的情绪流变

综观事件整体发展过程，可以发现附着在微博样本中的极端化的表达聚集着愤怒、焦虑和恐惧，形成了一种不断蔓延和传染的社会情绪，让风险议题的传播扩散更加难测。社会心理学认为个人情绪是一种知觉和体验的产物，包括基本情绪和复合情绪，[①] 其中基本情绪涵盖快乐、痛苦、悲伤、愤怒、恐惧等。Izard 提出了差异情绪量表（DES），[②] 按照情绪态度倾向性将情绪分为正面、中性、负面三大类，其中正面情绪包括高兴、快乐等，中性情绪包括惊讶等，而负面情绪包括生气、厌恶、鄙视、罪恶、害羞、害怕、悲伤等。本研究根据前期对微博样本的考察，借鉴 DES，对微博样本进行了情绪分布编码。

如图 3 所示，可以看出在 3 月 24 日之前，微博中关于疫苗事件的讨论都是以负面情绪为主的，且 3 月 22 日的负面情绪达到了顶峰。这与风险议题的形成、爆发和沉寂曲线基本一致。由于疫苗事件发生前期主流媒体信息的缺乏，社交媒体上流动的信息虽多，但事实少、猜测多，科普少、发泄多，造成民众理智模式无法启动，转而开启情感模式，而情感模式一旦开启则会抑制理智模式，从而造成了情绪先行的乱象。

---

① 孟昭兰主编《情绪心理学》，北京大学出版社，2005，第 148~198 页。
② 赖胜强、唐雪梅：《信息情绪性对网络谣言传播的影响研究》，《情报杂志》2016 年第 1 期。

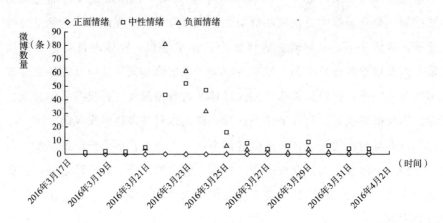

图3 风险议题的情绪流变

在社交媒体语境中,一旦情绪先行、情感模式开启,民众便容易沉浸在情绪宣泄的快感中,缺乏理性思考。在这种情况下,人们接收信息产生情绪,而相应的情绪又会对信息的认知评价造成影响,导致情绪的"二次渲染",尤其是消极情绪的叠加,如此不断循环累积,直至离散易变的情绪固化成某种态度判断。情绪型舆论是公共意见倾向的征兆,但缺少理性和清晰度的社会情绪,容易产生社会仇视心理。尽管事后反省成为常态,但这种集体无意识会导致个体性的淹没和责任感的丧失,在下一次舆情事件中又会形成社会情绪的爆发和失控。

(2)风险议题的话语表达

本研究对微博中有关此事件的"热点话题"进行搜索,按照讨论量、阅读量和关注量,选取了9个热点话题,具体如表4所示。

表4 热点话题榜

热点话题	阅读量(万)	讨论量	关注量
未冷藏疫苗流入18省	21000.0	155000	53000
山东非法疫苗	18000.0	80000	365
非法疫苗	4779.0	23000	345
问题疫苗流入18个省	7744.4	14000	124
解读问题疫苗	2452.6	11000	1182

热点话题	阅读量（万）	讨论量	关注量
众星关注问题疫苗	1749.5	9185	163
毒疫苗事件	135.9	1302	46
疫苗之灾	11.1	236	1
香港突发限苗令	8.1	32	1

话题榜的内容中对于"疫苗"的修饰限定，关注度、参与度越高的，表述越严谨冷静。从"灾""毒"到"问题""非法""未冷藏"，刺激性、判断性的修饰词在减少，事实层面的界定成为主流。随着事件的明朗化，话题热点趋于理性，这一方面得益于新浪微博的引导和管制，另一方面也说明社交媒体所提供的平台，让不同声音在碰撞中自校、在交锋中对决，对于话题沉淀和谣言澄清具有显著效果。

综合学者们对新浪微博影响力计算的研究，[①] 在确定分析文本的过程中，对相关微博以转发量、评论量和点赞量依次降序排列，结果见表5。

结合文本视角和语境视角分析以上20条博文发现，官方机构"世界卫生组织"出现了2次，且传播最广泛、影响力最大。大V占有半数以上（11次），媒体出现了7次。综合这些博文内容与发帖时间可以看出以下内容。

官方话语表述，否定了"黑心疫苗""假疫苗"等表述方式；用科技理性的话语取代上述标签，修正为"失效疫苗""非法疫苗"等。其纾解民众焦虑，正面回应网民们的疑问，并鼓励新生儿父母为孩子接种，驱散疫苗恐慌。

表5 疫苗事件中综合影响力排名20的微博

时间	博主	转发（次）	评论（个）	点赞（次）	博主分类
3月22日18:00	世界卫生组织	25225	15904	11707	政府机构
3月24日23:02	世界卫生组织	5043	3173	1577	政府机构
3月22日09:45	范炜	3280	747	1826	大V
3月26日21:30	环球时报	3168	2231	3111	媒体

① 原福永、冯静、符茜茜：《微博用户的影响力指数模型》，《现代图书情报技术》2012年第6期。易续平：《微博影响力的量化研究》，硕士学位论文，云南财经大学，2014。

时间	博主	转发（次）	评论（个）	点赞（次）	博主分类
3月22日13：00	皓伦王明川	3164	104	1631	大V
3月23日17：01	环球时报	3016	3042	2856	媒体
3月22日11：57	互联网信徒王冠雄	2832	493	730	大V
3月22日19：54	央视新闻	2134	2063	1294	媒体
3月24日17：59	央视新闻	2131	1146	2880	媒体
3月24日17：41	央视新闻	1706	504	989	媒体
3月25日22：51	徐昕	1634	180	295	大V
3月22日11：09	光远看经济	1528	734	4720	大V
3月22日15：15	侯宁	1277	279	1711	大V
3月23日14：05	清华孙立平	1236	325	595	大V
3月23日08：42	头条新闻	1156	55	572	媒体
3月22日21：57	崔玉涛	1066	352	1472	大V
3月22日22：48	白衣山猫	1062	519	1294	大V
3月26日14：46	营养师顾中一	1029	613	489	大V
3月26日11：00	我和表妹的极品事	967	129	2464	大V
3月23日08：45	财经网	804	1755	369	媒体

媒体在讨论话语中，显示了其责任和担当。尽管侧重点不同，但都体现了谋求疫苗规范管理、完善制度的共识。在确保信息权威准确的情况下，媒体迅速果敢，打破谣言，从单纯的正面信息灌输转为对话和互动，有力扭转了风险议题的"风向"，引导风险议题的讨论回归理性，监督跟进风险事件的解决，规避新矛盾出现。

社交媒体中的大V借由热点事件发表的评论与看法，无论公允与否，都极易引起公众的共情。在大V的话语系统中，贯穿在事件发生发展始终的是"孩子""毒疫苗"等标签，这刺激了孩子父母的痛点，情绪叠加在舆情发展中的权重被不断强化。在负面情绪交织的情况下，受众倾向于寻找更多的信息来减少不确定性，而此时官方机构和媒体出于谨慎的惜字如金、冷静克制，反而引起民众的不安与猜测。段子手、营销号趁机介入，"蹭热点""谋营销"，利用与新闻内容基调反差极大的夸张配图以及煽动激化公众情绪的语言等不断诱导公众对报道对象掀起舆情攻击。在舆情发酵前期此类话语热度较高，不断挑战公众的心理底线，传染愤怒、恐惧及焦虑情绪，但是随着事态发展，戏谑、反讽开始介入，话语态度趋于平和。

思考与讨论

针对作为风险议题的"疫苗事件"在社交媒体上的传播特点和形成的负面影响，本研究认为风险主体可从以下层面思考调整沟通手段。

1. 及时准确定位风险事件特性

本次风险议题的事件主体为"问题疫苗"，疫苗自身具有科学风险争议，因而媒体在报道中应该根植于科学领域，在报道语言的选取上应更加审慎严谨，同时照顾受众的认知背景和接受水平，采用尽量平白、可读的叙述方式进行报道与解惑。

反观此次"疫苗事件"，前期报道传播中，对于风险事件的定性缺乏科学素养和深入调查，简单对涉案疫苗定性为"假""毒""黑心"等，在传播过程中造成了公众的恐慌，形成了难以消除的恶性影响。同时，疫苗的风险不仅在其安全性上，更是关涉到社会信任，疫苗接种率的下降会导致一系列社会风险。所以媒体在披露新闻事实时，除了要考虑新闻报道的时效性、影响力，也应兼顾均衡性，尽量减少风险事件连锁引发新风险的概率。而在风险事件的跟进报道中，对于关键医学概念的解释需要强化，不能简单地停留在科学术语的堆砌上，而是需要做到深入浅出的阐述和规范可靠的引导。

2. 选择最佳沟通时机和方式

准确把握风险舆情的时间节点对于掌控风险十分关键。无独有偶，2016 年 5 月中旬爆发的"重庆疫苗疑似调包"事件，与本研究案例形成了对比。尽管"疫苗事件"余波未了，"疫苗"再起波澜引发了公众和媒体的高度关注，但是重庆南岸政府迅速、准确、公允地回应，并未酿成大规模的舆情风险。回到本案例，政府和相关机构没有及时将信息传递给民众，错失了"黄金 24 小时"，沉默寡言是导致事件发展偏离轨道的失策之举，信任危机不仅影响舆论走向，更对计划接种造成威胁，让政府或相关权力机构陷入"塔西陀陷阱"，造成沟通的阻碍和时滞。情绪的传染、叠加和强化随着时间的推移和刺激源的减弱会趋于理性平和，但消极情绪带来的危害是潜在的、长期的。

研究表明，消极情绪啃噬信任，民众在陷入信息缺乏导致的焦虑恐慌情绪中时，对于风险控制主体的信任会大打折扣。[①] 相应的事件频发，民众得不到情绪的缓冲期，则会消极多疑，形成怨恨。然而，也有研究表明，在信任修复中，情绪体验的控制十分有价值。[②] 内疚和共情两种道德情绪是影响信任修复的重要情绪因素：内疚能够促进受信方做出补偿行为，共情能够促进信任方宽恕他人。推及社交媒体语境，在情绪风险导致社会信任降低的情境下，如果官方机构能够从"共情"出发，以情绪体验对待情绪风暴，以平等姿态与民众沟通并及时查办案情、协助受害人止损，或许能化被动为主动，化僵局为活棋，在风险沟通中优化传播效果，转危为机，增强公信力。

同时，风险主体也应改变"一对多"的沟通方式，在社交媒体语境下，面对多元化受众，根据其接收信息的特征，进行用户画像，更精准地送达信息，有效互动，或可重塑并加固社会信任，达到良好传播效果。

3. 加强社交媒体舆情引导与内容管控

在社交媒体语境下，舆论格局错综复杂，这加大了监控和管理的难度。因此，健全舆情风险预警和研判机制更凸显其重要性。主流媒体的引导和示范在风险沟通中具有不可或缺的重要作用。一方面，主流媒体的积极发声可以在最佳沟通时间内掌握舆论引导的主动权，增强公信力和权威性；另一方面，主流媒体利用影响力优势可有效防治谣言，抑制舆论风险的蔓延和衍射。

对于拥有一定影响力和媒介资源的自媒体而言，"食利化"已成为其在社交媒体时代的发展趋势，由此而生的"情绪化""猎奇化""极端化"，已经形成舆论风险管控的重要威胁。建立健全网络言论管控的机制和相关法规，对不当内容进行把控，可有效化解风险，肃清舆论格局。

[①] 李常洪、高培霞、韩瑞婧等：《消极情绪影响人际信任的线索效应：基于信任博弈范式的检验》，《管理科学学报》2014 年第 10 期。

[②] 严瑜、吴霞：《从信任违背到信任修复：道德情绪的作用机制》，《心理科学进展》2016年第 4 期。

4. 提升公众媒介素养和情绪管控能力

微博作为信息传播平台，让公众可以自由发表意见、进行讨论、宣泄情绪。在社交媒体语境下，当公众参与传播的门槛越来越低时，公众一方面获得了发声与参与的权利，另一方面自身的媒介素养能力提升却没有跟上传播权利获取的速度。据统计，社交平台用户的学历结构分布更多地聚集于中等教育程度，[①] 大部分微博上活跃的用户学历水平并不高，随着新媒体技术水平的提升，社交媒体的使用持续向低龄、低学历、低收入人群扩散。面对风险事件，信息获取能力和认知水平在一定程度上阻碍了他们辨别信息，同时贫厄失意的人群更倾向于倾诉不满、投射怨愤，这也就造成了风险事件发生时引爆反向社会情绪的现象。要从根本上解决问题，需提高公众媒介素养，促进民智开化，形成健康、成熟、自律的社交网络传播环境。

情绪评价理论[②]认为情绪深受社会文化的影响。微博是以兴趣信息获取与分享关系建立的网络，情绪叠加感染并不是一个单一的过程，多以循环和连锁的形式进行。这种反应在信息传播的过程中易强化和加剧，而新的信息的刺激很可能引起更强烈的情绪爆发，达到狂热状态。参与话题讨论的群体在这种情绪感染过程中极可能感情冲动、丧失理智，削弱个人的责任感，从而脱离社会控制，形成隐患。

在社交媒体语境下，信息冗余和轰炸，让人产生厌倦和免疫，此时"辨别惰性"会让其盲目轻信情绪主导的大 V，而非理智克制的官方机构或媒体。故有学者指出，新媒介为个人情绪的社会化传播创造了技术条件，意见领袖是个人情绪的放大器，而群体传播是个人情绪社会化的核心动因。[③] 故有必要提倡"社会情绪学习"[④]，即通过教育研究和训练来培养公民对社交和情绪的学习，对自己的表达负责，形成良好的社会风气，抵御由社会情绪传染引爆的舆情风险。

---

① 中国互联网络信息中心（CNNIC）：《2015 年中国社交应用用户行为研究报告》，2016。
② 孟昭兰：《当代情绪理论的发展》，《心理学报》1985 年第 2 期。
③ 隋岩、李燕：《论群体传播时代个人情绪的社会化传播》，《现代传播（中国传媒大学学报）》2012 年第 12 期。
④ 沙莲香主编《社会心理学》（第三版），中国人民大学出版社，2011，第 159 页。

媒体微博的转基因争议：
新闻生产和话语博弈[*]

一 研究背景和文献回顾

（一）媒体对科学争议和风险的建构方式

现代科技风险是一种社会建构，依赖于大众媒体定义，它的潜在性和不确定性需要由大众媒体向公众预警和提醒。[①] 现代科学社会的媒介生态和传播语境，强化了媒介研究在科技争议传播研究中的重要意义。弗兰克·富里迪曾发现传媒在"媒体的掩盖程度""提供的信息量""表述危险的方式""对危险信息的解释""用于描述和形容危险的符号、比喻和话语"等方面建构科技风险。[②] 基于此，更多学者做出探究。一是，在对风险不确定性的关注度上，有的研究发现媒体已经关注到了科学的不确定性，并引起受众的注意；有的研究发现媒体会刻意回避风险，而提供积极的、肯定现状的信息；有的媒体则在科技尚处于科学领域时忽视它的潜在

---

* 该文原发表于《东南传播》2017 年第 8 期，作者为余红、吴雨青。

① 温琼娟：《科技风险沟通中的媒体报道困境与对策》，《编辑之友》2013 年第 10 期。

② 〔英〕弗兰克·富里迪：《恐惧》，方军等译，江苏人民出版社，2004。

威胁或影响，而等到其进入其他公共领域时才竞相追逐。① 二是，在对风险信息的阐释上，信源挑选、新闻议题选择、信息重组、弱化或强调等，都是媒体定义、解释和建构风险的方式。例如弗里德曼（Friedman）等通过考察戴奥辛毒性争议的媒体报道，发现记者的个人立场可以决定媒体对风险议题再现的偏向，使同一个风险议题在不同媒体中呈现不同的倾向（支持或质疑）。② 三是，不同的话语、符号以及传播修辞策略为风险议题赋予了不同的框架。例如在国外媒体报道中，"拉夫运河""三里岛""泰晤士海滩"等地名就经常与灾难性危险或事故联系在一起，偏向性暗示和隐喻是这类报道中常使用的手法。艾伦（Allan）等分析发现英国三家不同经营形态的报纸对绿色和平组织的称呼呈现不同的倾向，分别为"不成熟"（批判）、"绿色战士"（颂扬）和"坚定的和平示威者"（中立）。③ 四是，通过情感的巧妙运用达到对风险争议新闻话语的建构。桑德曼（Sandman）等人发现新闻工作者倾向于强调风险议题的情感方面，④例如一项关于环境风险新闻的内容分析就发现，68%的新闻报道没有包括任何风险信息，而是更多聚焦于冲突和情感观点。⑤ 新闻生产中情感因素对受众的情感和行为影响往往更大。⑥

（二）转基因争议中的话语建构与竞争

科技风险争议的新闻生产方式，凸显了话语建构和权力竞争在转基因等科技风险传播中的重要意义。媒体通过话语竞争建构了转基因争议的

① Kitzinger, J., & Reilly, J., "The Rise and Fall of Risk Reporting: Media Coverage of Human Genetics Research 'False Memory Syndrome' and 'Mad Cow Disease'," *European Journal of Communication* 3 (1997): 319-350.

② Friedman, S. M., Dunwoody, S., & Rogers, C. L., "Communicating Uncertainty: Media Coverage of New and Controversial Science," *Journalism & Mass Communication Quarterly* 1 (1999): 117-119.

③ Allan, S., Adam, B., & Carter, C., *Environmental Risks and the Media*, London: Routledge, 2000, pp. 55-72.

④ Sandman, P. M., "Mass Media and Environmental Risk: Seven Principles," *What Risk*, 1997: 275-284.

⑤ Sandman, P. M., et al., "Environmental Risk and the Press: An Exploratory Assessment," *New Brunswick*, NJ: Transaction Publishers, 1987, p. 149.

⑥ Herr, P. M., Kardes, F. R., & Kim, J., "Effects of Word-of-Mouth and Product-Attribute Information on Persuasion," *Journal of Consumer Research* 4 (1991): 454-462.

"不确定性"和风险，促进公众形成认知和对社会现实的理解，发挥质疑和预警作用，使转基因从纯科学领域进入涉及诸多因素的社会领域，并最终影响转基因的相关决策。这种话语建构和权力争夺是至关重要的，因为"一旦某个问题被框架化或者在争论初期被媒体赋予某种特色，它将很难使决策者对问题既定的印象转变为另外的观点"。科齐（Kizinger）与莱利（Reilly）就曾发现美国新闻媒体在激发公众关注特定风险方面作用明显，它们尤其关注科技不确定带来的风险，并着意唤起公众对特定威胁的关注和恐惧，这一类报道更多选取的是争论双方尤其反对方的信息来源；而在和谐安定思想和特殊新闻体制下，中国媒体则倾向于与政府立场保持一致，在风险报道中表现出控制性和安全性的主导话语。[①] 在转基因的新闻生产和风险建构中，政府、科学家、专业人士、学者、公众等参与群体既是信息来源，也共同建构了复杂的转基因舆论场域和话语体系。

（三）新媒体的科技争议传播：话语建构视角的缺失

诸多研究描绘了传统媒体如何通过对不确定性的关注呈现、报道议题选择、态度立场倾向、报道框架定义、传播修辞策略、情绪运用等新闻生产方式来建构和传播科技风险争议。如今信息技术的发展已将人类带入新媒体时代，新媒体构织了新型传播生态，并为现代风险的性质、社会条件和制度等方面带来了一系列转型性的后果，[②] 且其本身也演变为建构转基因争议的一股重要力量，并影响公众的感知和行为。我国学者们意识到新媒体环境下科学传播和风险传播的模式改变，关注新媒体的风险放大等功能作用；[③] 也着眼于新媒体在科学争议传播中的网络舆情效应。然而，在不同于传统媒体时代的新媒体语境特征下，话语建构的研究视角却始终缺失。对科技争议进行新闻生产和话语建构的方式，以及其中话语权的竞争

[①] 全燕：《基于风险社会放大框架的大众媒介研究》，博士学位论文，华中科技大学，2013，第 60 页。

[②] 〔英〕芭芭拉·亚当、乌尔里希·贝克、约斯特·房·龙：《风险社会及其超越：社会理论的关键议题》，赵延东、马缨译，北京出版社，2005，第 253~254、254、249、255 页。

[③] 参见李春雷、马俐《政府信任构建与大众传媒对拆迁心理的引导机制研究》，《国际新闻界》，2013 年第 5 期；刘丹凌《困境中的重构：新媒体语境下新闻专业主义的转向》，《南京社会科学》2012 年第 2 期。

与博弈、体系与秩序，都体现了新媒体传播科学争议和风险的新图景。

移动互联网时代，社交媒体重构了新闻信息生产和传播语境。通过议题框架、信源策略、新闻规范、情感运用等，社交媒体实现了对科技风险的建构和传播，并对公众认知产生影响。因此，本研究通过选取科学传播面广、社会影响力大的媒体微博作为研究对象，探究其通过何种新闻生产策略来建构转基因争议，形成了怎样的话语博弈关系，以及这些话语力量如何影响转基因传播，这能在一定程度上描绘新媒体的科学传播新图景，具有一定的学术意义和实践价值。

二　研究设计

（一）抽样设计

通过微博高级搜索功能，限定时间为 2015 年全年，选定账户类型为"媒体"，以"转基因"为关键词进行检索，筛选剔除大量重复、非文本以及不相关微博后，共得到 189 个样本数据（抽样过程获取了微博搜索到的所有 2015 年媒体认证账户发布的微博，未对媒体类型本身进行选择，最终所得样本来源于国内外各类媒体，并以国内媒体居多）。

（二）研究类目设计

1. 信息来源

媒体报道倾向于为信源所驱动和建构，利益团体如果控制了信源和公众注意力，便控制了议程。对信源的控制因此成为各话语主体的权力竞争重地。根据转基因争议中主要的参与主体构成，本研究将信源分为政府、企业、专家学者、活动人及组织、普通平民、媒体、外国、多重来源、其他 9 个类别。

2. 报道角度

指媒体微博在信息呈现时所选取的事实角度和侧重点。不同的媒体报道角度成为风险不确定性建构中关注的焦点，这种传播技巧甚至会让受众对转基因的态度转变产生影响差异，[①] 有学者就发现负面信息比正面信息

---

① 胡雨濛：《转基因食品安全的传播学研究综述》，《现代视听》2015 年第 5 期。

更容易让消费者改变购买转基因产品的态度，因此，将此类目分为单面（正面、负面、中立）和双面。

3. 不确定性呈现

弗里德曼等人指出，科学争议的传播在一定意义上就是传播风险不确定性。[①] 作为转基因的核心属性，不确定性如何被媒体微博呈现和解释至关重要。[②] 基于 Thomas Hove 等人的研究设计，将此类目分为"无"、"数值呈现"（以数据描述风险）和"非数值呈现"（主要为语言描述，无数据支撑）；其中数值呈现又包括："明确估计"（明确的数据）、"模糊估计"（不够明确的数据，一般包含"大概""左右""几乎"等词）和"范围估计"（数据为一个区间范围）。[③]

4. 情感信息

在新闻传播实际操作层面，新闻信息中经常同时存在事实信息和情感信息。[④] 新闻情感信息既在心理学意义上指新闻报道中的情绪情感信息，如个体或群体的喜怒哀乐、忧愁、恐惧、激动以及道德感、理智感、美感等，又外延到传受者双方的认知、态度、意志、人格等其他心理性信息。杨若文指出，新闻事实信息可以承载情感信息，却不能排除和替代情感信息。他通过大量案例研究发现，新闻情感信息的刺激与受众情感性反应是直接且同步进行的。从新闻传播实际来看，无数事实也证明，信息中的情感因素在新闻传播效果中发挥了主要作用。如汶川大地震中新闻工作者饱含个人情感进行报道，使人们受到了极大的触动；英国《金融时报》记者在报道北京建国饭店开业时运用"惊讶""心甘情愿""微笑"3 个极富情感色彩的词，强化了外国记者肯定赞赏的情感，使得新闻作品更具生气和感染力；[⑤] 还有自媒体中流行的"震惊体""竟然体"等撰文方式，

---

① Friedman, S. M., et al., *Communicating Uncertainty*, 1999, p. 59.

② 陈刚：《"不确定性"的沟通："转基因论争"传播的议题竞争、话语秩序与媒介的知识再生产》，《新闻与传播研究》2014 年第 7 期。

③ Hove, T., & Paek, H. J., "How Newspapers Represent Environmental Risk: The Case of Carcinogenic Hazards in Korea," *Journal of Risk Research* 10（2014）：1-17.

④ 刘辉：《灾难报道中传播主体的情感介入》，《新闻大学》2008 年第 3 期。

⑤ 林奇：《西方新闻报道的情感信息传播》，《现代传播（中国传媒大学学报）》2009 年第 6 期。

推动了文章尤其是谣言的传播扩散和社会情绪动员。

在科学风险的新闻生产中，情感信息同样被选取和表达，并常能达到很明显的传播效果。诸多研究发现，积极的行文措辞突出了收益，消极的情感文字则强调了成本和损失。针对电磁场风险争议，Thalmann 等人发现情感化信息对人群的风险评估产生了影响，但对不同人群效果不同：高情感化信息尤其会使关注人群感受到更大的风险，不关注人群则没有明显的放大影响甚至反而会感知到风险的减小。[①] 由此可见，尽管"报道角度"从新闻事实信息的视角，能分析新闻文本选取和呈现的事实偏向，但"情感信息"作为科学传播中常见而重要的策略因素，可能对传播效果造成影响，有必要纳为转基因争议新闻生产的一个类目进行分析。本研究从新闻情感信息的心理学意义切入，主要基于微博文本中情感词汇的使用及文中人物的情感表达来分析文本情感倾向，参考 Izard 提出的差异情感量表 DES，将情感信息分为正面、负面、中性（无明显情感倾向）和双面四类，并结合《情感词汇本体》等情感词典帮助词性判断（见表1）。

表 1　情感信息分析

情感信息倾向	主要情感词汇	样本示例
正面	信任、肯定、赞赏、期待等	"比尔·盖茨相信，非洲国家将开始通过转基因作物（GMO）技术解决大规模饥荒问题。"
负面	愤怒、悲痛、恐惧、谴责、担忧、不满意、不信任、惊讶	"一些批评人士担心这会掩盖苹果切片产品的不新鲜，带来潜在风险，有些人甚至称转基因苹果为'肉毒杆菌苹果'。"
双面	正负面情感均存在且难以分清主次	"转基因大米本身就是'稀缺资源'。他说，此前，学院每年每个人可以分到一袋大米作为年货，但今年没有了，将福利提供给科普品尝会……曾制作质疑转基因安全性纪录片的某活动人对《新京报》记者表示，'此类科普品尝或存在违反科学伦理的情况'。"
中性	全文无明显情感词汇和表达	

---

① Thalmann, A. T., & Wiedemann, P. M., "Beliefs and Emotionality in Risk Appraisals," *Journal of Risk Research* 9（2006）：453-466.

5. 报道框架

报道框架实质上是报道文本内容的主题和偏向，即议题。参考现有的有关议题框架的研究成果，[①] 本研究将报道框架分为"发展过程"（指主要报道转基因相关事件的进展情况）、"科学普及"、"冲突"（强调突出个人或团体间的矛盾冲突）、"责任归因"（体现了相关责任追究、原因追溯等问题）、"后果影响"（包括对政治、经济、社会、个人等诸多方面的影响，不分好坏）、"风险量级"（指转基因相关风险的级别大小，包括身心健康、伦理道德等方面）、"安抚保证"（指文本针对公众关于风险的担忧恐惧陈述了相关的政策保障、产品召回、处理进展等）、"不确定性"（指文本内容强调了关于转基因的不确定性）等 8 类。

三 研究发现

（一）消息来源：外国、政府、专家学者和媒体成为主要消息来源

如图 1 所示，国外转基因技术研究发展及转基因推广较国内而言更加先进且积极迅猛，相关资讯更多，在转基因进展艰难、公众认知欠缺、社会争议较大的国内大环境下，外国来源的消息成为传播这项科技风险的一个重要参照。基于权威属性和政治性优势，政府、专家学者和媒体在主导话语体系中亦占据优势地位。再者，一些活动人和社会组织也积极参与到转基因争议中来，在各自派别活动和言论发表方面提供了一定量的相关消息。普通大众和非政府组织等群体则通过表达意见、宣泄情感、做出警示来争夺话语权。总而言之，在媒体微博话语管理和博弈中，多元力量形成转基因的话语秩序，而外国、政府、专家学者和媒体本身则成为其中强势的主体。

（二）报道角度：单面报道立场为主，不同消息来源的报道立场存在显著差异

从报道角度来看，如图 2 所示，80%的转基因报道只有一个角度，而

---

① Entman, R. M., "Framing: Toward Clarification of a Fractured Para - digm," *Journal of Communication* 43 (1993): 51-58.

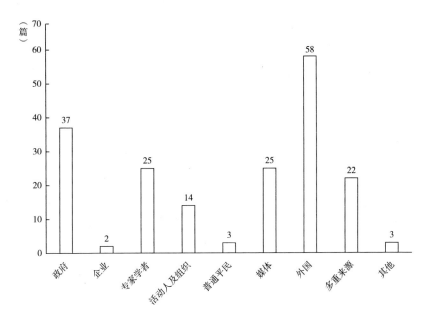

图 1　消息来源类型分布

同时对转基因正面和负面事件或效应进行报道的微博仅有 20%。进一步地，如图 3 所示，在 152 个单面报道角度的样本中，不体现明显态度偏向的中立报道为大多数，约占 68%；其次较多的是对转基因积极正面的报道，而描绘负面事件和不利影响的报道最少，仅占 4%。显然，大部分媒体微博倾向于以中立的姿态陈述事件，对这项颇受争议的风险不置褒贬；而正面报道亦不占少数，这或许主要源于国家对转基因积极看好的态度。现有诸多研究表明，对争议双方的过度报道或者单纯描述多方观点而无态度引导和进一步解释追查的报道，反而容易增强公众对不确定性的焦虑感和对转基因的无所适从感。由此看来，单面（尤其中立）的角度是目前媒体微博较为青睐且效果良好的对转基因争议的报道角度，基于客观全面的事实和观点，媒体中立的旁观者姿态有利于引导公众独立辩证地观察、认知和判断风险。

　　通过对"消息来源"和"报道角度"进行相关性分析，发现两个类目间存在显著差异，不同的信息来源呈现出不同的报道角度。来源于政府、企业、专家学者和媒体的新闻报道均偏向于对转基因的中立和正面因素进行强调，而普通平民、外国和活动人及组织来源的文本则在呈现风险的双面效应上显得更为积极。政府、专家学者和企业在转基因发展上分别从政治、科技和商业形成方向一致的推动力，而媒体则同时起到配合宣传造势和舆论监控的作用。从目前我国对转基因的主动态度来看，中立报道为主、正面报道为辅的积极温和的报道方式是可以预见的。但在普通平民、活动人及组织和外国层面，关于转基因的报道则明显呈现出更为激烈的冲突，在"挺转派"和"反转派"各自活跃的活动影响下，社会大众对于这样的分歧和争议表现出更大的兴趣。由此可见，不同消息来源在对转基因态度上体现出显著差异，媒体微博则通过对消息来源的选取与操纵，实现了对风险的新闻生产和话语建构。

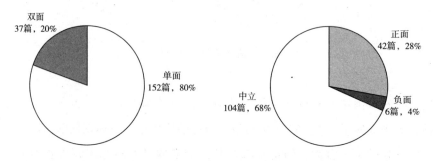

图 2　报道角度单双面占比　　　　图 3　单面报道角度中各类型占比

（三）不确定性呈现：笼统模糊呈现风险的未知性

如图 4 所示，过半数的报道没有进行不确定性的呈现，而有不确定性呈现的报道主要是以非数值的方式来建构转基因的不确定性。显然，媒体微博大多没有涉及不确定性，而其若要呈现转基因不确定性，则大多数选择的是不够明确清楚的方式，倾向于以较为模糊笼统的语言大致描述或给出不太精确的数据。可以看出，媒体微博努力回避不确定性，以弱化风险的方式建构转基因争议，但这种"去科学化"也可能造成公众对科学理解的偏差和障碍。

（四）情感信息：情感信息与报道角度和不确定性呈现巧妙配合

通过统计，近 60% 的报道样本情感信息为中性，无明显情感倾向；

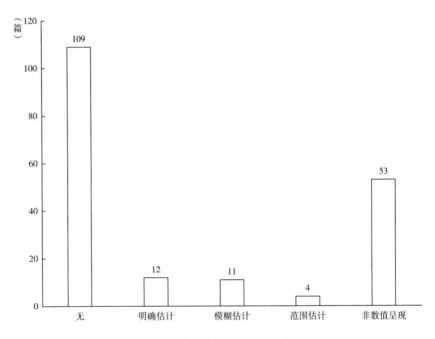

图 4 不确定性呈现类型分布

而在有情感信息的报道中，正面、负面和二者兼具的报道分别约占54%、38%和8%。分析发现，报道角度与情感信息存在显著性差异：报道角度和情感信息数据高度相关，在倾向上相辅相成，这不仅印证了已有研究的"新闻情感信息与承载它的新闻事实信息的传播是同步的"这一结论，还体现了转基因争议的新闻生产中事实信息与情感信息的相互配合、补充和加强。此外，不确定性呈现与情感信息亦存在显著差异："无"风险不确定性呈现的报道中大都没有情感信息；模糊估计和非数值呈现的方式更容易有情感的呈现，而明确估计和范围估计这两种不确定性呈现类型则在有无情感信息上较为平均。由此可见，情感信息作为媒体微博对转基因争议新闻生产的重要策略和报道角度、不确定性呈现方式巧妙配合，以实现对转基因争议的建构。

（五）报道框架：不同话语主体对风险建构略有不同，但总体上趋于弱化风险

通过对每一篇报道（微博）进行报道框架归类（同一篇新闻可能归

入多个框架中），得到如图 5 的报道框架数量分布。可以看出，有关转基因发展过程的报道最多，其次安抚保证、冲突和科学普及这三种类型为比较多见的报道框架，而强调风险量级、责任归因、后果影响和不确定性的报道则较少。

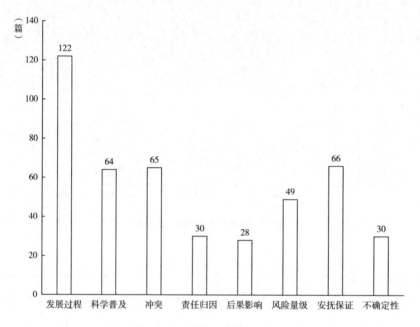

图 5　报道框架数量分布

　　从相关性分析发现，信息来源与报道框架之间存在密切关联（$p<0.05$）。总体来看，媒体是党和政府的喉舌，政府同时为媒体报道提供主要的消息来源和强势话语力量，对转基因议题的建构基于政府对其积极但不失保守的政策，更为中性的"发展过程"框架成为主要的报道框架，同时审慎保守的风险安抚也是必不可少的，这对于舆论引导和风险管控具有重要作用。根据 2015 年初中央一号文件中"加强农业转基因生物技术研究、安全管理、科学普及"的精神，以及农业部关于"转基因研发要积极，推广要慎重"的理念，专家学者和媒体信息来源均加入转基因的科学普及新闻生产中来。不过，媒体也在尽力使自己与政府、专家区分开来，以建立自己对转基因建构的话语垄断。这首先体现为媒体对外国来源

信息的选取：国内以中立和正面角度报道居多，对不确定性的报道更为明确，大多不涉及风险量级；而外国来源的报道更加倾向于双面报道，以范围、非数值的方式呈现不确定性的居多，超过九成报道聚焦转基因发展过程，且注重风险量级和冲突框架；媒体还突出了责任归因框架，通过对有关转基因的调查、反思、监督和追责等议题的选择性报道定义转基因争议。

各类活动组织和个人、普通平民以及国外的转基因事件发展在一定程度上凸显了风险争议，冲突框架在此类风险报道中必不可少，且同时突出了风险的不确定性。但不可忽视的是，冲突框架的报道往往还伴随着责任归因和风险量级框架，以对风险大小和发生的可能性做出评估，并在政治、经济、社会等方面进行责任原因追溯来和冲突框架一同建构风险，在一定程度上平衡了风险的不确定性。此外要提到的是，有关转基因后果影响的报道中，超过半数表述的是积极正面的影响，负面的后果影响则大多为转基因在经济上的影响，而非最受争议的对人体健康和伦理道德等方面的影响，这方面的消极效应均被描述为未知、未检测到、未发生或直接忽略。由此可知不同话语主体对转基因议题的界定不同，对争议建构的影响存在差异。在政府、专家学者和媒体主导，非官方组织和普通大众制衡的多元力量博弈过程中，媒体微博的报道总体上趋向于客观与保守，转基因的话语建构也呈现出弱化风险冲突和不确定性的态势。

结　语

（一）多元话语在媒体微博的转基因新闻生产中竞争共生，但官方权威话语仍是主流

媒体微博具有复杂、开放和动态的语境特征，以及各话语主体的竞争共生的互动关系。在转基因论争中，新媒体成为各种不同的甚至相互冲突的观念的展厅，同时也是这些话语和观念竞争主导地位的竞技场。[1] 不论

---

① Gamson, W. A., & Modigliani, A., "Media Discourse and Public Opinion on Nuclear Power: A Constructionist Approach," *American Journal of Sociology* 1 (2010): 1-37.

是政府官方的权威发布、专家学者的专业分析、媒体的调查评论、各方派别的热烈争辩，还是支持方的力挺、反对方的抵制、中立方的徘徊，都在媒体微博中占据一席之地，并形成以官方权威话语为主导的博弈平衡关系，共同建构出转基因争议的媒介真实和风险意义。

（二）媒体微博运用多种新闻生产策略构建风险弱化的转基因争议

随着国家对于转基因研究和科学普及越来越积极主动的态度转变，以及新媒体从业人员自身素养的提升，与之相关的事件进展报道和科学普及成为新媒体平台上越来越重要的转基因建构框架，政府、专家学者和媒体在话语权力关系网络及秩序中占据更加主导的地位。媒体微博意图通过采用政府、专家学者作为主要信源，运用大量科学普及、安抚保证、责任追究、原因追溯、风险量级评估框架，正面积极或不置褒贬的中性报道角度，以及呈现风险不确定性时的有意回避和模糊等方式和策略，来建构一个安全可控的转基因争议。大多数情感化信息也被排除在外，以弱化转基因的不确定性，若有则以正面情感居多，并与报道角度和不确定性呈现等方式相配合，以弱化危险恐惧信号的传播。这种弱化的风险框架具有它不可忽视的正面效力。例如，冲突争议各方的事件进展和观点态度报道是本研究中十分突出的内容，面对这类极容易造成风险放大和不确定性凸显的信息，媒体微博通过正向立场引导、安抚措施报道、责任归因框架等方式平衡了风险的冲突性和争议性，这对于良性风险传播、维护社会稳定有重要意义。

但不可忽视的是，转基因报道的传播在一定意义上是传播不确定性，是围绕不确定性知识的生产和沟通，是建构和传播科学家、媒体与公众三方对不确定性的认知和理解，[①] 媒体微博这种意图弱化风险的方式，实际上也弱化了转基因的科学性。媒体微博倾向于在政治、经济、文化、伦理等非科学层面定义科技风险，导致"媒介风险"与"事实风险"的偏差，公众的疑虑无法打消，争议问题无法缓和，可能造成风险的进一步扭曲和放大。

---

① 陈刚：《转基因争议与大众媒介知识生产的焦虑——科学家与新闻记者关系的视角》，《国际新闻界》2015 年第 1 期。

（三）新媒体已成为科学风险传播的重要生力军，新闻生产应执两用中

媒体微博中官方专业话语主导的话语体系，决定了其信息发布、辟谣追责的权威性和对风险的弱化倾向，也使其成为转基因等科学相关报道传播的有力平台。但在其他类型的微博和新媒体中，对转基因争议建构的话语关系网络和新闻生产方式则存在差异。不容忽视，目前新媒体的科学传播仍存在官方权威失声、谣言泛滥、受众理解偏差、风险沟通不利等问题，这与未能转变思维、未能根据不同媒介和受众特征进行有效新闻生产不无关系。随着新媒体在转基因等科学风险传播中发挥越来越重要的作用，传播者们必须重视新兴媒体的细分化、专业化、圈层化等特性，根据自身定位和话语关系影响情况，针对不同的受众人群，更加灵活地运用新闻生产技巧，以实现更好的风险争议传播和沟通。

健康传播

"生活"逻辑的回归：
中国烟草报道大数据分析及其启示[*]

一 问题的提出

烟草在中国有近 400 年的消费史，中央政府层面的控烟宣传在我国也刚好走到 40 年。[①]

在这 40 年里，我国出台了一系列控烟条例和政策，与世界卫生组织（WHO）签订了《烟草控制框架公约》，很多城市的控烟环境与世界接轨，吸烟危害健康的观念也深入人心。但成绩背后，控烟面临的困难和挑战依然严峻。

1. 控烟的瓶颈与突破

作为世界上最大的烟草生产和消费国，[②] 我国在《烟草控制框架公约》生效后 5 年的履约评估中，仍以 37.5 分位列缔约国中得分最低的国家之中。尽管随后国家和地方出台了一系列措施推进控烟实施，但时至今日，全国性的控烟法律条款仍未出台，烟民高达 3.15 亿人，另有约 7.4

---

* 该文原发表于《现代传播（中国传媒大学学报）》2019 年第 8 期，作者余红、马旭。

① 1979 年 2 月，《关于宣传吸烟有害与控制吸烟的通知》的发布标志着控烟问题进入政府议程。

② 《烟草图册》第 29 页"2009 年，中国消费了全世界 38% 的卷烟"，http：//www.wpro.who.int/china/topics/tobacco/zh/，最后访问日期：2018 年 8 月 23 日。

亿不吸烟人群遭受"二手烟"危害，其中 15 岁以下的儿童有 1.8 亿人①。

尽管处于健康的对立面，但烟草在中国的语境中身份扑朔迷离：可以是贡献利税的消费品，有助于社交的消遣品，也可以是提供快感的瘾品，危害公共健康的"毒品"。将其从狭隘的道德评判中解放出来，不难发现，烟草在不同权力关系中扮演着不同的角色。我国实行烟草专卖制，有关烟草经营的制度列入国策，但随着社会文化的变迁和人们的健康消费意识不断觉醒，过去十年吸烟率有所下降，已有 1000 万中国烟民戒烟；②控烟 40 年，烟草控制制度不断完善并扩展领域，但影视作品中吸烟镜头并不鲜见，烟草营销防不胜防，公共场合劝阻吸烟引起的冲突更是不绝于耳；与此同时，与"吸烟有害健康"共识形成鲜明对比的是香烟作为礼品和社交"润滑剂"在多元的场景中不断出现，不论是田间地头，还是巨贾商户，香烟不分场合和人群，深深地渗透到生活的角角落落。

在此种语境下推行控烟，不仅关涉宏观社会结构的调整，更是与每一个社会行动者的实践息息相关。人被社会规则限定，同时人们制造和修订社会规则，两者循环互塑。本研究拟采用结构化理论来剖析控烟报道的瓶颈与突破。

2. "制度与生活"之间的互动与互塑

英国社会学家安东尼·吉登斯用结构化理论来探讨个人的社会行动及其能动性与社会结构之间的关系，认为"人创造出概念来引导自己的行为，而进入社会事件中的概念，反过来又会影响到人对自己原有概念的修订与更新"③。在吉登斯结构化理论的基础上，我国学者结合中国社会变迁的具体情境提出"制度与生活"范式，重点关注国家层面的管理制度设计与人们日常生活之间相互渗透和相互建构的关系。④

其中，"制度"指以国家名义制定并支持国家的各级各部门代理人行

① 徐晶晶：《首部"中国控烟史"面世 近 7 年控烟效果喜忧参半》，中国新闻网，http://news.china.com.cn/2018-05/31/content_51537721.htm，最后访问日期：2018 年 9 月 20 日。
② 〔美〕班凯乐：《中国烟草史》，皇甫秋实译，北京大学出版社，2018，第 268 页。
③ 赵旭东：《结构与再生产——吉登斯的社会理论》，中国人民大学出版社，2017，第 14 页。
④ 李友梅、黄晓春、张虎祥等《从弥散到秩序——"制度与生活"视野下的中国社会变迁（1921—2011）》，中国大百科全书出版社，2011，第 5 页。

使其职能的"正式制度"；"生活"指社会中人们的日常生活，日常生活是实用的、例行化的，只有局部且模糊的合理性。① 正式制度依附于生活，生活的实践又不断对正式制度进行扩张和修正；生活中互动的行动者，一方面受制于制度和生活法（非正式制度）的规训，另一方面也不断地影响着正式制度和生活法的转化与变通。这种不断循环的过程体现了吉登斯结构化理论的核心——行动与结构的二重性原理。

正如烟草在中国近 400 年的传播消费史所显现出来的，制度与生活在互动中不断演进，人们对待烟草的态度也是随着时空更迭而不断改变。②

具体到我国当下控烟实践的语境中，同时存在"烟草控制"和"烟草经营"两种具有对立内核的正式制度，在生活中也存在鼓励烟草使用的社会文化环境和规训烟草使用的公共健康诉求，这些相互矛盾的逻辑通过不同的控烟主体——政府、烟草集团、控烟 NGO、媒体和民众——或相互角力或结成稍纵即逝的联盟，造成正式制度的转化或潜移默化，让生活法产生变通。如图 1 所示。

在烟草经营和烟草控制两种制度的规训和指引下，控烟运动主体的利益诉求不尽相同：国家不仅要考虑公众健康，还要兼顾经济利益和国际形象，图 1 中"中央政府"所代表的国家并非整板一块，除了不同层级的地方政府所代表的"地方性政权"可能在烟草问题上无法达成统一，其内部不同组织之间也存在工作重心的倾斜。对烟草集团而言，一方面要在烟草经营的制度规范中追求利益最大化，另一方面不得不与"控烟履约"框架进行周旋和博弈。控烟 NGO 被誉为推进控烟运动的"主力军"，③ 我国的控烟 NGO 拥有深厚的政府背景，然而其也面临着发展相对缓慢、人员力量相对薄弱等困境。在两种大相径庭的制度集合中，民众是制度规训的对象，民众的实践则是触发制度和生活法的原因，尤其是在非正式制度层面，民众对烟草的文化心理十分复杂：长期的烟草消费实践赋予了烟草男性气质、礼品属性、富足寓意和社交载体等特点，同时受到西方文化影

① 肖瑛：《从"国家与社会"到"制度与生活"：中国社会变迁研究的视角转换》，《中国社会科学》2014 年第 9 期。

② 〔美〕班凯乐：《中国烟草史》，皇甫秋实译，北京大学出版社，2018，第 5~14 页。

③ 胡峰：《非政府组织与控烟运动的社会化》，《甘肃社会科学》2009 年第 3 期。

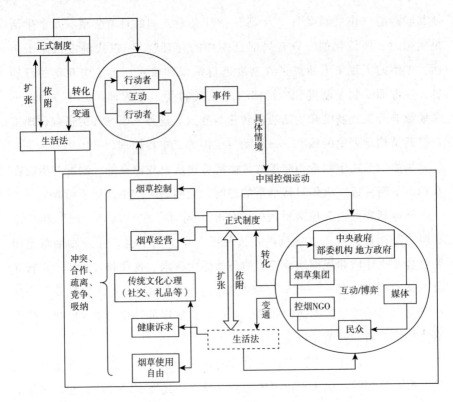

图1 制度与生活范式下中国控烟运动的互动机制

响，烟草尤其是卷烟又被贴上了"摩登"、"自由"和"优雅"等标签，使烟草消费群体不断扩张；但是现代医学证据和日益兴起的健康风潮，证明了烟草消费带来的健康风险和致命隐患，在权衡和对抗中，民众陷入这种混沌的秩序。媒体作为控烟行动者之一，既是"喉舌"，又受市场资本影响，还肩负"社会公器"之重托，在各种主体的掣肘和共谋下，本篇意图探讨：我国媒体烟草报道呈现怎样的特征？如何提升媒体控烟报道效果？

二 文献回顾

1. 媒体控烟报道的情况

作为健康传播运动的一种，控烟运动的主旨是通过健康知识的普及和健康关系网络的建立以促进健康行为和巩固健康文化。众多地区和国家的经验研究都表明，① 在综合烟草控制计划的背景下进行的大众媒体宣传可以促进戒烟并降低成人吸烟率。

国内有关控烟运动和新闻媒体报道的研究一般通过内容分析和文本分析展开。有学者针对某一媒体的控烟报道进行研究分析，如陈虹和郝希群从恐惧诉求视角入手研究《人民日报》2006~2011 年 6 年中控烟相关报道，认为其使用信息测量的类型较为单一，恐惧诉求水平低，未能达到最佳说服效果。② 晋群和宋红霞研究了云南 2008~2010 年来所有关于烟草业和烟草控制的新闻报道，认为在烟草业新闻占据绝对优势的环境中，云南的控烟报道艰难起步，媒体"控烟"话语依旧微弱。③ 冯潇和夏彬以都市报《茶城晚刊》（云南省普洱市）2015 年对于烟草及控烟的报道进行分析，发现该报控烟话语与烟草话语力量悬殊，州市一级的都市类报纸几乎不涉及烟草控制的议题，地方政府对于烟草产业的高度重视和支持，从根本上限制了控烟报道的刊发。④

还有学者从整体平面媒体报道入手，研究回溯大众媒体的控烟传播图景和模式。胡百精等通过抽样分析 2009~2011 年 3 年间媒体有关控烟和烟草行业的首发报道，分析出媒体报道的主要控烟议题、主要信源、诉求方式、首发媒体以及主要倡导对象，⑤ 提出了从媒体话语、意见领袖和控烟文化三个维度切入以改善优化当前控烟传播模式的建议。⑥ 黄彪文探讨了履约背景下 2012~2016 年 5 年间中国主流媒体和门户网站发布的与控

① 詹定宇、龚昶元、金海涛：《烟害相关新闻报道之内容分析：以台湾报纸为例》，《中华传播学刊》2006 年第 9 期。
② 陈虹、郝希群：《恐惧诉求视角下看媒体的控烟报道——以〈人民日报〉控烟报道为例》，《华东师范大学学报》（哲学社会科学版）2013 年第 1 期。
③ 晋群、宋红霞：《媒体控烟报道的问题与突破——对云南控烟报道的观察与分析》，《中国记者》2011 年第 10 期。
④ 冯潇、夏彬：《都市类报纸烟草图景构建与控烟话语表达——以〈茶城晚刊〉为例》，《传播与版权》2016 年第 11 期。
⑤ 胡百精、冯雯婷、陈明子：《大众媒体的控烟图景与传播模式研究》，《中国健康教育》2012 第 11 期。
⑥ 胡百精、黄彪文、冯雯婷：《大众媒体控烟传播对策探讨：媒体话语、意见领袖与控烟文化》，《中国健康教育》2012 年第 12 期。

烟相关的新闻报道，通过抽样编码研究认为，我国控烟事业逐年进步但烟草消费量也在逐年上升，尽管媒体控烟报道增加但存在议题板结化趋势，缺乏进入公共讨论议程的价值。①

综上，有关我国大众媒体控烟报道和宣传的研究成果是比较丰硕的，但是也存在一些研究缝隙：一是大多数研究侧重于考察"控烟"报道，而忽略了"烟草"报道，而烟草报道的篇幅在很大程度上是跟"控烟"对立的，如无全景视角，仅关注一隅，就忽略了媒体报道生态的大环境；二是没有将其放置于一个变迁的视角来考察，而是单纯地考察媒体呈现，忽略了还原当下的社会文化背景；三是有分地域的媒体考察，但缺乏地域之间的比较，强调了统一性，② 忽略了地域文化带来的差异。

这也就带来了我们的研究问题：

问题一：社会变迁时间线上的烟草议题的全媒体平台呈现是什么样的？

问题二：吉登斯认为，时间以及对时间的经验都并非当下即刻的集合（aggregates of "instants"），它们都有自己的存在语境和历史线索。③ 回归情境的考察可以明确新闻事件背后的历史线索和在当下的延伸。那么在连续的时空中，媒体对烟草相关热点事件的报道带有怎样的历史语境？

问题三：我国幅员辽阔，中央与地方之间也不仅是上下层级的关系，而是在具体的问题中拥有一致或分裂的利益诉求，体现在烟道议题上，不同地区的地方政府和民众对待烟草的态度和倾向或有所区别，以烟草利税为区别，不同区域的媒体呈现如何？

2. 有效推进控烟运动的研究成果

控烟运动不仅是对健康知识的普及，还涉及经济和政治的问题，涉及领域比较广泛，不少学科贡献了理论智慧。医学及公共卫生学科有关健康运动的研究大多从控烟知识、烟害认知相关研究和控烟干预等方面展开；法律和公共管理等学科的研究多从控烟政策及公共场合无烟立法的角度展

① 黄彪文：《履约背景下中国控烟的媒体报道图景：2012—2016》，中华传播学会 2017 年年会论文，2017 年 6 月。
② 李希光、周恒宇主编《控烟报道读本》，清华大学出版社，2008，第 382~405 页。
③ 赵旭东：《结构与再生产——吉登斯的社会理论》，中国人民大学出版社，2017，第 54 页。

开，聚焦《烟草控制框架公约》与我国控烟义务之间的关系；经济学层面的研究更加侧重于烟草与税收之间的关系；史学角度对控烟运动的研究涉及近代中国的不吸纸烟运动、新生活运动等，① 经济史方面的著作则梳理了烟草在中国的传播、消费，以及由此衍生的文化现象和社会观念。②

值得注意的是人类学学者对中国烟草流行问题的关注，给予了我们多元的视角和更加开阔的思路：马韶军（Ma Shaojun）等通过焦点小组和深度访谈了解了中国有关烟草的态度和迷思，认为对烟草的误解包括将吸烟确定为个人自由的象征、烟草在社会和文化互动中的重要性，并认为通过"合理"和"适度"的使用可以控制吸烟对健康的影响。③ 全国吸烟流行率调查表明：过去中国女性和青年人是吸烟率低的人群，但现在其吸烟率不断增长，④ 这与一些社会和文化因素有关。⑤ 更令人惊讶的是医学界的烟草流行率相当高，30%左右的男性医生是吸烟者，⑥ 科尔曼（Kohrman）认为医生吸烟问题正在削弱作为戒烟杠杆的临床可信度，而问题的根源在很大程度上与男性文化有关。⑦ 郭红等学者研究发现中国成年男性吸烟者吸烟时间和其社会经济地位存在差异。吸烟行为的社会差异可能会加剧已经存在的社会健康不平等现象，所以促进戒烟的政策和干预措施应该更多地关注弱势社会群体。⑧ 格兰茨（Glantz）等发现英美烟草公司（BAT）和菲利普莫里斯公司（PM）通过改进卷烟盒和推广文化主题套餐来推广他们的品牌，特别是在春节和中秋节期间，他们将品牌与温暖、友谊和庆

① 刘文楠：《近代中国的不吸纸烟运动研究》，社会科学文献出版社，2015。
② 〔美〕班凯乐：《中国烟草史》，皇甫秋实译，北京大学出版社，2018。
③ Ma, S., et al., "Myths and Attitudes that Sustain Smoking in China," *Journal of Health Communication* 7 (2008): 654-666.
④ Zhang, J., Ou, J. X., & Bai, C. X., "Tobacco Smoking in China: Prevalence, Disease Burden, Challenges and Future Strategies," *Respirology* 8 (2001): 1165-1172.
⑤ Ho, M. G., et al., "Smoking among Rural and Urban Young Women in China," *Tobacco Control* 1 (2010): 13-18.
⑥ Smith, D. R., et al., "Tobacco Smoking Habits among a Cross - section of Rural Physicians in China," *Australian Journal of Rural Health* 2 (2006): 66-71.
⑦ Kohrman, M., "Smoking among Doctors: Governmentality, Embodiment, and the Diversion of Blame in Contemporary China," *Medical Anthropology* 1 (2008): 9-42.
⑧ Guo, H., & Sa, Z., "Socioeconomic Differentials in Smoking Duration among Adult Male Smokers in China: Result from the 2006 China Health and Nutrition Survey," *PloS One* 1 (2015).

祝等节日价值联系起来，并在中国以外的华人社区使用类似营销。① 谭（Tan）研究了烟草、性别和亚洲全球化之间的交叉点，主张只有改变烟草控制中现代—传统、男性气质—女性气质这样的二元对立，才能更有效地推进控烟。②

总的来说，公共管理等学科侧重宏观层面的政策建构，强调制度的重要性，指出制定全国性法律法规对于控烟运动推进的积极意义；医学及公共卫生等学科侧重从微观个人层面对控烟效果进行控制和分析。新闻传媒作为控烟运动的重要主体，提升媒体控烟报道效果是其社会责任。人类学研究深入社会文化心理，带来了很多启示，从而为本篇提供了一个探索的方向。

问题四：从社会结构与日常生活双向互动的"制度与生活"范式出发，能否破解控烟报道瓶颈，提升媒体控烟报道效果？

三 研究设计及方法

考虑到报刊文本保存和传播的完整性与权威性，本研究收集了从2003 年 1 月 1 日到 2018 年 6 月 30 日慧科新闻搜索研究数据库中所有平面媒体有关烟草的新闻报道。慧科新闻搜索研究数据库是由香港慧科讯业有限公司研发的中英文媒体资源全文数据库，囊括了中国大陆和港澳台等地区上万个媒体信息源，据该数据库报告，自 1988 年至今存储 21 亿万篇文章，基本实现了境内外中文媒体的全面覆盖。③

该数据库支持逻辑搜索，在标题和内文中检索包含关键词"烟草""烟"（排除"烟花""烟火"），或题文包含"控烟""禁烟""无烟"中任意一词的所有报刊报道；经过筛选和初步清洗，共得到中国大陆报刊（含重要通讯社）媒体 1021 个，报道文章 282144 篇。

---

① Chu, A., Jiang, N., & Glantz, S. A., "Transnational Tobacco Industry Promotion of the Cigarette Gifting Custom in China," *Tobacco Control*（2010）.

② Tan, Q. H., "Gender and Tobacco in（Globalizing）Asia-exorcizing the Ghosts of Dualistic Thought?" *Sociology Compass* 12（2011）: 1018-1028.

③ 罗嘉：《慧科新闻搜索研究数据库及其应用实践》，《农业图书情报学刊》2016 年第 7 期。

对收集的数据进行整理，包括对获取新闻本文进行时间、媒体地区分类等，为了方便开展 LDA 主题建模分析，本研究对数据进行了分词处理和过滤停用词。采用了 jieba 分词算法，对分词语素和特殊词汇进行限制；结合"哈工大停用词库"、"四川大学机器智能实验室停用词库"、"百度停用词库"以及网络上体量较大的一份无名称停用词表，[①] 对数据进行清洗和多次调试后，分词效果准确率提高，随后进行主题建模分析。

以年为单位对数据进行 LDA 主题建模，按照主题对关键词的覆盖率不低于 90%，且主题间关键词出现频率差别最大化的原则，将主题数设为 10，可得到各年的主题关键词表，根据 LDA 的算法特点，通过对同一个话题关键词的归纳提炼，可以推测出该话题的基本主题。

通过对样本的数据挖掘，将 LDA 主题建模提取的主题结果归纳概括为四大类别：

（A）烟草经济贡献。烟草产业与经济增长和税收贡献相关新闻，关键词为"经济""增长""亿元"等，将该话题关键词还原到新闻样本上可以发现，其一般是从宏观层面报道烟草行业的经济贡献，较多出现在总结性或比较性的专题新闻中。

（B）烟草经营管理。有关烟草生产、销售、品牌建设、进出口贸易的新闻，话题多涉及农业、工商、税务、经营和消费等方面，包括地方烟叶生产，烟草专卖局政策新闻，烟草组织重组、投资等行业工作动态。

（C）烟草相关人物和事件。与烟草相关的其他新闻和人物，如"烟草大王"褚时健、"烟草院士"谢剑平等；或烟草引出的有争议性的事件，如"天价烟局长事件""烟草希望小学"等。还有部分话题涉及"烟草文化"，如雪茄消费、烟标收藏等。

（D）控烟宣导与履约。包括与健康相关的话题，如吸烟引起的并发症，二手烟带来的健康隐患；烟盒烟标包装上的健康提醒问题；青少年烟草防护教育问题；禁止烟草广告和减少影视作品中烟草镜头的问题；其他

---

① 舟雨：《自然语言处理、分词、停用词整理（哈工大、四川大学机器智能实验室停用词库、百度停用词库、中文停用词表）》，CSDN 博客，https://blog.csdn.net/qq_22022063/article/details/78952631，最后访问日期：2018 年 9 月 23 日。

国家地区的控烟经验等。

四　研究结果分析

1. 渐进断裂——中国烟草议题媒体呈现的时间脉络

图 2 显示了烟草报道四大类主题在 2003~2018 年的分布情况。[①] 分布量占有绝对优势的主题是"烟草经营管理"和"控烟宣导与履约",其他议题虽然在每年中都有所体现,但在数量、比例上远不及前两类主题;其中"烟草经营管理"在大部分年度都是分布最广的话题,验证了学者早前提出的控烟议题"板结化"特征。

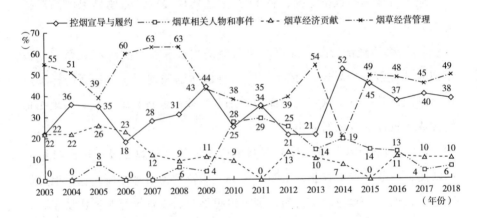

图 2　2003~2018 年度主题分布

整体上"烟草经营管理"对比"控烟宣导与履约"占据了绝对优势。尽管 2003 年我国签订了《烟草控制框架公约》,但在烟草专卖制度的大背景下,烟草相关新闻中控烟主题的比例仍处于弱势。

结合中国重要控烟制度与时间矩阵(见表 1),以国家签订《烟草控制框架公约》和出台相关烟草政策为主要时间节点,将 2003 年至今的时间划分为四段:前履约阶段为 2003 年 1 月 1 日~2006 年 12 月 31 日,履

---

① 其中数字代表的话题占比是以年度为单位,基于主题聚类后的概率累加。

约阶段为 2007 年 1 月 1 日～2010 年 12 月 31 日，补约阶段为 2011 年 1 月 1 日～2015 年 12 月 31 日，后履约阶段为 2016 年 1 月 1 日～2018 年 6 月 30 日。

表 1 我国重要控烟制度/时间矩阵

时间	政府部门相关制度	控烟大事记
2003 年 11 月	签署《烟草控制框架公约》	公约要求：2011 年 1 月起，公共场所全面禁烟
2006 年	公约在我国生效	我国先后有 154 个城市颁布了公共场所禁烟的规定
2011 年 1 月	略	我国在控烟评估中得分 37.5 分，履约失败
2015 年 6 月	《北京市控制吸烟条例》	"史上最严禁烟令"

对四个阶段的报刊样本做主题建模分析，可得到图 3 的主题演变趋势。[①] 需要注意的是，由于数据集的变化，模型对于主题关键词的判别与分年度的关键词相比有了一些变化，部分主题在阶段性时间内失去了原有的讨论热度，同时其他话题聚集度更高，更加直观地展示了各个主题在不同时间阶段的流行程度。

2003 年是中国公共健康史上具有重要意义的一年。年初，非典型肺炎 SARS 的暴发和扩散，对政治、经济、社会产生了深远影响；年末 11 月，我国与世界卫生组织签订了《烟草控制框架公约》，成为第 77 个缔约国。大灾对于民众健康心理防线的冲击，尤其在唤起对呼吸道疾病的提防和警觉方面，给予控烟话题很大的伸展空间，但在前履约阶段，控烟宣导的主题还比较弱势，烟草经济贡献和烟草经营管理的主题更为主流。

"履约阶段"的 4 年来，控烟话题占比出现了小幅度的增长，而烟草经济贡献的话题占比下降。一方面，这与中央政府逐步推行控烟进程有直接的关系；另一方面，越来越多的媒体开始采纳 WHO 报告中烟草行业对经济发展消极影响的观点。但烟草经营管理的框架持续走高，这是因为，

---

① 其中数字代表的话题占比是以四个阶段时间为分析单元，对文档进行重新分析后，基于主题聚类的概率累加。

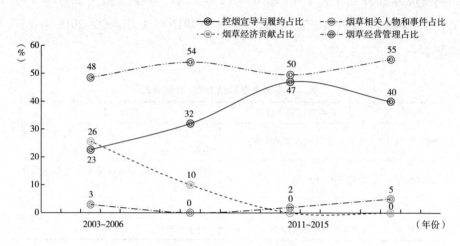

图3　四阶段主题演变趋势

中国烟草业在"十一五"期间高速发展，对国家政府收入的贡献（税收和利润的组合）从 2006 年的 2530 亿元人民币增加到 2010 年的 6045 亿元人民币，约 19% 的年均增速。①

在"补约阶段"，我国领导人习近平被世界卫生组织总干事陈冯富珍赞为"戒烟模范"，且其夫人彭丽媛于 2009 年成为中国控制吸烟协会的形象大使。② 配合习近平推行的一系列反腐运动，控烟运动在履约失败后产生了强劲动力。

2015 年是具有标志性意义的一年，尽管控烟运动成果尚未达到 FCTC 的标准，却在靠近标准的路上更近一步。2015 年 6 月北京"史上最严禁烟令"《北京市控制吸烟条例》实施。同时，2015 年的烟草销量自 1999 年以来首次出现下降。补约的 5 年间，政府层面的行动明显增多，媒体形态更加多元化，报刊作为比较权威和深度的信息源，在烟草报道的内容上，也显示了一些明显的变化。这一阶段可以显见控烟履约主题报道量的

---

① 徐博：《2010 年我国烟草业实现工商税利 6045.52 亿元》，中国政府网，2011 年 1 月 18 日，http：//www.gov.cn/jrzg/2011-01/18/content_1787549.htm，最后访问日期：2018 年 9 月 20 日。

② 庄屏卉：《戒烟模范习近平》，观察者网，https：//www.guancha.cn/zhuangpinhui/2016_08_03_369876.shtml，最后访问日期：2018 年 9 月 27 日。

大幅提升和烟草经营管理主题报道的首次下降。

"史上最严禁烟令"之后，各地也相继出台了一系列控烟措施，但是国家层面的控烟法令依旧在讨论中。同时，受国际经济形势低迷的影响，烟草行业动态得到了更多的关注和讨论，在多重压力的困境中，控烟话题在"老生常谈"中，呈现疲软态势。这一阶段社交媒体的发展已经蔚然成势，一些与控烟相关的突发事件的发生和发酵，让报刊媒体与社交媒体不断互激循环，于是在后履约阶段，可以看到"烟草相关人物和事件"的报道量有所提升，而控烟话题的报道量则出现了下降。

整体观之，媒体控烟议题存在阶段性报道高潮，即"运动式宣传"的特点。

2. 回归情境——烟草事件与人物

新闻生产逻辑中，在没有冲突性和紧迫性的情况下，无论是控烟问题还是其他公共卫生问题都很难具有新闻价值。有效的媒体倡导才能使话题在广泛的新闻议题中超越庸常，与社会话题联系起来，促进理解。

媒体报道往往会追逐热点和显著性，从一个时间嬗变的角度来看，总结这些特殊的烟草相关事件，或可看出媒体在常规报道之外的内在生活逻辑。回顾"烟草相关人物和事件"主题所囊括的内容，其议题比较多元化，引发的讨论热点相对复杂，没有统一的倾向，且此类具有"人情味"和突发性质的新闻报道更能引起受众的关注，加强人们的记忆点，所以本篇通过对各年主题关键词进行还原整理，拟对具体的新闻事件和话题进行梳理和分析，汇总结果见表2。

表 2　烟草相关人物和事件的还原

发生年份	事件人物/事件	话题在该年的影响力
2005	上海烟草博物馆开馆引争议	0.08
2008	海南红塔卷烟厂员工纵火焚烧仓库大楼	0.06
2009	四川烟草希望小学引争议	0.04
2010	青岛开设烟草博物馆	0.03
2010	中国香烟被检测出重金属超标	0.11
2011	电子烟进入中国市场	0.04

发生年份	事件人物/事件	话题在该年的影响力
2011	"最牛"烟草局长涉嫌多项腐败	0.15
2011	"烟草院士"当选遭多方质疑	0.10
2012	中国烟草总公司获生态贡献奖引争议	0.11
2012	中国多地烟草公司出产雪茄	0.04
2012	八项规定后烟酒礼品回收遇冷	0.10
2013	湖北某地方政府摊派卖烟酒	0.11
2013	烟酒礼品回收遇冷；烟标收藏走热	0.03
2014	中央"禁烟令"导致春节烟草价格变化	0.05
2014	中央颁布"禁烟令"，要求领导干部带头禁烟	0.14
2015	加工肉制品致癌，危害与烟草同列	0.10
2015	台湾发生粉尘爆炸，疑抽烟为起因	0.04
2016	"雪茄小镇"营销烟草文化	0.03
2016	"互联网+"时代烟草专卖管理与挑战	0.10
2017	小区电梯内老人抽烟被劝阻后猝死	0.04
2018	外卖平台销售香烟给未成年人	0.06

注：话题影响力是在当年话题总量单位为 1 中的占比。

对这些新闻事件进行回顾和还原后，基本可以归纳为三类。一是与当下主流控烟语境相关，虽有争议或为负面新闻，但有利于宣导烟草控制的框架，如"烟草院士"谢剑平因"降焦减害"相关研究而当选中国工程院院士，但该研究被指称为"伪命题"，意在"高效杀人"①，引起科学界、医学界和社会的广泛讨论；同理还有中国烟草总公司获中国绿化基金会颁发的生态贡献奖。二是与控烟话题基本无关，但是由烟草或相关制品引起的，如 2011 年"最牛烟草局长"事件，网络曝光汕尾市烟草专卖局局长陈文铸的诸多问题，包括倒卖名烟、双重身份、任人唯亲等；同理还有 2010 年广西来宾市烟草局局长日记事件。三是变相或隐性的烟草营销，如多地开设烟草博物馆、雪茄小镇；或鼓吹投资电子烟及烟标收藏等。

---

① 闫格、汲东野：《烟草院士饱受争议屡扳不倒：已享特殊津贴 20 年》，新浪新闻，http://news.sina.com.cn/c/sd/2013-03-20/105726586892.shtml，最后访问日期：2019 年 7 月 2 日。

在常规控烟报道板结化的背景下，烟草相关事件的新闻具有更高的可辨识度，对于烟草控制的健康传播具有积极意义，尤其是"烟草院士"这种通过事件或人物传播知识、祛魅去惑的报道。通过以特定方式构建问题，媒体不仅可以在影响大众传播的问题方面发挥重要作用，而且还可以影响这些问题被感知的方式，以及公众应有的对它们的重视程度。但对于变相的烟草营销也应提高警惕。尽管我国《广告法》中对烟草广告颁布了明确禁令，但新闻中烟草营销的"擦边球"和"偷梁换柱"的把戏防不胜防，在制度的缝隙中，这些报道助长了社会文化中鼓励烟草使用的部分，与本就割裂的社会共识产生对抗。

而另外一些烟草事件新闻，与烟草本身没有直接关系，却在很大程度上扭转了烟草消费生态。如2010年广西来宾市烟草局局长日记事件和2011年"最牛烟草局长"事件，包括同时期一系列"天价烟"引发的反腐新闻，为党的十八大以来的反腐运动写下了注脚，同时也让原本作为富足和身份象征的香烟，成为贪腐事件中的"标配"。随后，2013年出台的《关于领导干部带头在公共场所禁烟有关事项的通知》，从上至下对烟草消费加以规范，让高价烟草消费一度遇冷。

3. 平衡与对弈——不同区域的媒体呈现

我国媒体无一例外都必须以党性原则统率一切，无条件接受党政机关的直接领导，无条件地完成上级领导所确定的宣传任务，这使中国的传媒业成为"准行政部门"①。在关于烟草主题的新闻生产中，媒体同样存在这样的处境。将媒体视为组织，本研究将通过LDA主题建模考察被不同立场牵引的媒体在烟草相关报道中的表现，分析其立场和态度。

关于媒体的分类，本研究从两个层面进行：一是报纸类型，分为机关媒体（党报、机关报）、行业媒体（行业报、专业门类报）和市场化媒体（都市报）②；二是媒体主办单位地域分化，在单独列出中央级媒体和其他相关权力机构主办主管报刊（包括部分由专业部门主办的报刊及部分无

---

① 李良荣：《论中国新闻媒体的双轨制——再论中国新闻媒体的双重性》，《现代传播》2003年第4期。

② 张志安、汤敏：《新新闻生态系统：中国新闻业的新行动者与结构重塑》，《新闻与写作》2018年第3期。

法确定主办单位所在地的媒体）后，将"属地管辖"的媒体属地按照其所在地的烟草税收贡献率，① 即各省市烟草行业财政贡献的聚类分析，② 分为烟草大省（区、市）、非烟大省（区、市）。③ 如表 3 所示。

表3　各省市按烟草贡献度分类表

烟草大省（区、市）	非烟大省（区、市）
云南、贵州、湖南、安徽、福建、河南、湖北、重庆、四川、陕西、甘肃	吉林、黑龙江、上海、江苏、浙江、江西、山东、广西、北京、天津、河北、山西、内蒙古、辽宁、广东、海南、宁夏、新疆、西藏、青海

根据上述分类条件，对所有 1021 个媒体进行分类处理，通过上述的数据处理，对代表国家话语的中央机关报和代表地方官方话语的地方机关报进行比较，结果见图 4。④

中央机关报中出现最多的是"烟草经营管理"主题，报道比例处于烟草大省（区、市）和非烟大省（区、市）之间，同样"控烟宣导与履约"主题报道量也是处于两者之间。但是中央机关报对于"烟草经济贡献"话题的偏重甚至超过了烟草大省，这反映出中央机关报对于烟草经济贡献的肯定和倚重，更体现出国家层面对于烟草控制实施过程中"烹小鲜"般的谨慎保守内核。尽管中央机关报对待烟草行业的理性态度是控制和转型，但控制的力度相对比较"柔和"，依旧是从威权叙事上给予了一定的倾斜。而烟草大省（区、市）地方机关报和非烟大省（区、市）

① 据了解，烟草所纳税种主要有六种：有属于中央税的消费税和所得税，有属于地方税的城建税、营业税和农业特产税（简称"农特税"），还有属于共享税的增值税。各省的烟草生产、消费、税收情况不同，也大有可能影响不同的地方政府对于烟草的态度，进而反映在媒体报道上。

② 周克清、戴鹏：《控烟背景下的烟草财政贡献度研究》，《西南民族大学学报》（人文社会科学版）2011 年第 9 期。

③ 第一类烟草行业的财政收入占地方财政收入比重大于 6%，如云、贵等省；介于 2% 到6%（含 6%）的为第二类，如安徽省、福建省等；介于 1% 到 2%（含 2%）的为第三类，如吉林省、上海市等；比重在 1% 及以下的是第四类，如广东省、海南省等；由于西藏没有建立烟草工业，青海的烟草工业自 1998 年后全部关闭，故将第一、二类省市划分为烟草大省（区、市）；其余省市划分为非烟大省（区、市）。

④ 其中数字代表的话题占比是以三类机关报为分析单元，对其所有文档进行主题建模分析及聚类后的概率累加。

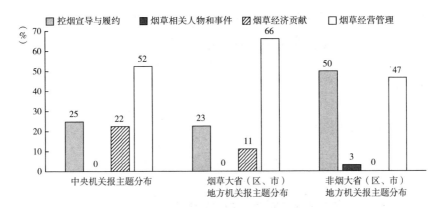

图 4   中央机关报与地方机关报的对比

地方机关报的立场就相当明确，非烟大省（区、市）地方机关报着力报道控烟宣导与履约相关话题的新闻，占比最高；而烟草大省（区、市）地方机关报在主流的控烟语境下，一方面对该话题也有所投入，但更加倾向于报道烟草经营管理主题的新闻。"国家的逻辑意味着来自中央政府的政策有着互相矛盾甚至是冲突的多重任务和目标"①，而控烟只是诸多任务之一，即便把注意力仅仅放在控烟领域，也不难看到其中的多重、相互矛盾冲突的目标。

中国的央地关系，基本延续了传统的治理逻辑，以属地管辖和行政内部发包制为特征，由职权同构和行政分权构成多层级的地方政府结构。②通过对媒体地域和报道进行统计，发现不同地域和层级的政府之间的目标也不总是一致的，具体对烟草大省（区、市）和非烟大省（区、市）三类报纸四个主题的比较，结果见图5。③

通过数据汇总整理，可以看出，烟草大省（区、市）的三类报纸最

---

① 周雪光、艾云：《多重逻辑下的制度变迁：一个分析框架》，《中国社会科学》2010年第4期。

② 李友梅、肖瑛、黄晓春：《当代中国社会建设的公共性困境及其超越》，《中国社会科学》2012年第4期。

③ 其中数字代表的占比是以两个区域中三类报纸分别为分析单元，进行主题建模分析及聚类后的概率累加。

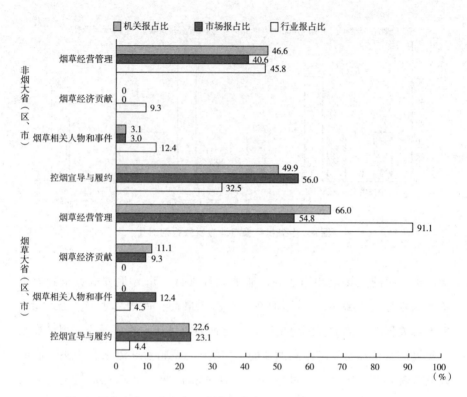

图5 烟草大省（区、市）与非烟大省（区、市）的三类报纸比较

偏好的主题都是"烟草经营管理"，尤其是行业报（如农业报、证券报等）大部分涉烟主题都是对烟草生产、经营、管理等方面的探讨。

对非烟大省（区、市）的媒体而言，虽然烟草经营管理主题的占比相对较高，但机关媒体和市场化媒体报道在控烟宣导与履约话题上的着墨更多，对于烟草控制的倾向和态度比较明显。

综合16年来的报道，出现这种地方媒体间的鲜明差异或许并非媒体的有意为之，而是其定位和立场决定的。现实生活是弥散的、矛盾的，构成了独特的地方性知识，这些增加了制度规制生活的难度。尽管我国并未出台全国性公共场所控烟的法令，但在政策话语层面是认可和倡导控烟运动的。在烟草利税贡献占比较小的省（区、市），控烟的媒体实践空间相对广阔，可以推测的是，现实的控烟环境也更加积极，在良性控烟情境中，控烟制度与生活实践产生的是积极的互动和互构，反映在媒体上的是控烟价值观的扩散；而倚重烟草利税的省（区、市），媒体报道更多地倾向于发布烟草经营管理相关新闻，与此相对，烟草控制的报道份额就被压缩，社会环境中的控烟氛围相对薄弱，在这种情境下，由于各个主体迥异的利益取向和行动逻辑，对于烟草控制，从自上而下的政策执行到自下而上的民众反馈，都或多或少受到了消解和抵制，造成"弱动员，低成效"的恶性循环，烟草消费的社会环境不断巩固。

由于主题建模更加关注宏观的文本格局，所以本研究并未对具体的信息来源、文章修辞等问题做传统的内容分析，但通过对前三个研究问题的探索，也让我们更直观地认知到，在控烟议题上，制度议程影响着媒体议程。主流媒体，尤其是机关报显示出控烟的制度逻辑——割裂的、板结的、失衡的。也就是说，在同一张报纸上，在时政经济版面，我们可以看到大量有关烟草经营和管理的报道，而翻到健康版，才可以看到控烟方面的宣传报道。尤其是烟草大省（区、市），烟草是经济命脉，控烟报道的空间只能被压缩。同时控烟报道多聚焦于"个人健康与公共卫生""控烟履约"等专业知识的理性逻辑，尽管整体报道量有所提升，却也面临着板结化风险，"烟草相关人物和事件"主题或能打破窠臼，但整体观之，报道比例尚显微弱。

五　讨论与建议

改善中国的控烟环境，既需要制度层面的规范和法律的背书，还需要非正式制度（生活法）的约束和规训，两者相辅相成，控烟才能事半功倍。作为连接和呈现两者的重要行动者——媒体而言，推进控烟，实现"健康中国"的美好愿景，在当前形势下大有可为。

中国处于社会变迁的关键时期，社会转型也催生着社会文化的转型。这对于塑造和巩固控烟文化，解构原有的所谓"烟草文化"而言是难得的契机。

除了改进阶段性、间歇性、地域性的控烟报道，尽量平衡对立制度之间的宣传比例外，媒体可回归生活的逻辑，侧重在生活领域即生活法层面，对控烟制度进行补充，形成自觉戒烟、反对吸烟的社会风气。通过精细化设计和持续扩散，消解和淡化烟草消费的社会影响，从以下 5 个方面着手，让烟草控制的社会规范在人群中内化。

1. 超越消费主义，为烟草祛魅

有学者研究过跨国烟草公司在亚洲青年男女中构建烟草文化的主题，[①] 分别是：音乐、娱乐（包括夜总会、迪斯科舞厅和电影）、冒险、体育（包括赛车、足球和网球）、魅力（美丽、时尚）和独立。这些元素对于青少年和女性而言，确实是具有吸引力的，尤其对于青少年而言，健康和时间是可以挥霍的，自由和交际则更加重要。随着我国女性地位的提升，女性主义思潮的扩散，以及烟草公司的营销，女性吸烟逐渐成为正常和体面的行为，这与历史上对女性吸烟的"道德禁忌"形成鲜明对比。

针对上述，媒体除了加强自我审查，拒绝烟草隐形营销之外，还应树立健康价值观，即身体健康才是时尚的，而烟草带来疾病，并不时尚。自律才能带来自由，而烟草具有成瘾性，与自律相悖，是无形"枷锁"。优雅没有统一的标准，但吸烟有损健康，病态并非优雅。

2. 打破风险悖论，培育控烟舆论领袖

由于中医药文化在中国传统中根基深厚，所以烟草一开始传入中国时，曾被当作药材，称为"解忧草""相思草"，具有祛风止痛、祛瘴驱寒等功效，[②] 一直到 20 世纪 70 年代，还有人认为烟草对身体并无害处，甚至是驱病良药。[③] 现代科学证明，烟草含有的尼古丁，是一种生物碱，具有神经毒性，但可以刺激人类神经兴奋，长期使用耐受量会增加，产生依赖性。[④] 吸食烟草带来的兴奋和麻痹与文学影视作品中烟草的"解忧"形象，巩固和扩大了消费群体。

对于社会转型带来的风险和焦虑，生活在其中的每个人都必须承受。

---

① Knight, J., & Chapman, S., "'Asian Yuppies... Are Always Looking for Something New and Different'：Creating a Tobacco Culture among Young Asians," *Tobacco Control* 2（2004）：22-29.

② 〔美〕班凯乐：《中国烟草史》，皇甫秋实译，北京大学出版社，2018，第 106~115 页。

③ Kohrman, M., "Depoliticizing Tobacco's Exceptionality：Male Sociality, Death and Memory-Making among Chinese Cigarette Smokers," *The China Journal* 58（2007）：85-109.

④ 黄洁夫主编《烟草危害与烟草控制》，新华出版社，2012，第 21 页。

不得不承认，大众媒体推动了风险意识的扩大，而且在某些情境中加剧了不确定感。人们对于风险的认知，随着大众传媒的推波助澜而成为一种风险神话。然而烟草只是安慰剂，而且是具有迷幻效果的致瘾剂，烟草在精神上的抚慰和镇定，生理因素只占少部分，大多还是社会文化的熏陶渐染。烟草或许有助于提高专注力，但是停止吸食之后对大脑损伤更大。借助烟草"解忧"，无异于饮鸩止渴。

除了倡导合理的生活作息时间，避免大量渲染传递焦虑情绪外，媒体还可以减少影视文学作品中烟草的"出镜率"，淡化名人吸烟带来的示范效应。培育、发掘具有控烟正能量的名人和舆论领袖，更多地传达名人成功戒烟的案例，或者也可以名人吸烟带来的身体损耗为例，说明吸烟对健康的危害，进一步增强控烟文化的说服力。

3. 淡化"男性气质"，倡导无烟社交环境

卷烟在中国差序格局的社会结构中，具有特殊的文化情感能量。有学者认为，赠送和分享卷烟的做法极大地促进了中国男性开始吸烟并使其戒烟失败。[①] 历史和文化根源不断重复这种做法，阻碍了烟草控制的进程。

尽管"吸烟有害健康"是人尽皆知的事实，但烟草被赋予强烈的"男性气质"，出于群体压力和对"义气"的非理性追求，不少男性"舍生取义"开始吸烟，并用分享香烟作为社交手段，在社会交往中扩展自己同质化的社交网络。从过去到现在，卷烟对于形成和维持男性社交网络一直非常重要，这是今天中国男性吸烟依然如此普遍的根本原因。[②]

改变这种现象并非易事，但媒体可以潜移默化，淡化卷烟在中国语境中内隐的男性气质，拒绝让卷烟成为社交品。

4. 解构"富足"成见，扭转馈赠习俗

有学者研究认为卷烟在新中国成立之初直至改革开放都是经济富足的体现，[③] 这也与烟草的"礼品"性质难以剥离有关。我们甚至可以从"天价烟"中管窥到经济富足后，寄托于烟草上的对于丰裕与昂贵的向往。

---

① Rich, Z. C., & Xiao, S., "Tobacco as a Social Currency: Cigarette Gifting and Sharing in China," *Nicotine & Tobacco Research* 3 (2011): 258-263.

② 〔美〕班凯乐:《中国烟草史》，皇甫秋实译，北京大学出版社，2018，第262页。

③ 刘文楠:《近代中国的不吸纸烟运动研究》，社会科学文献出版社，2015，第206页。

但是文化转型带来了扭转原有价值观的契机，文化走向现代性，呼吁健康和理性，呼吁可持续发展，烟草站在现代理性的对面，是逆潮流的，理应被逆转和淘汰。

国家专门开展了治理"天价烟"的行动，控烟制度中对党内领导干部的规训，也自上而下地传递出一种价值观，即防止"天价烟"助长奢靡之风，烟草消费也自上而下受到场合限制，将其扩散到整个社会是具有示范意义的。另外是改变"抽烟代表身份象征"的问题。"在中国社会中，'做面子'是个人炫耀其权力的一种手段"[1]，正因如此，烟草所承载的经济富裕的逻辑，是很难被抹杀的，而且资本与大众传媒共谋，对雪茄、烟盒、烟标等展开营销，在制造利润和话题性的同时，加大了高价烟草对身份标榜的作用。

对于上述"天价烟"和烟草身份象征之间的关联，媒体可在价值观上凸显烟草在贪腐事件中的"奢靡"身份，从而破解烟草消费文化的迷思，因为奢靡带来的堕落，是社会主流价值观所唾弃的。在中国人的传统文化心理中，礼品既要代表其经济价值，又要承载一定的象征意义。"烟草作为社会货币"[2] 是烟草业篡改传统价值观和文化习俗的结果，其通过赋予烟草尊重、个人荣誉等文化价值，将烟草价值与礼品习俗联系起来，使香烟礼品可以接受，社会习俗得以加强。

媒体一方面应揭露烟草集团的营销诡计，将卷烟与其在中国的社会意义脱钩；另一方面可以呼吁倡导烟草包装尽快符合《烟草控制框架公约》标准，即在烟草制品包装上印制烂肺、烂口、骷髅等警示图标，且图形警示面积超过50%。如此一来，烟草制品作为礼品馈赠的属性在中国语境中应该会大打折扣。

5. 勇担社会责任，营造良性控烟环境

由于烟草对健康的危害并非立竿见影，甚至由于身体差异和环境因素，可能短时间内很难觉察其带来的负面效应。这让很多烟民产生了侥幸心理，

---

① 黄光国、胡先缙：《人情与面子：中国人的权力游戏》，巨流图书公司，1988，第7~55页。

② Rich, Z. C., & Xiao, S., "Tobacco as a Social Currency: Cigarette Gifting and Sharing in China," *Nicotine & Tobacco Research* 3 (2011): 258-263.

甚至认为，可以通过"适度吸烟"控制烟草带来的健康危害。正如"吉登斯悖论"[①]所示，坐等局面变得严重，那时再去临时抱佛脚，定然是太迟了。

尽管吸烟是个人的自由选择和权利，但"吸烟和死于烟草的中国公民通常被描绘成不幸但最终有罪的主权消费者"[②]，这忽略了吸烟的社会性压力和烟草供应商的责任。经济学著名的汉德公式中，若避免意外的成本为 B，产生意外的概率为 P，意外产生的损失为 L，当 B<P×L，即对于意外发生当中的任何一方当事人，只要避免意外的成本低于意外造成的损失，他就负有责任，他就要为避免意外采取适当的措施。放置于中国的语境中，烟草带来的疾病和困境不应只让个人和家庭承受，烟草集团对于防治烟害责无旁贷并理应受到追责。

综上，媒体一是要持续强调吸烟带来的健康风险和危害，借助"扁鹊见蔡桓公"的寓言，让烟民和非烟民都意识到烟草对于健康的损耗，及时止损；二是要强调其给周边人带来的健康风险，甚至是公共场合抽烟带来的二手烟、三手烟的隐患；三是报道烟草产生的社会苦难时，尽量弱化对社会个人的苛责，彰显社会关怀，化解控烟矛盾，形成良性、向善的控烟社会氛围。

---

① 〔英〕安东尼·吉登斯：《气候变化的政治》，曹荣湘译，社会科学文献出版社，2009，第 2~3 页。

② Kohrman, M., "New Steps for Tobacco Control in and Outside of China," *Asia Pacific Journal of Public Health* 3 (2010)：189-196.

信息补贴与信息偶遇：复杂公共议题中科学传播框架嵌入研究[*]

引 言

框架是行动者建构议题的重要方式。公众对科学信息的理解取决于大众媒体引入、解释和评估科学事实与证据的方式。复杂公共议题中科学传播往往是一个综合媒介议程设置系统的组成部分，既存在独立科学框架的科学传播，也有将科学框架寓于其他框架中的科学传播；因为现实中的科学传播议题并不仅仅围绕"科学"本身而产生，还可能涉及经济、政治、伦理以及更广泛的社会与价值考量，如核能、纳米技术、生物技术、气候变化、基因编辑、地球工程等。若将这些议题直接划分为科学议题或只研究这些议题传播中的单一科学框架，都很难厘清科学传播的框架建构逻辑及科学框架与其他框架间的互动关系。因此，本研究从框架嵌入视角出发，选取了新冠疫苗议题这一涉及人类医疗科技、健康风险、社会民生、国际竞争、政策经济等多领域交叉的复杂公共议题作为研究对象，通过分析科学传播框架组合元素及与其他框架的嵌入关系，探究科学传播效果的提升路径。

————————

    * 该文原发表于《情报杂志》2022 年第 4 期，作者为余红、余梦珑。

一 文献综述与问题的提出

（一）文献综述

1. 复杂公共议题中的科学传播

在以多元性、丰富性为特征的后现代社会中，当涉及科技争议的公共事件发生时，事件涉及主题的多维化、行动主体立场的差异化、受众信息需求与选择的分众化，使得不同传播者在对同一事件进行报道时会采用不同的议题框架，形成复杂公共议题，而科学主题的报道框架往往只是其中的一部分。复杂公共议题中的科学传播不仅涉及公共议题的复杂性，还有科学传播自身的复杂性。从 20 世纪 90 年代开始，科学传播这个术语开始指代传播领域内的跨学科研究，它通常以社会科学为导向，需要系统地收集（定性或定量）数据，使用调查方法来观察结果；同时它也需要从科学学科中获取经验，在人文学科中汲取知识；它是横跨科学、社会科学和人文学科的跨学科研究。① 作为一个混合领域，Ilachinski 认为"越来越多的变量以相互依赖和不可预测的方式相互作用"②，这些变量不仅包含科学内部的要素，还包含科学外部的要素，在复杂公共议题中呈现为信息复杂性与传播复杂性。信息的复杂性体现为公共信息的繁杂性和科学进程高度不可知带来的信息不确定性，③ 同时科学问题的复杂程度还涉及问题定义、目标共识达成程度、现有系统如何运行和可能产生影响的不确定性程度，以及问题环境的稳定性程度。④ 从传播渠道来看，微博等社会化媒体正成为复杂公共议题中科学相关话题讨论的重要平台，一方面是科学传播

---

① Marc, C., "Complexity and Opportunity in Science Communication," *Communitas* 1 (2009): 16-30.

② Ilachinski, A., *Cellular Automata: A Discrete Universe*, New Jersey: World Scientific Publishing, 2001, p. 21.

③ Lasser, J., et al., "Complexity, Transparency and Time Pressure: Practical Insights into Science Communication in Times of Crisis," *Journal of Science Communication* 5 (2020): 1-21.

④ Leeuwis, C., & Aarts, N., "Communication as Intermediation for Socio-technical Innovation," *Journal of Science Communication* 6 (2016): 1-12.

者利用它们协作与分发研究成果，^①另一方面是公众转向互联网来获取信息。^②社会化媒体增进了科学信息与公众的交流，但同时也存在谣言等不实信息和多元竞争性意见博弈带来的科学共识难以达成的风险。其传播不仅需要来自多领域的专业知识，还需要平台与这些知识集群的合作。有学者指出接受复杂性意味着放弃简单的线性传播模型，将传播置于动态的、交互式系统，^③这使得研究复杂公共议题中科学传播议题的对话与互动模型极具必要性。

2. 科学传播的单一框架与多元框架

框架理论已经成为研究媒体内容建构的关键理论之一。恩特曼将框架定义为选择现实的某些方面并使它们在文本中突出的过程，这个过程包括传播中的信息框架与思维框架。传播的信息框架关注内容生产者如何构造信息；而思维框架则指的是社会行动者理解情境的认知过程。科学传播中的框架概念已被应用于许多议题：如科学与风险沟通、生物技术、核能、纳米技术、气候变化等。科学传播在复杂公共议题中的框架呈现主要表现为单一框架和多元框架。^④早期框架研究通常使用单信息处理。^⑤从传播效果来看，单信息框架有能力将公众态度推向框架所倡导的方向。单信息框架的效果在健康传播、政治传播和社会问题传播等不同领域得到了检验。在复杂公共议题中，为了增进公众的理解，科学传播往往需要减少"复杂性"，增强媒介中心，^⑥通过单一框架能使公众更清晰地知晓科学传播者的意图，遵循和深化他们对已有价值观的承诺。但近年来研究者们开

---

① 金兼斌、吴欧、楚亚杰等：《科学家参与科学传播的知行反差：价值认同与机构奖惩的角度》，《新闻与传播研究》2018 年第 2 期。

② 范敬群、贾鹤鹏、张峰等：《争议科学话题在社交媒体的传播形态研究——以"黄金大米事件"的新浪微博为例》，《新闻与传播研究》2013 年第 11 期。

③ Salem, P. J., *The Complexity of Human Communication* (2nd ed.), New York: Hampton Press, 2013, p. 12.

④ Kleinnijenhuis, J., Schultz, F., & Oegema, D., "Frame Complexity and the Financial Crisis: A Comparison of the United States, the United Kingdom, and Germany in the Period 2007-2012," *Journal of Communication* 1 (2015): 1-23.

⑤ Detenber, B. H., et al., "Complementary Versus Competitive Framing Effects in the Context of Pro-environmental Attitudes and Behaviors," *Science Communication* 2 (2018): 173-198.

⑥ Olausson, U., "We're the Ones to Blame: Citizens' Representations of Climate Change and the Role of the Media," *Environmental Communication* 3 (2011): 281-299.

始质疑单一框架研究的有效性，因为问题很少从单一视角提出，[①] 并且单一化可能会带来遗漏相关信息的风险。在科学传播实践中，社会行动者通常为定义问题与影响公众意见而斗争，导致多个甚至是对立的框架呈现给公众。因此，多样性框架研究兴起。Mauro Porto 主张建立包含多种相互竞争的"解释框架"的新闻环境，[②] 特别是在争议性科学事件中多元框架可以为公众提供对复杂公共议题的观点选择，让他们在听取不同价值观或事实信息引发的争论后形成自己的观点。从传播效果来看，有学者通过比较公共议题中的媒体框架和受众框架，发现媒体框架的多样性与受众选择的多样性在总体上呈现出一致性，[③] 多元框架能在一定程度上扩充关注议题的受众面。作为两种不同的内容建构方式，单一框架与多元框架在传播效果上各有偏倚，共同构成了复杂公共议题中科学传播。

3. 科学传播中的框架嵌入研究

从单一科学框架来看，有研究指出在科学传播中常用的框架有：效用框架、风险框架、控制框架、命运框架和道德框架。[④] 从科学框架与其他框架共存的多元框架来看，恩特曼提出的问题定义、因果解释、道德评价与治疗建议这四种框架类型也广泛适用于科学传播中。问题定义涉及确定当前讨论的主题及相关参与者，通常与科学（不）确定性有关；因果解释涉及揭示某些问题背后的原因；道德评价包括对所呈现的结果进行评级，通常是基于消极或积极的判断；治疗建议通常以前瞻性、预测性的方式提出问题的解决方案。这些框架有的重点考虑与科学证据相关的变量，

① Nisbet, E. C., et al., "Attitude Change in Competitive Framing Environments? Open-/Closed-mindedness, Framing Effects, and Climate Change," *Journal of Communication* 4 (2013): 766-785.

② Porto, M., "Frame Diversity and Citizen Competence: Towards a Critical Approach to News Quality," *Critical Studies in Media Communication* 4 (2007): 303-321.

③ Huang, H., "Frame-rich, Frame-poor: An Investigation of the Contingent Effects of Media Frame Diversity and Individual Differences on Audience Frame Diversity," *Social Science Electronic Publishing* 1 (2010): 47-73.

④ Listerman, T., "Framing of Science Issues in Opinion-leading News: International Comparison of Biotechnology Issue Coverage," *Public Understanding of Science* 1 (2010): 5-15.

如科研进展与风险;① 有的侧重于相关机构对科学研究的政策管制行动,如汽车安全和干细胞操作的监管应用;② 有的侧重于科学报道框架对于公众行为意愿的影响, 如 HPV 疫苗接种意向。③ 复杂公共议题中的框架复杂性通常被衡量为不同关联的多样性。Suedfeld 和 Tetlock 提出复杂性的概念包含分化与整合:分化指的是决策过程中被确认的信息维度或特征, 整合是指差异化特征之间联系的发展。④ "整合的复杂性取决于这些特征是否被认为是孤立的、分层交互的, 还是根据多种、复杂和可能灵活的模式运作的。"⑤ 因此在复杂公共议题的传播中, 对 "分化的单一框架和整合的多元框架之间是如何关联与嵌入" 的问题展开研究, 具有必要性。研究引入 "信息补贴" 和 "信息偶遇" 来分析框架之间的关联与嵌入。

(二) 概念引入与界定

1. 信息补贴 (information subsidy)

学者奥斯卡·甘地创造了信息补贴这一概念, 指通过控制他人获取和使用与这些行动有关的信息来对其行动产生影响的一种尝试。⑥ 信息补贴在新闻生产和框架建构中发挥重要作用, 有研究指出信息补贴本质上是一种框架产品,⑦ 就信息来源类型而言, 通常政府和官方来源排在最常用的信息补贴之列, 因为公众普遍认为其具有可信性和权威性。但在特殊情况

---

① Cooper, B. E. J., et al., "The Quality of the Evidence for Dietary Advice Given in UK National Newspapers," *Public Understanding of Science* 6 (2012): 664–673.

② Weaver, D. A., Lively, E., & Bimber, B., "Searching for a Frame: News Media Tell the Story of Technological Progress, Risk, and Regulation," *Science Communication* 2 (2009): 139–166.

③ 徐孝婷、张亭亭、朱庆华:《在线健康社区中信息框架对 HPV 疫苗接种的影响研究——以信息可信度为中介变量》,《图书与情报》2020 年第 5 期。

④ Suedfeld, P., & Tetlock, P. E., "Integrative Complexity of Communications in International Crises," *Journal of Conflict Resolution* 1 (1997): 169–184.

⑤ Wong, E. M., Ormiston, M. E., & Tetlock, P. E., "The Effects of Top Management Team Integrative Complexity and Decentralized Decision Making on Corporate Social Performance," *Academy of Management Journal* 6 (2011): 1207–1228.

⑥ Gandy, O. H., *Beyond Agenda Setting: Information Subsidies and Public Policy*, New York: Ablex Press, 1982, p. 11.

⑦ Lee, S. T., & Basnyat, I., "From Press Release to News: Mapping the Framing of the 2009 H1N1 Influenza Pandemic," *Health Communication* 2 (2013): 119–132.

下（如重大突发危机、健康风险事件）这种补贴还会转向科学信息，尤其是科学期刊、科学组织（例如世界卫生组织）或个别科学家和专家。[①]信息补贴的概念表明丰富的资源来源降低和减少了收集新闻的成本和努力，从而提高了它们在新闻媒体中的突出地位。[②] 以往关于信息补贴的研究主要是围绕政治经济因素展开，相关话题在新媒体背景下较少被讨论，但互联网因其能降低信息生产与传播的边际成本，为新闻机构提供更直接、稳定与互动的信息流动，是研究信息补贴对框架影响的重要场域，而本研究的注意力将围绕科学传播中信息资源补充对框架行为的影响，主要集中在信息补贴嵌入框架建构的过程。

2. 信息偶遇（information encounter）

信息偶遇是重要的信息行为之一。Erdelez 在 1995 年提出这一概念，是指"在搜索某个主题信息的过程中，用户意外获得其他相关信息的现象"[③]。在此之前相似术语有"偶然信息获取"（incidental information acquisition）[④]、"随意的信息获取"（casual information gathering）[⑤]，这些概念都不约而同强调了未预期、无目的、意外获取信息的过程。科学传播既存在以普及科学知识、宣传科学思想、弘扬科学文化为目的的科学传播，也存在将科学作为附带信息补充进其他核心框架的科学传播（如在疫苗免费接种政策框架下的"疫苗接种注意事项""疫苗风险如何监测"等科普内容），这使得议题间框架嵌入带来的信息偶遇正成为科学传播中不可忽视的重要现象。信息偶遇在很大程度上依赖于基本的信息技术、信息结构、信息查询或日常交往活动。特别是在社会化媒体的传播情境中，零碎的阅读模式、新闻层级的模糊、算法编辑与社会过滤等因素都使得信

---

① Wilson, K. M., "Drought, Debate, and Uncertainty: Measuring Reporter's Knowledge and Ignorance about Climate Change," *Public Understanding of Science* 1 (2000): 1-13.

② Berkowitz, D., & Adams, D., "Information Subsidy and Agenda-building in Local Television News," *Journalism Quarterly* 4 (1990): 723-731.

③ Erdelez, S., *Information Encountering: An Exploration beyond Information Seeking*, New York: Syracuse University, 1995, p. 23.

④ Wilson, P., *Public Knowledge, Private Ignorance*, Westport: Greenwood Press, 1977, pp. 11-45.

⑤ Krikelas, J., "Information Seeking Behavior: Patterns and Concepts," *Drexel Library Quarterly* 2 (1983): 5-20.

息偶遇现象更为明显。因此,本研究引入信息偶遇这一概念,重点关注科学传播中的框架信息元素间偶遇对框架嵌入的影响。

(三) 研究问题的提出

当科学传播进入复杂公共议题的传播情境,如果仅仅把单一框架或多元框架作为研究对象,而不研究单一框架与多元框架间的嵌入关系,将很难对复杂公共议题中的科学传播规律有整体把握。现有关于复杂公共议题中的科学传播的研究强调了框架的多样性以及它们之间的竞争与互补关系,特别是各自框架差异性的研究,但对于哪些因素会促成议题内部的框架嵌入以及科学框架如何嵌入其他框架中的研究仍较少。本研究希望通过分析框架间的互动嵌入关系来深入探查科学传播的规律,提升科学传播的效度和广度。

不同的社会行动者围绕同一复杂议题构建了多样的文本框架,塑造了议题内容的多样性。那么复杂公共议题中科学传播的话语框架是如何被建构和呈现的?框架间的互动与嵌入又是如何进行的?

RQ1:复杂公共议题中的科学传播框架通常与哪些其他框架形成嵌入关系?

RQ2:哪些元素会促成科学框架与其他框架形成嵌入?提出假设,即:

H2.1:作为"科学+"的信息补贴元素会促进科学框架与其他框架形成嵌入;

H2.2:作为"+科学"的信息偶遇元素会促进科学框架与其他框架形成嵌入。

RQ3:框架嵌入中的信息补贴和信息偶遇是否对传播效果产生影响?

RQ4:复杂公共议题中不同科学传播主体在嵌入框架的使用上有何差异?

二 研究设计

(一) 数据采集

本研究将"专业媒体、机构媒体、自媒体、科学家、平台媒体"作为议题框架生产的主要行动者，分别选取了以下五种传播主体：《人民日报》、央视新闻、新华视点、环球网、中央人民广播电台、中国新闻网、《南方日报》、封面新闻、看看新闻 Knews、《三联生活周刊》这 10 家不同媒介领域（报纸、电视、广播、网站、杂志）中央级与地方级的专业媒体；中国政府网、共青团中央、国资小新、北京发布、外交部发言人办公室、湖北发布、科普中国、健康中国、中科院之声、疾控科普这 10 家中央级与地方级的综合性政府机构媒体和健康科学领域的职能机构媒体；果壳、丁香医生、知识分子、36 氪、梨视频、科学未来人、健康界、疫苗圈、庄时利和、疫苗与科学这 10 家综合性科普与垂直健康疫苗领域包含不同粉丝量级（千万、百万、十万）的企业认证与个人认证的科普自媒体；曾光、颜宁、张文宏、宁毅、王立铭、张玉蛟、许超、赵盛烨、李淼、郑克强这 10 位具有社会影响力，在社会化媒体平台有粉丝基础且参与新冠疫苗议题传播的科学家；新浪微博自主平台账号粉丝数超 1 亿的"头条新闻"为平台媒体代表。这五类传播主体代表着不同立场，具有显著区分度。

在时间范围上，选取了 2020 年 1 月 20 日（国家对新冠疫情作出重要指示，随着疫情扩散与抗疫活动开展，围绕新冠疫苗的议题报道开始出现）至 2021 年 3 月 14 日（北京市累计接种新冠疫苗 1000 万剂，全国初期疫苗接种工作的重要节点），该时间段包含疫情突袭而至、疫苗研发、疫苗上市、疫苗接种四个重要阶段。研究利用微博的 API 数据接口，以"新冠疫苗"为关键词，采集了上述 41 个传播主体的全部相关微博文本，经过清洗共得到有效数据 5142 条。其中，专业媒体 2538 条，机构媒体 722 条，自媒体 1385 条，科学家 359 条，平台媒体 138 条。

（二）类目构建与编码

1. 框架编码

首先利用词频分析工具对采集到的内容进行文本分析，得到了 875 个关键词，通过对高频关键词分类和人工分析，发现各传播主体主要围绕疫苗的研发接种进展、疫苗的相关国家政策、疫苗的相关知识普及、国际疫苗动态与竞争合作、疫苗安全与风险等方面进行传播。因此将"新冠疫苗"议题框架分为进展框架、政策框架、科学框架、国际框架与风险框架（见表1）。框架编码规则为进展框架＝1，政策框架＝2，科学框架＝3，国际框架＝4，风险框架＝5。

表1　"新冠疫苗"议题的框架类型

报道类型	关键词
进展框架	研发、研究、试验、实验、进展、研制、科研、生产、上市等
政策框架	机制、回应、政策、声明、批准、定价、规范、方案等
科学框架	专家、科学家、解答、解读、提醒、建议、报告、注意事项等
国际框架	全球、国际、合作、英国、美国、世界卫生组织、外交等
风险框架	安全性、变异、保护、提醒、风险、突变、副作用等

2. 变量确定

将复杂公共议题中科学传播的框架嵌入模式划分为：以科学框架为轴心，其他框架嵌入科学传播框架的"科学＋"信息补贴模式；以所属议题为轴心，科学传播框架嵌入其他框架的"＋科学"信息偶遇模式。由此确定了框架嵌入的8个变量。

如表2所示，以科学知识传播为核心的科学框架通常包含基本信息、预防信息、治疗信息、答疑解惑等基本元素。"科学＋"的信息补贴元素侧重于科学传播框架中信息延伸涉及的元素，研究选取了研发、效果、安全、辟谣4个变量为指标。"＋科学"的信息偶遇元素侧重于与议题事件相关的其他元素，研究选取了经济、社会、国内政治、国际政治4个变量为指标。变量编码规则为文本信息中是否含有该元素（含有＝1；不含＝0）。

表2　科学框架元素

科学框架	信息补贴"科学＋"	信息偶遇"＋科学"
基本信息 （疫苗知识、作用原理、疫苗类型等）	研发 （新冠疫苗研发的事实信息或最新进展）	经济 （将新冠疫苗与经济背景并列，如旅游业、医疗产业等）
预防信息 （防止病毒传播的行为指导，如戴口罩、洗手、测温等）	效果 （对疫苗有效性、保护率的判断评估）	社会 （将新冠疫苗与社会背景并列，如对社会活动的影响、全民防疫行动等）

科学框架	信息补贴"科学+"	信息偶遇"+科学"
治疗信息 （疫苗的接种要点、 注意事项等）	安全 （疫苗安全性的评估与 不良反应的监测）	国内政治 （将新冠疫苗与国内政治背景并列， 如政策法规、准则措施等）
答疑解惑 （针对公众关注的科学问题 进行的回应与解释等）	辟谣 （对相关谣言进行 辟谣与引导）	国际政治 （将新冠疫苗与全球背景并列， 如国际合作、外交关系等）

（三）编码信度

变量编码由两位研究员对框架类目与框架元素进行讨论，达成充分理解与共识后独立执行。信度检验结果显示，所有变量信度系数均达到 0.85 以上。

三 研究发现

（一）复杂公共议题的框架呈现

1. 复杂公共议题框架类型

五类框架中，国际框架的报道比例最高，政策框架报道比例最低，风险框架、科学框架与进展框架的占比平均，验证了复杂议题中多重框架类型并存。框架嵌入方面，进展框架和国际框架中的单一框架比例明显高于嵌入框架比例，而科学框架和风险框架的嵌入框架比例高于单一框架比例，政策框架的单一框架和嵌入框架比例相当。

2. 科学传播的框架嵌入

如图 1 所示，"新冠疫苗"议题中科学框架占比为 22%，在五类框架中居于第 3 位，且嵌入框架的比例高于单一框架的比例（58%；42%），验证了研究复杂公共议题中科学传播框架嵌入的必要性。为了进一步回答 RQ1，我们对研究样本中同时包含科学框架与其他四类框架的文本做了对比分析（见图 2）。

进展与科学框架的数量，占科学传播框架嵌入总数的 18%。这一组合的信息通常是在试验研发、上市、接种不同阶段对疫苗知识与接种注意

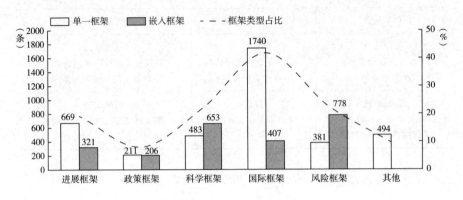

图 1　单一框架与嵌入框架

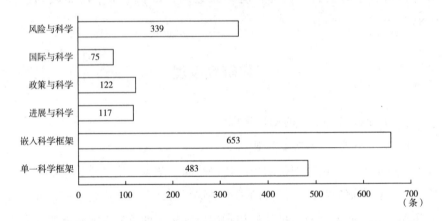

图 2　科学传播嵌入框架数量

注：658 个嵌入科学框架中，653 个是两两嵌入，有 5 个是三种框架嵌入。图 2 只列举了两两框架嵌入情况。

事项等进行科学传播。如在"疫苗临床试验结果"话题下的"专家答疑""认识疫苗"，在"疫苗获批上市"话题下的"保护效力""疫苗区别"，在"疫苗接种进展"话题下的"接种要点""哪些人不宜接种新冠疫苗"等知识科普。

政策与科学框架的数量，占科学传播框架嵌入总数的 19%。这一组合的信息通常包含对政策的解读以及疫苗相关知识的科学解答。如"新冠疫苗全民免费"政策下的"接种全流程"详解，"重点人群优先接种"话题下的"《疫苗管理法》解读"以及"如何理解疫苗接种政策"等知识科普。

国际与科学框架的数量，占科学传播框架嵌入总数的11%，占比相对较少。这一组合的信息主要集中于针对国际疫情动态和国际疫苗研发而展开的相关知识科普。如"英国病毒变异是否对疫苗效果产生影响""'牛津新冠疫苗'Ⅲ期临床试验叫停，如何看待疫苗试验问题""*Nature*发文对全球新冠疫苗的研发情况做出分析"等。

风险与科学框架的数量，占科学传播框架嵌入总数的52%，说明科学框架与风险框架有较强的嵌入关系。科学的不确定性使其在传播框架中常常含有风险因素；而在风险框架中，行动者往往需要以科普的方式对其风险内容做出解释，因此两者框架具有较强的相关性。在"新冠疫苗"议题中这两种框架组合具体表现为：一是该信息中直接包含两种框架元素，如"疫苗接种后出现不良反应怎么办""病毒变异对疫苗免疫力与安全性的影响"；二是通过科普对风险做出解释与评估，如"钟南山谈群体免疫，打了新冠疫苗仍要戴口罩""专家不建议同时接种新冠疫苗和其他疫苗"等。

（二）嵌入关系与嵌入类型

1. 信息补贴和信息偶遇元素对框架嵌入的影响

针对研究问题RQ2，本研究将包含"科学+"的信息补贴和"+科学"的信息偶遇的"研发、效果、安全、辟谣、经济、社会、国内政治、国际政治"共8项作为自变量（X），将框架是否嵌入作为因变量（Y）进行二元Logit回归分析，结果如表3所示。

具体分析可知："研发"的回归系数值为6.511（$z = 8.749$，$p = 0.000 < 0.01$），意味着"研发"会对框架嵌入产生显著的正向影响。同样，"效果、安全、辟谣、经济、社会、国内政治、国际政治"7项变量均对框架产生显著的正向影响，研究假设H2.1和H2.2得到验证。从影响程度和幅度来看，信息补贴中的"研发""安全"元素，信息偶遇中的"国内政治""国际政治"元素具有较高的回归系数和OR值，说明上述元素在"新冠疫苗"议题中对科学传播是单一框架还是嵌入框架形式的影响较大。

表3 二元 Logit 回归分析结果

	回归系数	标准误	z 值	Wald χ²	p 值	OR 值	OR 值 95% CI
研发	6.511	0.744	8.749	76.543	0	672.831	156.453~2893.533
效果	4.767	0.844	5.648	31.904	0	117.532	22.481~614.456
安全	7.524	0.734	10.248	105.013	0	1851.049	439.024~7804.545
辟谣	3.048	1.076	2.831	8.017	0.005	21.072	2.555~173.775
经济	3.083	1	3.083	9.503	0.002	21.819	3.073~154.898
社会	4.588	0.856	5.36	28.734	0	98.288	18.364~526.054
国内政治	6.302	0.776	8.121	65.951	0	545.532	119.207~2496.533
国际政治	5.513	0.802	6.877	47.296	0	247.811	51.500~1192.429

2. 不同元素对框架嵌入类型的影响

以科学框架与其他框架嵌入的 4 种类型为因变量（Y），以信息补贴和信息偶遇的 8 个元素为自变量（X），进行卡方检验。结果显示，8 个元素与框架嵌入类别的差异关系均存在显著性（p<0.05）。在 4 种框架嵌入类别中，每种元素的含有比例及该元素在框架嵌入总数（n=658）中的占比情况，如表 4 所示。

表4 元素与框架嵌入类别的卡方（交叉）检验

	嵌入类别（%）				总计（%）	χ²	p
	进展与科学（n=117）	政策与科学（n=123）	国际与科学（n=79）	风险与科学（n=339）			
研发（0,1）	91.30	9.76	39.19	13.27	29.34	281.41	0.000**
效果（0,1）	48.70	22.76	40.54	41.89	39.32	19.349	0.000**
安全（0,1）	32.17	46.34	25.68	98.82	68.82	307.298	0.000**
辟谣（0,1）	6.96	4.88	6.76	16.81	11.67	18.413	0.000**
经济（0,1）	16.52	17.89	12.16	4.13	9.83	27.695	0.000**
社会（0,1）	21.74	53.66	25.68	27.73	31.34	36.56	0.000**
国内政治（0,1）	9.57	99.19	4.05	7.08	24.58	456.152	0.000**
国际政治（0,1）	12.17	1.63	95.95	23.60	25.65	240.651	0.000**

注：* p<0.05，** p<0.01。

"科学+"信息补贴的 4 个元素中，"研发"元素在"进展与科学"

"国际与科学"框架中的占比高于其总计框架数占比的平均水平，说明"研发"元素在这两种框架模式中有较好的嵌入度。同理，"效果"元素在"进展与科学""国际与科学""风险与科学"，"安全"元素在"风险与科学"，"辟谣"元素在"风险与科学"的框架模式中有较好的嵌入度。"+科学"信息偶遇的4个元素中，"经济"元素在"进展与科学""政策与科学""国际与科学"框架中的占比高于其总计框架数占比的平均水平，"社会"元素在"政策与科学"，"国内政治"元素在"政策与科学"，"国际政治"元素在"国际与科学"的框架模式中有较好的嵌入度。从整体上看，"科学+"的信息补贴元素带来的框架嵌入数量及比例高于包含"+科学"的信息偶遇元素带来的框架嵌入，说明在复杂公共议题的科学传播中，以"科学"为轴心，延伸出的"科学+"信息补贴元素更容易使科学框架与其他框架形成框架嵌入，其框架嵌入活动具有主动性。以"议题"为轴心，延伸出的"+科学"信息偶遇中的个别元素如"国内政治"和"社会"在"政策与科学"框架中，"国际政治"元素在"国际与科学"框架中有较高的嵌入度；但这种情况对于科学传播来说具有"偶然性"与"被动性"，其与科学框架发生嵌入关系的概率低于信息补贴元素。

3. 嵌入元素之间的相关性

分析"研发、效果、安全、辟谣、经济、社会、国内政治、国际政治"8个元素之间的关系，存在显著的正相关关系的有："研发"与"效果"、"效果"与"安全"、"安全"与"辟谣"、"辟谣"与"经济"、"经济"与"国内政治"。存在显著的负向相关关系的有："研发"与"安全"、"研发"与"辟谣"、"研发"与"社会"、"研发"与"国内政治"、"效果"与"社会"、"效果"与"国内政治"、"安全"与"经济"、"安全"与"国内政治"、"安全"与"国际政治"、"辟谣"与"国内政治"、"国内政治"与"国际政治"。信息补贴的4个元素之间呈现出显著的正向相关关系；信息偶遇的元素中，"国内政治"与"经济""社会"间存在显著正向相关关系。而信息补贴与信息偶遇的元素之间主要呈现出负向相关关系或不相关。

（三）嵌入关系与传播效果

针对 RQ3，本研究将传播效果量化为满足条件的文本数量及其转发、评论和点赞数的集合平均数。由于在 1136 条包含科学框架的样本中，单一框架（$n=483$）和嵌入框架（$n=653$）的数量不等，因此本研究采取随机抽样方式，利用 Excel 软件对单一框架和嵌入框架各随机抽取了 200 条数据。同样，对科学传播嵌入框架（$n=653$）中包含"信息补贴"元素且不含"信息偶遇"元素的数据（$n=227$），包含"信息偶遇"元素且不含"信息补贴"元素的数据（$n=64$），也进行了随机数据抽取（$n=50$）。通过对 5 类传播主体的传播效果进行数据对比，结果如图 3 所示。

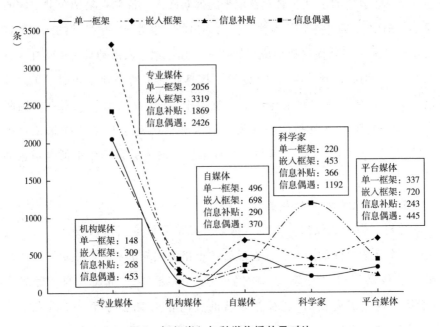

图 3　框架嵌入与科学传播效果对比

嵌入框架的传播效果明显优于单一科学框架，包含科学框架的嵌入框架数量及转发、评论与点赞均高于单一框架。科学传播中嵌入框架的传播优势主要体现在以下方面。一是框架的多样性在一定程度上对应了受众层面的多样性，嵌入框架在内容视域的多维性能辐射到更广的受众面。二是嵌入框架通过多种框架在同一议题中的展现，能让公众对该议题、对科学内容有更全面的认知，如科学与风险框架中对疫苗安全与风险的知识普及，科学与进展框架中的科研精神与科学思想宣传。三是复杂公共议题中的其他框架可能为科学传播带来的"流量红利"。如"中国对菲律宾疫苗援助"热门话题下的"你知道接种疫苗的相关知识吗？"这一包含国际框架与科学框架的话题传播效果要优于同时期单一科学框架话题"疫苗接种知识"的传播效果。单一科学框架通常更具有针对性和垂直性，能对科学内容做出更专业、细致的传播，与嵌入框架共同构建了复杂公共议题中的科学传播。

从嵌入框架的元素成分来看，包含"科学+"的信息补贴元素的框架样本数量是包含"+科学"信息偶遇元素的3倍多，说明信息补贴元素带来的科学传播框架嵌入度更高。但从转发、评论和点赞数据来看，包含信息偶遇元素的传播效果优于信息补贴，有更高的互动数和传播度。这在一定程度上说明，首先，科学信息同所处议题中的"经济""社会""国内政治""国际政治"等与公众生活契合度较高的时事热点动态元素结合，能为科学信息的传播带来在关注度和互动数上的提升。其次，不同传播主体对嵌入框架元素的使用和传播效果也存在差异，尽管科学家在框架嵌入中使用"科学+"的信息补贴元素更多，但包含"+科学"的信息偶遇嵌入框架的传播效果格外突出。例如张文宏这样具有较高的个人影响力的科学家，在关于疫苗接种与社会行动、政治政策与疫苗科普等方面的内容上有突出传播力。最后，未区分两类框架元素的嵌入框架传播效果也整体高于包含单类元素的传播效果，说明信息补贴和信息偶遇元素在嵌入框架中呈现出交织现象，不能完全分隔。

（四）传播主体差异与框架嵌入

针对RQ4即不同传播主体在科学传播框架建构中的偏好问题，研究对专业媒体、机构媒体、自媒体、科学家、平台媒体的科学报道框架及嵌入框架情况进行了分析（见图4），发现尽管不同主体对"新冠疫苗"议题的传播动机和框架建构逻辑各不相同，但都在推动着"公共话语中的科学传播"的内容框架建构和阐释。

从科学框架总占比情况来看，科学家的科学框架占其总内容框架的比例最高，专业媒体的科学框架占比最低。科学家的科学框架占比最高并不

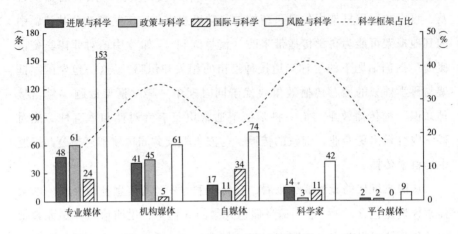

图 4　不同传播主体的框架嵌入

难理解；而专业媒体的科学框架占比最低，主要是其在另外四类框架中的分布报道所致，并且不同定位的媒体在报道框架上也有明显的倾斜，如作为专业媒体的环球网侧重于国际框架，作为国家卫生健康委员会机构媒体的健康中国侧重于政策框架。但从此次采集的数据来看，专业媒体由于整体对"新冠疫苗"议题的报道体量大，尽管科学传播内容占比最低，但科学框架数量仍是最高，加之自身较多的粉丝数和新闻报道的专业性，传播影响力较大。

　　从科学框架嵌入比例来看，专业媒体、机构媒体、平台媒体使用嵌入框架的比例高于使用单一框架的比例，说明这三类媒体的报道并非以科学为核心，在很大程度上是在报道其他框架时，将科学框架纳入其中，更贴近于"+科学"的信息偶遇框架模式。而科学家和自媒体使用单一科学框架的比例高于嵌入框架的比例，说明其在信息传播过程中更多以科普为中心，并将其他框架中的元素补充进科学框架，更贴近于"科学+"的信息补贴模式。此外，从框架之间不同的嵌入关系，也可以看出传播主体的差异。如在"风险与科学框架"的组合中，科学家和机构媒体的呈现比例要远低于专业媒体和自媒体。科学家对于疫苗领域的研究具有专业性，而机构媒体代表着官方话语，两者在对风险与科学框架的联系和解释上相较于自媒体和专业媒体会更为严谨。

结论与讨论

Barry 在对 1918 年的西班牙大流感进行总结时说，"在下一次流感大流行中，无论是现在还是将来，无论病毒是温和的还是强毒性的，对付这种疾病的首要武器是疫苗；其次是传播"①。在新冠疫情肆虐全球，疫情防控逐渐常态化的背景下，疫苗研发接种与做好科学传播同等重要。

既往关于科学传播的研究多围绕单一科学框架进行内容分析与传播效果检验，容易忽视镶嵌于其他议题框架中的科学传播问题。本研究引入"信息补贴"与"信息偶遇"两个关键概念，从复杂公共议题中科学框架与其他框架的嵌入关系、框架元素对框架嵌入类型与传播效果的影响、不同行动主体对框架嵌入的使用差异这几个维度对"新冠疫苗"这一复杂公共议题展开了实证分析。本研究在科学传播研究中框架类型的内在结构、嵌入框架的生成逻辑等方面对既有研究做了拓展，并在研究发现的基础上，提出了复杂公共议题中科学传播框架嵌入的理论模型（见图5），其贡献在于为科学传播研究提供一种可能的新视角。

（一）视域融合：关注科学传播的蓝海空间

从研究发现来看，复杂公共议题中科学传播的单一框架与嵌入框架相伴而生。这提醒我们在开展科学传播研究时，既需要关注以普及科学知识、宣传科学思想、弘扬科学文化为直接目的的"独立"科学传播，也需要关注将科学知识作为"附带"信息补充进入其他核心框架的"嵌入"科学传播。从传播端来看，复杂公共议题往往具有高关注度与影响力，是科学传播"借力"的好契机。从接收端来看，社会化媒体传播环境中信息的海量且碎片化、分发的个性与算法化、阅读的即时且场景化等特点，使公众的信息获取方式不仅包含主动搜寻，也有无意获取。科学传播面向的不仅仅是有科学信息需求的公众，其"蓝海"更在广阔的无意寻求科学知识的公众之中。框架嵌入将科学领域与其他领域的知识信息进行整合

---

① Barry, J. M., "Pandemics: Avoiding the Mistakes of 1918," *Nature* 7245 (2009): 324-325.

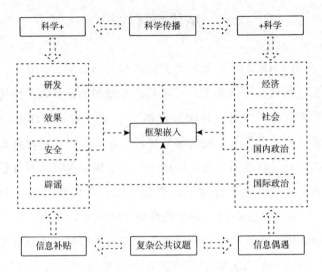

图 5　科学传播框架嵌入理论模型

传播，为公众在社会化媒体平台中获取科学信息提供了更开阔的路径。在科学传播的实践层面，既要面向有科学信息需求、主动搜寻科普信息的公众，也要将公众在嵌入框架的信息浏览中"无意的""被动的""附加的"科学信息获取作为提升扩大科普内容传播范围的重要途径。

（二）规律探索：把握嵌入逻辑促进效果提升

从议题框架内容中的嵌入元素对科学传播框架类型与传播效果的影响来看，研究发现验证了"科学+"的信息补贴元素与"+科学"的信息偶遇元素对促进框架嵌入有正向影响的研究假设。"信息偶遇"强调了那些非主动寻求科学信息的公众通过科学框架与其他框架嵌入获取科学信息的过程。"信息补贴"强调了传播主体为凸显科学主题而进行的其他框架信息的补充与延伸。通过研究发现的传播效果检验可知，相较于单一框架，嵌入框架能扩大科学传播的范围与深度。以"科学"为轴心延伸出的"科学+"的信息补贴元素对科学框架与其他框架的嵌入影响更高，而以所在"议题"为中心的"+科学"的信息偶遇元素则有利于增强公众对科学信息的获取与关注，两种框架嵌入形式与独立科学框架共同形成了复杂公共议题中的科学传播。从框架嵌入元素入手，把握议题框架嵌入的生成逻辑与内在机制，有利于在社会化媒体环境下更清晰地认识科学传播规律，在科学传播的内容生产中寻求传播效果的突破。

（三）跨越舒适圈：行动者知识生产的新可能

从传播行动者对框架嵌入的使用情况来看，科学家与科普类自媒体使用较多的是单一科学框架或以科普为中心将其他框架作为补充的"科学+"的信息补贴模式；而专业媒体、机构媒体、平台媒体更多的是将科学信息作为补充框架，采用"+科学"的信息偶遇框架嵌入模式。它们在本质上仍未跳出各行动主体在科学传播中既有的话语模式，前者容易造成科学家在传播中"自说自话"的现象，进入传播面与互动面受限的瓶颈；而后者容易造成媒体对科学知识引用与传播的碎片化、浅薄化等问题。从提升传播效果和弥合行动者间鸿沟的角度来看，科学家与科普自媒体应多主动采用"+科学"的信息偶遇嵌入模式，进而有效扩大传播范围，增加与公众可能互动的机会；专业媒体、机构媒体和平台媒体应在嵌入框架中多补充"科学+"的信息补贴元素，弥补其在科学专业知识领域的不足，以增进公众对科学知识的掌握与理解。当传播主体开始走出固有的传播舒适圈时，科学传播的知识生产将迎来更多的可能。

高效的科学传播需要"破圈"。从框架嵌入的视角将科学传播置于广阔的公共传播空间中，突破单一科学议题研究的桎梏，既要关注信息扩散层面的传播范围，科学传播的内容如何能被更多人所"知晓"；亦要关注认知理解层面的传播影响，科学传播能在多大程度上实现共识达成，在内容互动中弥合不同主体间的知识鸿沟。这是未来科学传播研究与实践中需要继续思考的问题。

论健康风险报道中"不确定性"
建构背后的价值分化[*]

　　不确定性不仅是健康类风险和危机的一个常见特点，也是健康风险议题与政治、文化甚至科学议题的关键区别。H7N9 禽流感是一个重要的健康风险议题，代表了人畜共患病疫情周期性暴发或流行的潜在风险。自 2013 年 3 月底至 2017 年，H7N9 禽流感也成为媒体持续关注的议题。围绕 H7N9 禽流感议题的讨论总是存在不确定性，比如针对病例是否会增加或疾病流行可能性等的表述。媒体常常反映和塑造这种不确定性。风险报道相比其他的新闻报道更具挑战性就在于需要处理不确定性。媒体背负"风险放大/缩小"的责难在很大程度上与风险报道对不确定性的处理有关。媒体常常被批评弱化甚至忽视这种不确定性信息，或者被批评对不确定性过度呈现，使得风险报道呈现炒作特征。风险报道对不确定性的不同处理方式往往与其背后的价值有关，分析不同建构背后的价值差异，可以为健康风险传播提供理论视角和传播实践指导。基于此，本篇以 H7N9 禽流感风险报道为案例，借鉴奥斯丁·巴布罗（Austin Babrow）对不确定性的认识，探讨健康风险报道中"不确定性"的建构方式及背后的价值分化。

---

　　[*]　该文原发表于《现代传播（中国传媒大学学报）》2017 年第 10 期，作者为余红、李瑞芳。

一 问题整合理论视角下的不确定性概念

学界对不确定性概念存在多元的理解。健康传播学者奥斯丁·巴布罗的问题整合理论统合了许多对不确定性的认识，归类了不确定性的多种来源。该理论指出不确定性是"当情境的细节是模糊的、复杂的、不可预测的或概率的时候，当信息是不存在的或不一致的时候，当人们对自己的知识状态或整体的知识状态感到不安时，不确定性就存在"[1]。该理论把不确定性形式扩展到与信息相关的不确定性维度，认为"不确定性的许多形式来自我们对关于世界的信息的体验方式"[2]。量化概率、模糊性、矛盾性、不充分性、复杂性被看作与不确定性相关的信息。

同时，问题整合理论强调意义制造的语境性。这意味着，我们对任何一个事件的或然性和一系列信念或预期、价值和需求相交在一起。该理论阐述了在语境上完成的意义建构，认为人类必须整合可能性意义和价值性意义。[3] "PIT 名称中的'整合'部分源于一种观点，即认为那些可能性和价值常常是整合在一起的，或是相互交织的"，"不确定性和价值分别构成了信息处理的冷因素（cold cognitive mechanism）和热因素（hot cognitive mechanism）"[4]，二者相互构成最基本的语境。整合涉及可能性意义和价值意义的相互效果。"不确定性代表了可能性意义。"[5] 这也就意

---

① Babrow, A. S., Hines, S. C., & Kasch, C. R., "Managing Uncertainty in Illness Explanation: An Application of Problematic Integration Theory," in Whaley, B., ed., *Explaining Illness: Research Theory, and Strategies*, Mahwah, NJ: Lawrence Erlbaum Associates, 2000, pp. 41-67.

② Babrow, A. S., Kasch, C. R., & Ford, L. A., "The Many Meanings of 'Uncertainty' in Illness: Toward a Systematic Accounting," *Health Communication* 1 (1998): 1-24.

③ Babrow, A. S., "Communication and Problematic Integration: Understanding Diverging Probability and Value, Ambiguity, Ambivalence, and Impossibility," *Communication Theory* 4 (1992): 283-300.

④ 〔美〕莱斯莉·A. 巴克斯特、唐·O. 布雷思韦特：《人际传播：多元视角之下》，殷晓蓉等译，上海译文出版社，2010，第146页。

⑤ Babrow, A. S., "Communication and Problematic Integration: Understanding Diverging Probability and Value, Ambiguity, Ambivalence, and Impossibility," *Communication Theory* 4 (1992): 283-300.

味着不确定性是在语境中获得意义的，任何不确定性的建构都和价值整合在一起。当不确定性的建构和相关的价值不适合时，就形成了一种在意义上的问题整合。意义建构通常避免这种有问题的整合，而倾向于常规的整合。

二 价值、风险报道和不确定性

1. 价值和风险报道

不同学科对于价值的内涵存在争议。但是无论哪种认识，都不能脱离使用价值这一原始价值内容。学者们分别从意义、属性、关系、效应等不同角度来界定价值。而关系说是目前使用最多的内涵，在这种视角下，价值被认为是"客体属性与主体需要的特定关系"[1]。

斯图亚特·霍尔区分了"形式的"新闻价值和文化主义的新闻价值。[2] 二者构成了新闻价值多层次的系统。"形式的"新闻价值是包括新近性、冲突性、相关性等在内的新闻通用价值，它建立在公众和媒体的"共同的认知代码"和需求上。形式的新闻价值体现了新闻的前景结构，文化主义的新闻价值则体现了新闻隐藏的深层结构和意识形态性，因此霍尔把后者也称为意识形态的新闻价值，它涉及权力的有意识操纵和广泛共识，往往也是与媒体合谋下的价值体系。中国社会中，媒体受制于角色定位和身份地位，建构出自己的专业主义话语价值体系和意识形态，诸如对公共价值、宣传价值、经济价值的不同表达。

不同于一般议题报道，健康风险报道和科学界存在密切关系。科学理性价值成为建构主流风险话语的价值理念。与科学专家崇尚科学理性价值不同，公众通过日常生活经验来感知风险，并逐渐形成了社会理性。社会理性价值推崇的是以直觉为基础的个体经验的有用性。风险报道中的媒体往往被称为"准专家机制"（quasi—expert mechanism），这个术语反映了风险报道与专家密切联系但又常遭到科学界指责"不准

---

① 李连科：《价值哲学引论》，商务印书馆，1999，第 2 页。
② 〔英〕保罗·布赖顿、丹尼斯·福伊：《新闻价值》，周黎明译，中国人民大学出版社，2014，第 8~11、25 页。

确"的矛盾现象，而这种矛盾正是来源于媒体对于科学理性价值和社会理性价值的选择偏向。

2. 风险报道中的不确定性和价值的关系

不确定性被整合进不同的价值体系中，形成常规的或问题化的整合。媒体机构尽量避免有问题的价值整合，使不确定性的建构适应于价值。这就使得不确定性在媒体的建构中呈现两种基本的偏向。

一方面，一些建构不确定性的信息方式（如量化概率、模糊性、复杂性等）在风险报道中常被弱化。现代风险是一种与科学技术密切相关的风险。人们要理解诸如禽流感等风险必须有全面和系统的知识，其中就包括了对各种限制条件和背景知识的知晓。新闻是一种信息，而信息是减少或消除人们认识上不确定性的东西。"愈是谨慎的科技专家所表示的'不确定'意见——了解程度不够、证据不足、暂时性的分析——愈有可能被忽视或排除。"①

另一方面，一些建构不确定性的信息方式如冲突信息在风险报道中被凸显或遮蔽，呈现（不）确定性的生产偏向。新闻记者可能将更多的不确定性和争议带入报道中，目的是使风险故事更有新闻价值。在公共卫生事件中，大众媒体往往更倾向于报道疾病中的各种冲突。②

但是，不同媒体对不确定性的建构也不尽相同。传媒有自身运作的逻辑，即基于新闻通用价值的部分特征，其中更重要的是动态的部分，也就是说，媒体要受到文化主义的新闻价值的影响，甚至不同理性的影响。从一些有关风险议题新闻框架的研究中可以发现：一些市场化媒体"力图揭示事件真相及来龙去脉，展现社会冲突及实质问题"。精英与资本联盟试图通过"冲突的私域化"，使风险事件相关的本地媒体和党媒将冲突保持在公共权威的视野之外。③ 大众传媒还促进和培育了社会理性的进一步演进。④

① 朱元鸿：《风险知识与风险媒介的政治社会学分析》，《台湾社会研究》1995 年第 1 期。
② 涂光晋、刘双庆：《社交媒体环境下医患暴力冲突事件的媒介呈现研究》，《国际新闻界》2015 年第 11 期。
③ 郭小平：《风险社会的媒体传播研究：社会建构论的视角》，学习出版社，2013，第 139 页。
④ 李艳红：《以社会理性消解科技理性：大众传媒如何建构环境风险话语》，《新闻与传播研究》2012 年第 3 期。

目前还没有研究直接着眼于分析媒体对不确定性的建构差异，本研究尝试探析我国主流媒体风险报道对"不确定性"的建构方式及其背后的价值分化。

三　我国媒体对健康风险不确定性的建构

以"H7N9"和"禽流感"为关键词，检索慧科新闻搜索研究数据库，发现《人民日报》和《南方都市报》的报道比较密集，研究选择2013年3月31日到2017年2月28日期间两报有关禽流感的报道，共获得有效样本350篇，其中《人民日报》137篇，《南方都市报》213篇。

1. 概率信息和不确定性的建构

巴布罗（Babrow）指出，量化概率和模糊性信息都是概率信息。前者是概率的数字模式，后者是概率的语言模式。模糊性是对量化概率的不确定，具有更高的不确定性。本研究把概率数字（如"重症病例病死率27%"）编码为量化概率，把模糊限制语（如"大概"或"或者"）编码为模糊信息。研究发现，两报在通过量化概率建构不确定性上没有显著差异（$x^2 = 1.428$，$p = 0.232$），在模糊性信息上也没有显著差异（$x^2 = 1.843$，$p = 0.175$）。如果把量化概率和模糊性合并为概率信息，《人民日报》和《南方都市报》中的概率信息比例分别为34.3%和31.5%，两报没有显著差异（$x^2 = 0.306$，$p = 0.579$）。

《人民日报》中把不确定性建构为概率信息的报道在其所有报道中的所占比例是最高的（34.3%），高于冲突性信息（7.3%）、缺乏信息（17.5%）等。类似的情况也出现在《南方都市报》中。"很多科学家承认他们倾向于从概率的角度来看待风险问题。"[1] 概率信息是对确定性的"限制性表达"，由此可见，两报皆以凸显"限制性表达"来建构不确定性，体现了风险报道和科学话语的接近。

---

[1] 〔英〕斯图尔特·艾伦：《媒介、风险与科学》，陈开和译，北京大学出版社，2014，第107页。

2. 冲突性信息和不确定性的建构

冲突性信息是通过信息矛盾性来呈现不确定性。[①] 本研究把直接质疑（如"不同意"这样的反对词）和平衡性冲突（指没有直接表明冲突但是摆出两个不一样的观点）编码为冲突性信息。研究发现，《南方都市报》和《人民日报》通过冲突性信息来建构不确定性的比例分别为 22.1% 和 7.3%，两报存在显著差异（$X^2 = 13.335$，$p = 0.000$）。

《南方都市报》既呈现了科学领域内的冲突，例如，"有专家称 H7N9'病死率很高'，对此，王声涌有'异议'"[②]，也引用反对方的证据来"维持"在社会范围内的风险争议。例如，《南方都市报》通过《还不能肯定是家禽直接传人》《把 H7N9 流感称为'禽流感'是不科学的》这样的报道来呈现社会各界对 H7N9 病毒感染原因的争议。

而《人民日报》通过话语策略弱化呈现冲突。这集中体现为：在面对 H7N9 感染原因的争议时，《人民日报》在报道中提供诸如"避免接触和食用病（死）禽畜"这样的个人行动信息，或者直接将"禽流感"作为一个术语进行专门解读。这实际上是通过预设的方式达到既规避呈现冲突又间接回应冲突的效果。

另外，两报在建构不确定性时，选择冲突性信息的类型也有显著差异。《人民日报》的所有冲突性信息都是直接质疑，例如，《治疗 H7N9 禽流感未必要出台专门免费政策》就是对社会表达的全民免费医保进行了一种一锤定音的否定，没有给予反对方论辩的空间。而《南方都市报》总共 57 篇提及冲突性信息的报道中，50.9% 的报道（$n = 29$）更多地体现为平衡性报道这一折中冲突形式。

3. 复杂性信息和不确定性的建构

出现不确定性的部分原因是信息太复杂而处理不了。[③] 复杂的信息会

---

① Babrow, A. S., Kasch, C. R., & Ford, L. A., "The Many Meanings of 'Uncertainty' in Illness: Toward a Systematic Accounting," *Health Communication* 1 (1998): 1-24.

② 《粤防控组副组长、医学专家王声涌: H7N9 "病死率很高"说法不够确切》，《南方都市报》2013 年 4 月 8 日。

③ Babrow, A. S., Kasch, C. R., & Ford, L. A., "The Many Meanings of 'Uncertainty' in Illness: Toward a Systematic Accounting," *Health Communication* 1 (1998): 1-24.

传递或创造不确定性，因为它们无助于意义制造。本研究把复杂专业术语和细节编码为复杂性信息。复杂性信息在《南方都市报》和《人民日报》中的比例分别为 6.6% 和 16.8%，两报存在显著差异（$\chi^2 = 9.203$，$p = 0.002$）。《人民日报》更倾向于复杂性信息的表达。这集中表现在对于死猪是否为 H7N9 感染源的观点上，其表述是："上海市动物疾控中心对近期打捞上来的黄浦江上游漂浮死猪抽样的 34 份留存样品，进行了禽流感通用引物检测，未发现禽流感病毒。"[①] 在这里，"34 份留存样品"和"通用引物检测"这样的复杂性信息建构了不确定性。

4. 缺乏信息和不确定性的建构

缺乏信息的表述是通过揭露"知晓的不知"来建构不确定性。巴布罗把这种现象称作信息的不充分性（incompleteness）。本研究中，把报道指出缺乏知识（如"需要进一步调查"）或信息真空（如"缺乏证据"）编码为不确定性。研究发现，两报通过缺乏信息的表述建构不确定性的比例仅次于模糊性信息。缺乏信息在《人民日报》和《南方都市报》的比例分别为 17.5% 和 18.3%。两报没有显著差异（$\chi^2 = 0.035$，$p = 0.851$），而且，媒体往往把这种缺乏信息明示为缺乏科学信息。新闻"活禽市场最危险 人传人证据不足"中的"证据不足"就潜在地表达了科学信息在风险判断中的价值。

四　健康风险报道中不确定性建构背后的价值分化

在本研究中，两家媒体都倾向于凸显"限制性表达"（概率信息）和"知晓的不知"（缺乏信息）来强化信息的不确定性。在不确定性的建构上，"限制性表达"是对结果承诺的谨慎；"知晓的不知"是知晓科学信息方面的证据不足，复杂性源自对科学语言代码的难以理解，它们都是来自科学领域内不确定的论述。这说明从总体上看，传统媒体的健康类风险报道在建构不确定性时体现了"科学理性"价值的话语实践。但是不同传统媒体对不确定性也进行了不同操作（凸显和弱化），体现了背后的价值分化。

---

① 《黄浦江漂浮死猪中未发现禽流感病毒》，《人民日报》2013 年 4 月 2 日。

1. 科学理性和社会理性：风险报道中理性价值的局部分化

贝克指出，"在风险论争中变得确实清晰的，是在处理文明的危险可能性的问题上科学理性和社会理性之间的断裂和缺口"[①]。在本研究中，两家媒体呈现了理性价值的局部分化。"局部分化"指的是两家媒体在通过复杂性建构不确定性上的不同操作，呈现科学理性价值和社会理性价值的分化；同时，传统媒体对科学领域的冲突凸显和抑制，也间接地体现了这种分化。具体而言，《人民日报》的风险报道更加倾向于凸显复杂性，体现了其践行科学理性价值的话语实践。而《南方都市报》一方面倾向于弱化复杂性（用叙事语言和经验知识置换科学话语），以开拓社会理性价值的表达空间；另一方面通过凸显科学领域专家的冲突性，形成对科学知识的质疑，间接地实现对社会理性价值的启蒙，从而规避风险报道中科学理性独大而社会理性价值完全隐没的弊端。媒体在风险报道中建构不确定性时所体现的科学理性价值，潜在地把"风险分析"定义为科学又复杂的知识见解，不仅将健康风险的定义权垄断于科学专家与科技官僚手中，而且借由不确定性的语言，使它成为一种"无错"的宣称，从而策略性地规避了责任。因此，健康风险报道中基于社会理性价值的不确定性建构，更多的是以一种对专家权威的抵抗姿态呈现。

2. 冲突性和相关性：形式上的新闻价值分化

健康风险报道中对冲突性的不同操作，体现了形式上的新闻价值即冲突性和相关性的分化。"相关性（relevance）是指新闻对观众、听众或读者具有的重要性。从广义上讲，这在很大程度上与加尔通和鲁格略嫌僵化的一致性（consonance）这一术语相关。"[②] 在本研究中，《南方都市报》倾向于凸显风险的冲突性。冲突被看作记者在陈述中创造客观性的一种方式。而《人民日报》对冲突性进行弱化，常用相关性的新闻价值来替换冲突性的新闻价值。冲突性关注的是风险事件的戏剧性方面，相关性关注的是风险事件的实质方面。在突发传染病风险事件中，控制恐惧、构建安

---

① 〔德〕乌尔里希·贝克:《风险社会》，何博闻译，译林出版社，2004，第30页。
② 〔美〕卡琳·沃尔-乔根森、托马斯·哈尼奇:《当代新闻学核心》，张小娅译，清华大学出版社，2014，第179页。

全（健康安全和社会安全）对于受众来说更有相关性和重要性。《人民日报》诸如"避免接触禽类"的个人行动建议既避免直接呈现冲突，又为民众指引了风险规避行为的方向（体现相关性的新闻价值）。这样，争议性的观点转化为获得安全的信息。"新闻价值自身可以被视为一种充满意识形态的认识并且展现了世界的方式。"① 健康类风险报道对冲突性的强调往往体现了对个体化和细节的关注，这使得个人主义的理念和威胁感知被"自然化"。而相关性则更关注集体主义和安全的意识形态。

3. 社会价值和宣传价值：文化主义上的新闻价值的分化

文化主义的新闻价值，指导了一种建立在媒体角色和地位基础上的不同的专业主义价值的实现，是隐藏有关媒体话语权实践的信念价值。健康风险报道对于不确定性的建构映射了这种价值存在。齐格蒙·鲍曼曾潜在地假设"权力来源于对不确定性资源的控制"②。本研究中，传统媒体对冲突性的凸显和弱化体现了文化主义上的新闻价值的分化，这尤其体现在公共价值和宣传价值的分化上，这种分化形成了对不确定性资源的不同控制方式。具体而言，为了弱化冲突性意义，《南方都市报》更多的是对冲突特别是平衡性冲突进行凸显，给不同声音提供了一定的对话空间，这体现了该报通过维护公共服务价值而维护专业权威的实践。而《人民日报》侧重于对冲突性事件进行定性，通过对不合规范话语的裹挟和规制，裁决哪些意见是正确和应该被遵守的，从而弱化或转变了不确定性，充当的是"立法者"的角色，"立法者角色由对权威性话语的建构活动构成，这种权威性话语对争执不休的意见纠纷做出仲裁与抉择，并最终决定哪些意见是正确的和应该被遵守的"③。其通过立法而获得对风险独断的定义权和舆论引导，这彰显新闻报道凸显宣传价值的专业主义文化，并通过这种价值操作来维护专业权威。

---

① 〔英〕齐格蒙·鲍曼：《立法者与阐释者——论现代性、后现代性与知识分子》，洪涛译，上海人民出版社，2000。

② 〔英〕齐格蒙·鲍曼：《立法者与阐释者——论现代性、后现代性与知识分子》，洪涛译，上海人民出版社，2000。

③ 〔英〕齐格蒙·鲍曼：《立法者与阐释者——论现代性、后现代性与知识分子》，洪涛译，上海人民出版社，2000。

媒体传播力

媒体传播力概念辨析[*]

何谓"媒体传播力"？近年来，学界与业界对传播力的研究如火如荼，但对关键概念的界定相对模糊。不少学者在界定该概念时，将落脚点置于某种单一力，如传播能力是传播力①、传播效果是传播力②、传播权力是传播力③等。这样的概念界定有一定的合理性，但其代表的仅仅是媒体传播力研究的一个点，而非全貌。若将其直接等同于"媒体传播力"，难免以偏概全。概念的模糊、多义和混用，会造成研究边界的不清晰、研究视角的分化与理论分析的浮浅化。作为研究的逻辑起点，清晰的概念界定十分重要。本篇在媒介进化理论（media evolution）的视野下对"媒体""传播""力"的不同研究取向进行溯源与概述，辨析不同偏向中的传播力内涵，提出媒体传播力概念的理论模型。

一 "媒体"研究的三种取向

在进行概念辨析时，厘清其理论传统与研究脉络颇为重要。媒体研究的落脚点，是将媒体作为传播的技术工具，还是将媒体视为传播的主体，抑或将媒体置于传播的社会文化环境，对应的将是迥然相异的媒体传播力

---

* 该文原发表于《中州学刊》2021 年第 1 期，作者为余红、余梦珑。

① 刘建明：《当代新闻学原理》，清华大学出版社，2005，第 40 页。

② 丁柏铨：《论新闻舆论传播力、引导力、影响力、公信力》，《新闻爱好者》2018 年第 1 期。

③ 唐荣堂、童兵：《"传播即权力"：网络社会语境下的"传播力"理论批判》，《南京社会科学》2018 年第 11 期。

研究。

1. 媒介物质性与传播力

媒介物质性是实现传播力的基础。当其作为基础的技术形式时，是指一种"从人类起源（灵长类动物的工具使用与发明）时期就构成人类历史的技术人类学的普遍工具"，反映的是物质和技术条件以及经验、代理与互动的结构。① 媒体丰富性理论（media richness theory）、关键众人理论（critical mass theory）、社会存在理论（social presence theory）、符号互动主义（symbolic interactionism）、双能力模型理论（dual capacity model）、社会影响理论（social influence theory）等传播理论都隐含着这样一种观点，即传播媒介具有不同的特征，这些特征与其传播信息的能力以及在传播者和接收者之间促进信息交换的能力相关。② 詹姆斯·W.凯瑞（James W. Carey）认为，传播媒介的影响都来自一个简单的技术事实，即每一种现代媒介都提高了控制空间的能力。③ 正如"媒介凝视"要求我们关注传播发生的条件，在最广泛的意义上涉及媒介的物质性，包括它们的技术性、话语网络、文化技术和知识的形成。④ 思里夫特（Thrift）将这些媒介的"物质性"理解为保证相关性、保证偶遇性以及未经考虑的预期基础。⑤ 在媒体传播力中，这些基础赋予感官知觉的物质和技术条件，即什么是可见的、可说的和可代表的。丹尼斯（Dennis）等人认为媒介的物质技术决定了媒体的五种基本能力，即传输速度（信息可到达接收者的速度）、并行性（可同时发生的传输次数）、符号集（信息可被编码的方式）、可排练性（在发送信息之前编辑信息的能力）和可再处理性（在发

---

① Mitchell, W. J. T., & Hansen, M. B. N., ed., *Critical Terms for Media Studies*, Chicago: The University of Chicago Press, 2010, p. 103.

② Leonard, K. M., Van Scotter, J. R., & Pakdil, F., "Culture and Communication: Cultural Variations and Media Effectiveness," *Administration & Society* 7 (2009): 850-877.

③ 〔美〕詹姆斯·W.凯瑞：《作为文化的传播》，丁未译，华夏出版社，2005，第97、5、104页。

④ Siegert, B., & Winthrop - Young, G., *Cultural Techniques: Grids, Filters, Doors, and Other Articulations of the Real*, Fordham University Press, 2015, p. 29.

⑤ Thrift, N. J., *Knowing Capitalism*, London · Thousand Oaks · New Delhi: Sage Publications, 2005, p. 104.

送信息之后再次检索、编辑信息的能力)。①

媒介物质性决定传播力秩序。媒介物质性对传播的影响并不停留于提供传播条件层面，还决定了传播的发生方式和运行秩序。麦克卢汉（McLuhan）在《理解媒介：论人的延伸》一书中指出，技术的影响不仅是在观点或概念层面上发生的，还改变了感知比例或感知模式。② 基特勒（Kittler）进一步提出，"每一项媒介的内容，都是一项新媒介，原有媒介形式将成为新媒介的内容"，提出了"信息物质主义"（information materialism），信息系统与传播系统相融，信息被转变为物质，物质被转变为信息，③ 即物质技术促成了"一种全新的事物秩序"，媒介工具参与到人们思考的过程中，决定了传播的方式与轨迹。

2. 组织系统性与传播力

对媒体传播力中的"媒体"的理解，既可以是物质性的技术媒介，也可以是系统性的组织媒体。彼得斯（Peters）认为，对媒体的研究并不局限于物质和技术层面，还落在组织问题上，至少是在中心、枢纽、话语网络、集合或集群创建意义上的组织。媒体概念的扩展意义，是将媒体理解为"船只、容器和环境"，承载着锚定我们存在并使我们正在做的事情成为现实的可能性。这使得他们将媒体视为"文明订购设备"（civilizational ordering devices）或"管理时间、空间和权力的伴侣（materials）"。④ 作为组织的媒体的中介传播能力影响着实际的传播行为，⑤ 要全面解释媒体传播力，必须在媒体系统的背景下分析媒体使用的属性。作为信息系统的媒体系统是现代社会发展、维护和变革所必需的。媒体系统具有组织能力，它们通过调节组织结构关系和内部运作来实现配

① Dennis, A. R., Fuller, R. M., & Valacich J. S., "Media, Tasks, and Communication Processes: A Theory of Media Synchronicity," *MIS Quarterly* 3 (2008): 575-600.

② McLuhan, M., *Understanding Media: The Extensions of Man*, Cambridge: The MIT Press, 1994, p. 90.

③ Kittler, F. A., *Literature, Media, Information Systems*, Taylor & Francis Ltd, 1997, p. 146.

④ Peters, J. D., *The Marvelous Clouds: Toward a Philosophy of Elemental Media*, Chicago: The University of Chicago Press, 2015, p. 26.

⑤ Bakke, E., "A Model and Measure of Mobile Communication Competence," *Human Communication Research* 3 (2010): 348-371.

置和塑造关系。媒体系统依赖理论（media system dependency）① 解释了为什么媒体传播力的实现依赖于媒体系统，认为媒体系统控制信息资源与其他社会系统的关系，形成了对传播媒体信息的依赖。媒体传播力的程度取决于媒体系统的各种结构性因素组合。因此，要充分理解传播力，必须理解媒体系统在社会中的作用，将媒体系统的功能和可能影响媒体系统功能运行的结构条件（由其他社会系统形成）具体化。

作为组织中介的媒体系统通常具有不同的媒体属性与定位，根据传播目标与媒体使用动机的不同，会决定其传播对象及传播方式。大众媒体、主流媒体强调信息传播的广度，并在内容上赋意，以此实现对舆论的引导和控制。在大众传播的取向中，媒体更强调群体成员之间的相似性而非差异性，并从群体一致性的角度来看待传播对象。其传播对象是大众化的，传播力的诉求倾向于一致性，传播力的构建逻辑是"集体到个体"的实现程度。而互联网新媒体的传播力研究，则将传播对象聚焦于差异化的"个体"上，强调关注传播对象的特征、组织和职业文化、技术接受程度与个人偏好，在内容生产与传播逻辑上更强调个体对信息的"使用与满足"，通过对更为多元和个性的内容使用智能算法分发等方式，实现用户流量的获取。其传播力的诉求是分众化的，传播力的构建逻辑是"个体到集体"的累加程度。简言之，大众媒体的传播力研究偏向于将个体归属于群体中，关注宏观的传播力；而新媒体的传播力研究则偏向于将传播对象视为独立个体，聚焦于具体的传播行为与传播效果。

3. 媒介化与传播力

因媒介运行而带来的社会与文化生活转变，并以媒介再现的方式进行呈现的过程被称为"媒介化"②。这一概念强调了媒介介入社会进程，并在社会场域中扮演重要角色的实践。媒介化的运行过程包含了"形塑"与"再现"两个特征，其行动场域容纳了行动主体、技术以及资本与权力等要素，体现为媒介与环境之间复杂的互构关系。媒介环境学派的主要

---

① Ball-Rokeach, S. J., "The Origins of Individual Media-system Dependency: A Sociological Framework," *Communication Research* 4 (1985): 485-510.

② Couldry, N., "Mediatization or Mediation? Alternative Understandings of the Emergent Space of Digital Storytelling," *New Media & Society* 3 (2008): 373-391.

观点是"媒介即环境,环境即媒介"。相较于经验学派对于传播直接效果的关注,媒介环境学派以"人、技术、文化三者间的关系"为研究重点,更为关注技术与媒介对社会的长效影响,[1] 强调媒介、传播与文化三者间的互动共生关系。传播语境与文化差异是影响传播力的重要力量。在辨析与考量媒体传播力时,文化环境的关键性主要表现在释义与影响两个层面。文化理论认为,传播的有效性在一定程度上是由社会文化决定的,它对传播的影响可能涉及一系列过程(如曝光、注意力、暗示、框架),而这些刺激可能促进信息接收者对媒体内容的反思,表达想法的构成或理解。[2] 斯坦菲尔德(Steinfield)认为,传播的质量和有效性是由接收者而非发送者来衡量的,这就要求接收者需要熟悉语境(或文化)才能理解消息的符号内容,而不仅仅是理解数据或信息内容。[3] 这也是为什么传播客观数据或信息的内容通常比传递主观信息或知识的内容(如关于价值观、规范和独特性的信息)所需的解释更少,因为主观的信息往往需要更多的文化解释。而解释的对象是信息接收者而非信息传播者,传播释义的不确定性增加,传播力的可控性降低。同时,文化还影响着传播力水平。米勒(Miller)就曾指出,文化对关于社会、人、行为、关系以及类似的象征性主题的传播影响力要远大于对与文化无关的信息如纯数据信息的影响力。[4] 媒介环境学中的情境适应性暗含了传播本身的不确定性,在媒介化的过程中,文化环境、传播者、传播对象之间是一种"合作"关系,合作和互动的程度会决定媒体传播力的实现情况。因此,从这一视角出发,媒体传播力实际表现为媒介化进程中信息传播场域与文化环境场域的合力。

---

① 何道宽:《媒介环境学:从边缘到庙堂》,《新闻与传播研究》2015 年第 3 期。

② Pingree, R. J., "How Messages Affect Their Senders: A More General Model of Message Effects and Implications for Deliberation," *Communication Theory* 4 (2007): 439-461.

③ Steinfield, C., "Computer - Mediated Communications in Organizational Settings: Emerging Conceptual Frameworks and Directions for Research," *Management Communication Quarterly* 3 (1992): 348-365.

④ Miller, J. G., "Bringing Culture to Basic Psychological Theory—Beyond Individualism and Collectivism: Comment on Oyserman et al.," *Psychological Bulletin* 1 (2002): 89-96.

二 "传播"研究的两大视域

从19世纪"传播"一词进入公共话语时起，对传播的研究就存在两种不同视域，詹姆斯·W.凯瑞将其分为传播的传递观与传播的仪式观。以何种取向看待"传播"，决定了如何定义与评估"传播力"。

1. 传播的传递观

"传递"源于地理和运输（transport）两方面的隐喻，其中心思想是为了实现控制，把信息从一端传递到另一端，强调空间和距离上的位移。帕克斯（Parks）认为，尽管不同学者对传播的界定各有不同，但都或隐或显地包含了"控制"的观点，其基本功能是对身体、信息与社会环境的控制，[①] 有能力的传播主体会以合适和合作的方式对传播过程与行为进行控制和把握。根据传递的功能与目的，媒体丰富性理论认为，传递的传播过程中通常采取具有确定性的控制取向，通过丰富的媒介手段和清晰的内容减少不确定性，以提升传递信息的有效性。因此，传播的传递观往往更重视高语境（high context）[②] 传播，即直接赋予内容意义属性、接收定向（orientation），而非关注传播过程中的新意义生成，尤其是为了协调活动或实现决策。

2. 传播的仪式观

詹姆斯·W.凯瑞认为，传播的起源及最高境界并不是信息的传递，而是构建一个有秩序、有意义、能容纳人类行为的文化世界。[③] "仪式"并非信息的空间扩散，而是社会上维系和建立共享信仰的表征（representation）。涂尔干指出，社会秩序的运行充满了冲突与不确定性，他受人类学的启

① Knapp, M.L., & Miller, G.R., ed., *Handbook of Interpersonal Communication*, Thousand Oaks: Sage Publications, 1994, p.592.

② Earley, P.C., & Mosakowski, E., "Linking Culture and Behavior in Organizations: Suggestions for Theory Development and Research Methodology," in Yammarino, F.J., & Dansereau, F., ed., *Research in Multi-Level Issues: Vol.1. The Many Faces of Multilevel Issues*, New York: JAI, 2002, pp.297-319.

③ 〔美〕詹姆斯·W.凯瑞：《作为文化的传播》，丁未译，华夏出版社，2005，第97、5、104页。

发，提出了"集体表征"与"集体意识"概念，[1] 用以解释如何在冲突与紧张中保持社会的完整性。而传播仪式正是实现集体表征与意识建构、保持社会完整性的重要途径。Rice 指出媒体传播属于集体主义文化，在集体主义社会中，人们从出生起就融入了强大而有凝聚力的群体，并在群体中找到归属感和存在感。[2] 区别于传递（transmission），传播（communication）与共享（community）、共性（commonness）、共有（communion）有相同的词源，从仪式的角度而言，传播更强调集体间的分享、参与、联合与共同创造。就传播功能而言，相较于传递观中对信息传播效果的强调，传播的仪式观更偏向于信息的呈现（presentation）与介入（involvement）在建构意义空间和文化世界中扮演的角色。就传播过程而言，传递观的目标是继续以单向的方式提供信息，这主要是为了保持源的权威性，而不是寻求参与反馈循环；反之，仪式观则是寻求动态中的双向互动过程，传播的不确定性增加。就传播内容意义而言，不同于传递观中对内容的直接赋意，在仪式观中，传播被看作人们共享文化的过程，这个过程包含了创造（created）、修改（modified）、转变（transformed）等要素，强调互动和共享意义的生成。

3. 传递观与仪式观的互构

传播的传递观与仪式观作为不同的研究视域，尽管相互区别、各有侧重，但在其实际传播情境中又紧密结合、不可分割。

从传播特征来看，哈吉尔（Hargie）将传播定义为"一组目标导向的、相互关联的、情景适宜的社会行为，并且这些行为是可学习和可发展的"[3]。这个定义强调了构成传播的六个主要特征，即目标导向性、相互关联性、情境适应性、可识别性、可学习性和控制能力。而这六个特征并不是单一的传递取向或仪式取向就能概括的，其体现为两者的互构。传播的

① 〔法〕爱弥尔·涂尔干：《宗教生活的基本形式》，渠东、汲喆译，上海人民出版社，2006，第 62 页。

② Rice, R. E. , D'Ambra, J. , & More, E. , " Cross - culture Comparison of Organizational Media Evaluation and Choice," *Journal of Communication* 3（1998）：3-26.

③ Hargie, O. , *A Handbook of Communication Skills*, New York：New York University Press, 1986, p. 23.

基本目的有两个，即内容传递和建立社会关系。传递观更偏向于前者，仪式观更偏向于后者。俄罗斯的传播理论也有类似的观点，"kommunikatsiya"指的是信息内容，"obschenie"指的是共享的、社交的方面，① obschenie 中包含了"传播"的多个含义，如"关系"、"个体间的互动"、"汇聚"以及精神层面的"分享"等。从这个角度来看，传播不仅被视为一种"传递信息"的方式，亦是一种社会互动、知晓情境特征的手段。从传播的过程来看，拉姆（Lam）将传播分为两个过程：一是传递过程，即传递信息，实现信息的传输与到达；二是融合过程，即就信息的含义达成一致（或不一致）的过程。② 传递观更偏向于传递过程，仪式观更偏向于融合过程，传递信息是实现信息含义达成一致的基础。从传播模式来看，通常传播模式具有双重性，一方面是"……的模式"告诉我们传播过程是什么，另一方面是"为……提供模式"，即模式产生了其所描述的行为。例如，在传递模式下，内容似乎比关系更重要；在仪式模式下则不然，信息内容通常伴随着社会关系，这也是社交媒体成功的重要原因之一。因为相较于传统的符号通信技术，数字媒体技术更善于提供 obschenie，因为它们具有快速的响应与更强的反馈性，更利于关系的连接与互动。

传播的传递与仪式常常同时存在，社会有机论者将传递与传播的关系比喻为社会动脉与社会神经之间的关系，它们共同构成完整的传播系统。③ 我们在界定与研究传播力时，是侧重考量信息传递"位移"层面的"传播"力，是侧重考量信息分享的文化仪式影响"传播"力，还是考量二者皆有的合力，都需要做出区分和说明。

---

① Nosulenko, V. N., & Samoylenko, E. S., "Approche systémique de l'analyse des verbalisations dans le cadre de l'étude des processus perceptifs et cognitifs," *Social Science Information* 2 (1997): 223-261.

② Lam, C., "Improving Technical Communication Group Projects: An Experimental Study of Media Synchronicity Theory Training on Communication Outcomes," *Journal of Business and Technical Communication* 1 (2016): 85-112.

③ Lahlou, S., "Digitization and Transmission of Human Experience," *Social Science Information* 3 (2010): 291-327.

三 "力"研究的五种模式

当"力"与媒体传播相结合，相关研究主要集中在传播能力、传播效力、传播权力、传播动力、传播作用力这五方面。值得注意的是，在英文研究中，这由完全不同的单词构成，对应着相对清晰的研究分支。但在中文释义里，大部分研究并没有对"媒体传播力"的具体指向进行区分，概而言之的结果就是这一概念词组出现多义性，进而产生研究歧义。

1. 传播能力（communication capacity）

目前学界对媒体传播能力概念并没有统一的界定，大致有以下三种取向。一是目标取向。传播理论的基础是传播是有目的的，有发送者、接收者、要传达的内容、传递信息的媒介以及社会和文化背景。媒体丰富性理论认为，每一种媒介都具有特定的特征，影响着其承载的信息量或知识量。根据这一理论，传播目的、信息或知识的种类和数量、接收者的特征[1]都是影响媒体传播能力的重要因素。在这一取向中，传播能力被定义为传播主体在传播活动时的有效性和恰当性，它与实现传播目标的需要有关，即传播能力是指传播主体在多大程度上实现了传播目标。[2] 二是功能取向。根据媒体在传播活动中对"环境监视功能、社会协调与控制功能、文化传承功能、娱乐功能"等大众传播功能的实现程度来评估其传播能力。这一取向更强调媒体完成某一特定传播活动需要具备的主观能力（条件），侧重于对传播主体的素质考量。三是具体能力取向。传播能力是由传播主体所具有的技术能力、叙事能力、专业能力、媒介选择能力和情境适应能力等构成的。以专业能力为例，在媒体的传播能力中，除了技术能力，媒体还需发展数字专业主义能力。如在微博平台上进行健康卫生传播时，传播者不仅要熟悉专业信息和政策方针，还要注意对包括图像在内的患者信息等进行保护，要具有处理有争议问题的能力。这种能力在进

---

[1] Daft, R.L., & Lengel, R.H., "Organizational Information Requirements, Media Richness and Structural Design," *Management Science* 5 (1986): 554-571.

[2] Spitzberg, B.H., & Cupach, W.R., *Interpersonal Communication Competence*, Thousand Oaks: Sage Publications, 1984, pp. 124-131.

行涉及特定专业领域的科学传播、健康传播等时尤为重要。

2. 传播效力（communication effects）

传播效力亦称传播效果。有学者指出传播力的本质是传播效果，[①] 传播效果是一切传播行为运行的结果，在现实考察的过程中可以把传播力等同于传播效果。而传播的效果是根据传播事件在多大程度上实现了传播者的目标来衡量的。传播的目标不仅包括信息的传递，还包括改变接收者的态度，让接收者采取特定的行动。根据目标和取向的不同，学者们对传播效果的定义各有侧重。莱纳德（Leonard）等人从信息传播的角度将传播效果定义为"发送方的消息是否被接收方正确接收"[②]。达夫特（Daft）和麦金托什（Macintosh）则从传播对接收者产生的实际影响力出发，认为传播效果是"信息改变接收者理解水平的能力"[③]。由于"效果"本身是一个具有多种释意的概念，定义的不同实际上是对传播效果评估的取向不同。因此，有学者指出媒体传播效果的界定有三步：第一步，媒体报道直接对用户产生的传播效果；第二步，用户受媒体影响的行为可能会对他人产生影响，这也应被视为媒体报道的效果；第三步，其他人的行为可能再次反过来影响用户的行为（反馈）。[④] 这三步对应了不同层次的传播效果，它们在传播实践中甚至可能引发连锁反应，与最初媒体的"既定目标效果"相去甚远。这也提醒我们在界定概念时必须处理好三种类型的媒体效果，它们彼此之间可以相互加强，亦能相互削弱。

学界关于传播效力的理论研究主要有两个面向。一是对社会效果产生的宏观过程的分析，如"议程设置""沉默的螺旋""涵化""知识鸿沟"等，这些研究集中于媒体传播宏观的、长期的、综合的社会效果。二是对

---

① Shah, D. V., "Conversation Is the Soul of Democracy: Expression Effects, Communication Mediation, and Digital Media," *Communication and the Public* 1 (2016): 12–18.

② Leonard, K. M., Van Scotter, J. R., & Pakdil, F., "Culture and Communication: Cultural Variations and Media Effectiveness," *Administration & Society* 7 (2009): 850–877.

③ Daft, R. L., & Macintosh, N. B., "A Tentative Exploration into the Amount and Equivocality of Information Processing in Organizational Work Units," *Administrative Science Quarterly* 2 (1981): 207–224.

④ Kepplinger, H. M., "Reciprocal Effects: Towarda Theory of Mass Media Effects on Decision Makers," *The International Journal of Press/Politics* 2 (2007): 3–23.

具体效果产生的微观过程的分析，关注分层、多级和条件传播，从"同一"效果研究走向"差异"效果研究。

3. 传播权力（communication power）

传播权力是传播力研究的重要分支。马克斯·韦伯（Max Weber）对权力（power）的定义是让他人根据自己的意愿行动的能力，体现为控制力；[①] 类似的观点是将权力定义为感知力（perception），它是控制或影响他人的潜力，通常是通过控制资源来实现的。传播权力存在于动态的反应系统中，在传播活动中是反复出现的，由它对他人行为的控制能力构成。[②] 关于传播权力的存在形态，学界有两种不同的观点。一是传播权力的"间接"存在形态。根据韦伯的合法性理论，统治阶级或利益集团为了更好地达到社会控制和管理的目的，往往会赋予权力正统性，大众传媒正是实现这种合法性的重要工具。随着信息技术革命的推进，大众传媒逐渐成为政治经济争夺的力量，权力掌握在那些理解并能控制传播的人手中。其重点之一是对意识形态的控制，即传媒通过对传播内容、语言和过程的操纵改变人的思维方式和价值观，使其自愿接受控制，从而达到意识形态一致化和思想规范化的目的。换言之，媒体的传播权力，是通过议程设置权、话语权、审判权、信息掌握与传播权、政治形象塑造权等对社会进行控制。[③] 二是传播权力的"直接"存在形态。曼纽尔·卡斯特尔（Manuel Castells）在权力的传播理论（communication theory of power）中提出，"在网络社会中，权力即传播权力"，话语在网络社会中由社会行动者生产、传播、争夺、内化并最终体现在人类行动中。网络社会中的权力与传播事实上构成了一种"同构"关系，[④] 这种同构关系在一定程度上决定了传播的自由度与权力的实现。传播间的动态构成了作为社会和文化控制机制的系统间对话。传播中的对话不仅促进同质性意见的汇合，同时

① 〔德〕马克斯·韦伯：《新教伦理与资本主义精神》，康乐、简惠美译，广西师范大学出版社，2010，第42页。

② Galloway, A. R., *Protocol：How Control Exists after Decentralization*, Cambridge：MIT Press, 2004, p. 77.

③ 〔美〕J. 赫伯特·阿特休尔：《权力的媒介——新闻媒介在人类事务中的作用》，黄煜、裘志康译，华夏出版社，1989，第49页。

④ Castells, M., *Communication Power*, New York：Oxford University Press, 2009, pp. 263, 38.

也会促进新的、异质性与分歧性的意见的产生。传播对象在参与过程中产生权力话语（power discourse），实现了不同形式、不同程度的对话控制（dialogic control）与传播权力。

4. 传播动力（communication dynamics）

当前国内对"传播力"的讨论和研究主要集中于传播能力和传播效果层面，但传播力的内核并不仅仅停留于这两个层面。不少学者指出，在考察传播力时，不要陷入技术决定论框架，而应探究特定媒介是如何在现有社会结构和制度形式下运行的。[①] 对传播动力的释意有两个维度。一是基于传播者目标与使用动机的动力。有研究发现，媒体传播动力与行动主义（activism）呈正相关，[②] 目标会作为动力刺激和指导传播行为，而传播动力又会促进传播目标的实现，是开展传播实践的基础。与目标相关联的概念是媒体的使用动机，拉罗斯（LaRose）等人认为"媒体使用动机"来自一旦做出某种特定的行为，将会经历某种预期的结果的想法，换言之，预期的结果起着激励作用。[③] 二是媒介系统运行过程中传播者与接收者共同产生的动力。传播的动力既产生于传播者基于媒体使用动机的目标需求，也产生于传播过程中传播者与接收者间的互动对话。在数字媒体背景下，传播实践正在发生深刻改变。伊布鲁斯（Ibrus）认为，在对话关系的网络中，无数参与者之间的对话控制过程，共同构成了移动网络及其媒体形式的传播动力（communication dynamics）。[④] 以新闻生产为例，随着互联网技术的发展，信息接收者成为一个个独立的"节点"主体，他们在传播过程中具有对信息内容进行"赋意"的能力，形成多主体多中

---

① Humphreys, S., Rodger, D., & Flabouris, M., "Understanding the Role of Medium in the Control and Flows of Information in Health Communication," *Asia Pacific Media Educator* 2 (2013): 291-307.

② Shah, D. V., McLeod, J. M., & Lee, N., "Communication Competence as a Foundation for Civic Competence: Processes of Socialization into Citizenship," *Political Communication* 1 (2009): 102-117.

③ LaRose, R., Mastro, D., & Eastin, M. S., "Understanding Internet Usage: A Social-cognitive Approach to Uses and Gratifications," *Social Science Computer Review* 4 (2001): 395-413.

④ Ibrus, I., "Dialogic Control: Power in Media Evolution," *International Journal of Cultural Studies* 1 (2015): 43-59.

心的"动态传播实践"。布伦斯（Bruns）将这一过程定义为"协作式新闻布展"（collaborative news curation）。[①] 这意味着传播实践不再拘泥于传统媒体的"把关"和"控制"取向，而是在多主体的"协作"与"对话"中促成信息内容生产和传播的"开源"，催生新的传播动力。

5. 传播作用力（communication counter-power）

"力"作为物理学概念，是指物质之间相互作用的结果。"力"有三个基本要素——大小、方向和作用点，其基本内核是"力的作用是相互的"。兰（Lang）等人把媒体对报道对象的直接影响和报道对象对媒体的影响称为"相互作用"；他们同时指出，当人们观察媒体报道的相互作用时，研究对象"并不是在瀑布的末端，而是在瀑布的开始"。[②] 也就是说，传播作用力的产生始于传播实践之初，对媒体传播力的研究也从线性模型转变为反馈模型，即媒体报道对象的个性或行为刺激和改变着媒体报道，传播作用力会对传播关系产生重构。

曼纽尔·卡斯特尔认为，权力的运行过程包括两个方面：一是行使权力，达到控制和支配的目的；二是反抗权力，即抵制这种控制和支配。两者的互动构成完整的权力，这种社会行动者参与、挑战并最终改变已有社会中权力关系的过程，被他称为"反权力"（counter-power）。[③] 正如上文所讨论的，传播权力是媒体和机构为实现特定的传播目标而采取的控制行为。但权力的直接运用往往带来权力的不对称性，当这种不对称性累积到一定程度时，便会破坏传播生态的平衡。在传统媒体环境中，传播权力呈现出垄断和集中性，此时信息接收者可产生的对话空间和作用力很小。随着互联网的出现，有了多种新的传播模式，多对多的大众对话模式具有"交互性"和"参与生产性"，权力结构逐步发生改变。其一是赋权。技

---

① Bruns, A., "Gatewatching, Not Gatekeeping: Collaborative Online News," *Media International Australia* 1（2003）：31-44.

② Lang, K., & Lang, G. E., "Perspectives on Communication," *Journal of Communication* 3, pp. 92-99.

③ Castells, M., *Communication Power*, New York：Oxford University Press, 2009, pp. 263, 38.

术发展正在把知识、权力和决策能力从媒体专业人员转移到普通公众身上,[①] 普通公众拥有发声渠道和话语权,传播权力开始转移,这正是构成"作用与反作用"权力关系的赋权过程。其二是分权。数字网络社交媒体威胁着当前制度实践的权威、控制和权力关系。随着传播控制权再次分散,决定内容、时间和空间分布的权力亦更加分散。拥有权力的信息接收者对传播者的作用力更加明显,促成新的权力关系的实现。作为信息接收者的公众享有知晓权、媒介接近权,同时互联网技术又赋予其渠道以传播权,当传播实践中这些"权利"(right)集合形成"权力"(power)时,便会产生对传播者的"作用力"(counter-power),对传播实践产生影响。

6. 五种传播力的关系

如图1所示,在传播力研究中,从"力"的角度出发,媒体传播力大致可分为传播能力、传播效力、传播权力、传播动力、传播作用力,将任何一种力直接定义为传播力都难免以偏概全。五种传播力之间相互关联、相互作用,每一种"力"的功能发挥与作用都离不开其他"力"的直接或间接影响。但实际研究往往是针对某一种力的"单一力"研究,或是针对某几种力的"复合力"研究。在空间的呈现上,五种传播力的聚焦点是有所偏向的,应将其做出区分,而非笼统地称其为"传播力"研究。

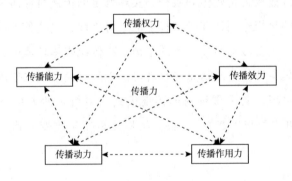

图1 五种传播力关系

---

① Boucher, J. L., "Technology and Patient-Provider Interactions: Improving Quality of Care, But Is It Improving Communication and Collaboration?," *Diabetes Spectrum* 3 (2010): 142-144.

四 媒体传播力概念理论模型

媒介进化论认为，媒介系统中的各种媒介在其孕育、产生、发展、消亡的过程中，始终遵循历史的延展性与继承性。[①] 从大众传播时代到现在的互联网媒体时代，技术更迭不断带来新的媒介形态，不同媒介间的竞争本质上是媒体系统内的自调节与自组织，媒介与媒介进化之间是互动与共生的关联结构。这种动态发展的媒介整体观为我们厘清"媒体传播力"中媒体与媒体、传播与传播、力与力之间的竞争、互动、共生关系提供了理论思路。

"媒体传播力"一词是由"媒体""传播""力"共同构成的复合名词。"媒体"有物质技术、组织中介、泛媒介化三种研究取向，"传播"有传递观与仪式观两大视域，而"力"有能力、效力、权力、动力、作用力五种模式。它们共处于一个动态发展的媒体生态系统中，但在不同的偏向下，存在多种组合方式。

如图 2 所示，"媒体传播力"是个立体多维的概念：每个面的要素点之间彼此交叉，却又有明确的界限；面与面之间的要素相互独立，却又彼此连接；面与点之间有多种连接的可能。在具体的研究目标与研究情境下，三个面、十个点之间的特定组合方式会形成不同的媒体传播力概念研究框架。

如图 3 所示，x 轴是"媒体"的技术、组织与媒介化取向；y 轴是"力"的权力、能力、效力、动力、作用力模式；z 轴是"传播"的传递观与仪式观，三个组合面共同构成 $3 \times 5 \times 2$ 的"媒体传播力"立体模型。每个元素小格的延伸线在三维空间中形成交汇点。以图 4 为例，$C = x_1 + y_2 + z_1$，C 点的媒体传播力，是指媒介技术所具备的实现信息传递、到达与位移的传播能力。但在动态的媒介整体发展进程中，媒体的技术、组织与环境不可分割，传递与仪式相互作用，"五力"之间彼此渗透，每个三维面内的各要素间是竞争、互动与共生的状态。因此，在具体实践与理论研究中，媒体传播力的交汇点存在以下多种情况：

---

① 〔美〕保罗·莱文森：《莱文森精粹》，何道宽编译，中国人民大学出版社，2007，第 99 页。

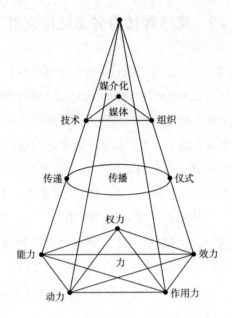

图 2　媒体传播力组合模型

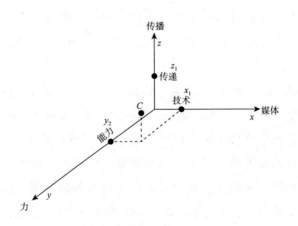

图 3　媒体传播力概念

单点对单点的交汇：如 $C = x_1 + y_1 + z_1$；

单点对多点的交汇：如 $C = x_1 + y_{(2+4)} + z_{(1+2)}$；

多点对多点的交汇：如 $C = x_{(1+2)} + y_{(2+4)} + z_{(1+2)}$；

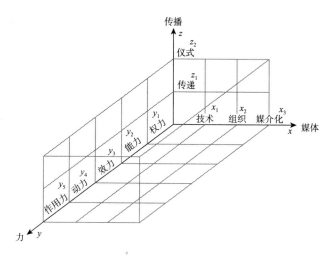

图 4　媒体传播力概念

多点对多面的交汇：如 $C=x_{(1+2+3)}+y_{(2+3)}+z_{(1+2)}$；

多面对单点的交汇：如 $C=x_{(1+2+3)}+y_{(1+2+3+4+5)}+z_2$；

多面对多面的交汇：如 $C=x_{(1+2+3)}+y_{(1+2+3+4+5)}+z_{(1+2)}$。

这些点与点、点与面的连接所形成的关系交织，实际上构成了媒体传播的参与场域。布迪厄（Bourdieu）等将场域定义为位置间客观关系的网络或形构，[①] 作为关系的媒体、传播与力在动态的媒介场域内进行活动，实际上形成信息场、技术场与文化场的合力，并在不同的情境偏向下连接为特定的关系组合。

从大众传播时代到互联网时代，媒介技术（物质性）的进化，实际上在形塑着不同的媒介文化场域。媒介技术的迭代补偿，实际上带动着"传播"与"五力"进化。就"传播"而言，大众传播时代更强调信息传递功能的实现，而互联网时代则更强调过程的互动、关系的连接、共识的达成。就"五力"而言，大众传播时代更多强调的是媒体单向的传播力，受众缺失传播能力、传播权力，只能作为被动的传播效力研究对象；

---

① 〔法〕皮埃尔·布迪厄、〔美〕华康德：《实践与反思——反思社会学导引》，李猛、李康译，中央编译出版社，1998，第 52 页。

而互联网时代，传受界限开始模糊，受众的传播能力、传播权力得以实现，并在传播动力与传播作用力方面对专业媒体产生影响。因此，在进行媒体传播力研究时，如何在动态整体的媒介场域中把握"媒体""传播""力"之间的关系组合，具有重要意义。

正如詹姆斯·W. 凯瑞所言："在学术研究上往往起点决定终点。"①对媒体传播力研究的基本立足点，在很大程度上决定了随之而来的分析路径。对媒体传播力的概念界定，应从特定的研究场域出发，在立体多维的概念模型中，把握各要素间的关系与组合方式，在多义性概念中明晰研究重点，规范学术研究路径。

---

① 〔美〕詹姆斯·W. 凯瑞：《作为文化的传播》，丁未译，华夏出版社，2005。

算法嵌入传播：平台媒体的权力
转移与风险规避[*]

　　作为互联网科技产业与新闻信息产业融合的产物，平台媒体通过算法编程运行代码等"控制技术"动态修改内容与功能，嵌入平台中的算法力量逐渐成为支撑信息传播结构的关键部分，传播的权力开始发生转移。埃默森（Richard Marc Emerson）认为，权力实现的关键是"行动者是另一行动者实现其目标的依赖"[①]。平台媒体和专业媒体在围绕新闻内容构建流量方面形成了这种相互依赖：平台将专业媒体的内容供给作为信息资源满足用户需求，专业媒体则借助互联网平台提升内容传播力与影响力。然而在看似和谐的合作中，两种趋势正在改变在线信息系统并打破两者的权力平衡：一是人们越来越多地通过移动智能设备获取信息；二是在这些智能设备的使用中，人们主要通过微博、微信、抖音、今日头条等社会化媒体平台接触信息。平台算法作为一种隐形中介控制着信息的可见与不可见，并悄然影响着传播效果流。因此，针对算法嵌入传播的机制及其对权力影响的问题展开研究具有必要性。

---

　　[*]　该文原发表于《中州学刊》2022年第9期，作者为余红、余梦珑。
　　[①]　Emerson, R. M., "Power-dependence Relations," *American Sociological Review* 1 (1962): 31-41.

一 算法嵌入传播

梵迪克（José van Dijck）曾指出，平台的运行建立在算法协议的基础之上，算法在事实上控制着社交流量。[①] 平台算法具有嵌入性、一定程度的不可见性与可扩展性，广泛覆盖并以潜移默化的方式在传播中做出决策，影响着政治、社会与文化。

（一）算法嵌入内容生产

随着计算新闻（computational journalism）的兴起，算法越来越进入媒体内容的生产流程中。南波利（Philip M. Napoli）认为，"算法转向"对媒体行业的影响最为明显且是潜在的重大转变。[②] 一是媒体生产组织越来越依赖算法驱动的系统来预测需求，其在高度饱和与不稳定的信息市场中，通过算法预测来取得潜在的成功，通过自动化生成内容满足信息的时效性需求，由此，大量的机器程序写作开始投入内容生产。二是内容生产者将算法纳入生产策略，包括在不同阶段对于信息的采集、取舍、编码与呈现。算法开始承担内容生产环节中的两个重要角色："信息采集者"（负责自动化搜索信息并将其整合到内容项目中）与"信息处理者"（负责将采集信息通过程序转化为可供发布的完整产品）。三是算法嵌入内容的重要机制还包括对内容的自动审查与删除，对不符合平台规则的内容进行强制执行。其中也包括对虚假信息的处理，即通过启用新闻核查技术，在准确性与确定性等指标分析的基础上，对平台媒体中的虚假信息进行自动化处理。

（二）算法嵌入渠道分发

平台媒体在为信息提供流通场域的同时，也将平台运行协议的算法嵌入传播渠道。吉莱斯皮（Tarleton Gillespie）等人认为，算法已成为"控

---

① Van Dijck, J., Poell, T., & De Waal, M., *The Platform Society: Public Values in a Connective World*, New York: Oxford University Press, 2018, p. 25.

② Napoli, P. M., "On Automation in Media Industries: Integrating Algorithmic Media Production into Media Industries Scholarship," *Media Industries Journal* 1 (2014): 33-38.

制我们所依赖的信息流的关键逻辑"①，通过在渠道中把关、过滤、排序、放大、分发等方式阻碍或促进信息流的传播。一是算法把关。算法把关是"世界上数十亿条可用信息被截短并转化为在某一天到达某一特定人群的数百条信息的过程"②。不同于传统媒体的记者与编辑把关，平台媒体中的把关任务越来越多地由非新闻专业人士与算法执行，算法在渠道中决定并控制着可以进入其传播场域的信息。二是算法过滤。算法过滤是程序员对信息的选择、分类与可见性进行优先级排序。在微信等一对一消息模式的社会化媒体平台中，用户受算法过滤的影响较小，因为消息可以在他们之间直接发送。然而，当内容的发布与可见性由算法排名决定时，由开发者实施的编码操作有能力塑造用户对文化、新闻与政治的共同认知。三是算法推荐。算法推荐是基于一系列计算和有序步骤将输入转化为输出的程序，它在预先设定的推荐程序基础之上，对不同使用者的信息行为进行数据分析与机器学习，可以在传播的过程中实现千人千面的个性化推荐与分众传播。值得注意的是，在平台媒体中所有的信息都要经过算法系统。算法嵌入渠道的传播机制并不专属于新闻媒体内容，但所有的新闻媒体内容都要经过它的程序设定。

（三）算法嵌入关系建构

平台通过连接多种服务与功能，成功地在信息生产者与消费者以及不同组织之间建立了中介关系，并接管了以前由其他组织所掌控的部分权限。在这个过程中，算法被理解为一种社会技术存在，也被视为一种植根于各种社会和文化实践的深度中介化的方式。它嵌入人们的日常交往行为，通过发挥中介效应塑造着多方行动者之间的关系。基钦（Rob Kitchin）将算法视为"性能化的、偶然的、动态的，并嵌入更广泛的社会关系集合"③。这种观点认为，算法通过人类与非人类行动者之间的一

---

① Gillespie, T., "The Relevance of Algorithms," in Gillespie, T., Boczkowski, P., & Foot, K., *Media Technologies: Essays on Communication, Materiality, and Society*, Cambridge: MIT Press, 2014, pp.167-194.

② Shoemaker, P. J., & Vos, T., *Gatekeeping Theory*, New York: Routledge Press, 2009, p.29.

③ Kitchin, R., "Thinking Critically about and Researching Algorithms," *Information, Communication & Society* 1（2017）: 14-29.

系列复杂关系而产生并在网络空间中运行，它与其他行动者之间的"结构性纠缠"①所构成的偶然性复杂传播环境，共同塑造着传播的关系。这些行动者包括算法的代码、数据结构、软件系统等，也包括程序员、工程师、监管机构等，还包括使用、互动、理解它们存在的用户。算法作为"非人类行动者"，嵌入人们的传播活动，编织着新型的内容关系网络、人际关系网络与物联关系网络。

（四）算法嵌入价值塑造

媒介化研究强调媒体是如何以及在多大程度上嵌入日常生活，从而塑造人们在社会世界中的感知、行为方式与价值意义。在数字化和数据化普遍存在于人们的信息获取与日常交往实践中的今天，算法正成为媒介化的重要手段。它在嵌入传播过程中对价值的塑造主要体现在两个维度。一方面，平台媒体通过算法实现权力主体对其他行动者的价值影响。易卜拉欣（Yasmin Ibrahim）认为，平台算法通过"技术凝视"将自身价值观和道德观赋予公众。②算法运行规则内嵌的是平台价值，在其制定的标准系统中，算法决定着信息材料的纳入与排除；在信息搜索、过滤、排序的设计中，算法自觉或不自觉地引入了潜在的价值观，并在不知不觉中对信息接收者产生影响。另一方面，算法嵌入也在进行着价值创造。平台媒体通过算法对用户的使用痕迹进行数据训练，使之能够做出更细致的判断，更好地获取注意力，并将这种注意力转换为商业价值。阿西克（Adrian Athique）把这个过程称为"炼金术"③，他认为算法将用户在平台的数字痕迹从"淤泥"提炼为"金子"，将数据价值转换为其他利益价值。

二　算法嵌入传播带来的权力转移

平台媒体权力的来源是其能够运行媒体权力的能力。我国媒体权力主

---

① Introna, L. D., & Hayes, N., "On Sociomaterial Imbrications: What Plagiarism Detection Systems Reveal and Why It Matters," *Information and Organization* 2 (2011): 107–122.

② Ibrahim, Y., "Facebook and the Napalm Girl: Reframing the Iconic as Pornographic," *Social Media Society* 4 (2017): 1–10.

③ Athique, A., "The Dynamics and Potentials of Big Data for Audience Research," *Media, Culture & Society* 1 (2018): 59–74.

要由政治赋予和能力赋予共同构建。从政治层面来说，作为"党和政府的喉舌"，专业媒体具有代表党和政府发声的权力，同时还履行作为监督机构的权力，这一点目前仍未发生改变。带来媒体权力转移的关键在很大程度上在于传统主流媒体能力的式微和平台媒体能力的崛起。这主要表现在："内容生产的能力"逐渐被 UGC（用户生产内容）和 MGC（机器生产内容）所分散；由于信息的发布从媒体自主平台转到了互联网平台，"控制信息的能力"中的"议程设置""信息曝光""把关""守门"等渠道权力发生转移。这种权力转移并非颠覆了过去的权力结构，而是更多地将权力结构融入算法系统。

（一）作为技术的算法：平台可供性塑造传播"游戏规则"

数字媒体时代算法已深深嵌入传播基础设施，新兴的规则与制度正在塑造新的传播权力。梵迪克认为，算法等数字硬件不仅仅是促进传播的基础设施，其开发与部署也是重新校准公共领域传播权力斗争的一部分。[1]

1. 算法成为传播基础设施

芬尼曼（Niels Ole Finnemann）等学者曾展开关于"数字媒体物质性"研究，[2] 指出在日益依赖新的数据驱动基础设施与通信设施的信息社会，技术中介成为构建社会感知的重要基础，塑造着媒体权力。平台媒体算法作为传播基础设施的一部分，是影响人们理解网络信息方式的强大手段。从信息数据获取、分发与控制到内容呈现与价值引导的形式手段，平台算法通过技术赋权，改变着信息的生产与传播逻辑，技术可供性越来越决定着媒体发挥作用（行使权力）的条件。

2. 传播规则的遵循与强化

传播权力不仅是控制获取知识建构的权力，更是控制知识建构过程中话语运作规则的权力。不同媒体遵循着各自的游戏规则，包括信息如何生产，内容如何分发，以及人们和组织如何使用媒体。算法预构了社会化媒体平台上的信息流和话语动力学，程序员将规则、规范和文化理念编码到

---

① Van Dijck, J., "Facebook as a Tool for Producing Sociality and Connectivity," *Television & New Media* 2 (2012): 160-176.

② Finnemann, O., "Mediatization Theory and Digital Media," *Communications* 1 (2011): 67-89.

信息产品中，使得传统媒体在平台的内容生产、分发与使用过程必须遵循平台算法的规则，如文本的字数限制、视频的时长与清晰度限制等。普兰提（Jean-Christophe Plantin）指出，从遵守算法规则到适应算法规则，平台通过设置算法规则与其互动的各方行动者产生了锁定效应（lock-in effect）[1]。也就是说，算法规则在被遵守的同时也在不断被定义与强化。

3. 象征性权力的物质载体

在一个媒体无处不在、编码无处不在的信息社会中，算法正在构建新的认知力量结构。社会化媒体平台加强了象征和物质之间的联系，物质为象征提供了中心舞台，促进了"象征权力的高度集中"[2]。作为基础设施的平台算法并不仅仅是中介，而是意义工作的载体（象征性负载）。算法将现实世界在网络空间中映射为数据与模型，并作为"沟通和知识工具"的"象征系统"发挥作用。它存在于符号产生的过程，除了物理（或数字）表征，还会转换、翻译甚至修改或扭曲内容。

（二）作为行动者的算法：注意力时代的"潜网"控制

沃伦·布里德（Warren Breed）认为，任何处于特定社会环境中的传播媒介都担负着社会控制的职能，但这类控制往往是潜移默化、不易察觉的，这个过程可称为"潜网"[3]。在平台媒体环境下，算法不仅仅是技术中介，也是参与行动者，马利（Ico Maly）称之为"算法行动主义"（algorithmic activism）。[4] 媒体平台的算法作为人类判断的代理，程序化地选择与之目标相匹配的知识，这使得 Facebook、Twitter、YouTube 等平台在混合媒体系统中拥有巨大的话语权，并积极地参与"潜网"控制。

1. 注意力成为媒介系统的"权力货币"

一直以来，媒体权力被认为是对稀缺或排他性信息资源的控制。在信

---

①　Plantin, J. C., et al., "Infrastructure Studies Meet Platform Studies in the Age of Google and Facebook," *New Media & Society* 1 (2018): 293-310.

②　Couldry, N., "The Myth of 'Us': Digital Networks, Political Change and the Production of Collectivity," *Information, Communication & Society* 6 (2015): 608-626.

③　Breed, W., "Social Control in the Newsroom: A Functional Analysis," *Social Forces* 4 (1955): 326-335.

④　Maly, I., "New Right Metapolitics and the Algorithmic Activism of Schild & Vrienden," *Social Media Society* 2 (2019): 1-15.

息饱和的媒介环境中，注意力被视为混合媒体系统中的一种权力货币①，是掌握媒体权力的关键资源，算法权力则是一种"注意力政治"②，它定义了对象或事件的主导意涵与表征，在传播中系统放大或抑制声音，是行动者实现各种目标所必需的能力。算法在媒体注意力方面的强大之处表现在三个方面。一是通过技术手段让公众接触到由数字信息描述的现实世界，建构公众认知的世界，并影响其潜在的行动。二是在重视参与度的平台媒体中，注意力暗示着一定程度的影响力、知名度和关注度，算法通过排序塑造并强化着"关注价值"。三是算法可以把注意力持有转移到其他物体上，将传播的权力转化为其他形式的权力机制，并以此实现平台的商业或意识形态目的。

2. 信息控制中的"可见"与"遮蔽"

信息控制的权力可以理解为影响渠道与信息流的能力。平台媒体中选择和传播信息的算法起到了把关人的作用，构建了信息控制中的"可见"与"遮蔽"。麦凯维（Fenwick McKelvey）认为，可见性是由内容发现平台构成的一种媒体力量，③是传播内部系统作用与权力关系的外在体现。算法在内容、用户、创作者之间工作，生成并放大符合其价值期望与利益的内容。与"可见"相对应的是"遮蔽"，即算法的不可见实践。算法通过对内容的限流或删除来实现内容调节，而这个过程往往是缺乏透明度的。有学者指出，当信息控制权被转移给了大型平台公司时，实际上导致了"从新闻业到平台公司的权力再分配"④。这种权力再分配在一定程度上是传统媒体对平台渠道的"依赖性"所致，但权力的再分配却不止于内容和渠道层面，还涉及处理信息的原则与意识形态价值观引导方面的权

① Zhang, Y., et al., "Attention and Amplification in the Hybrid Media System: The Composition and Activity of Donald Trump's Twitter Following During the 2016 Presidential Election," *New Media & Society* 9 (2018): 3161-3182.

② Velkova, J., & Kaun, A., "Algorithmic Resistance: Media Practices and the Politics of Repair," *Information, Communication & Society* 4 (2021): 523-540.

③ McKelvey, F., & Hunt, R., "Discoverability: Toward a Definition of Content Discovery through Platforms," *Social Media Society* 1 (2019): 1-15.

④ 白红义：《重构传播的权力：平台新闻业的崛起、挑战与省思》，《南京社会科学》2018年第2期。

力转移。

3. 混合媒介中的议程竞争

现代媒体系统是由报纸、电视、广播等传统主流媒体（包含"两微一端"以及开设的抖音、头条等新媒体账号）与包括社会化媒体在内的平台媒体共同组成的混合系统，在不断地竞争、合作、渗透当中，媒体权力在混合媒体的各个子系统间转移。因此，谁作为议程设置者发挥舆论权力的问题变得至关重要。纽伯格（Neuberge）将舆论权力定义为媒体影响个人和公众舆论形成过程的能力，强调了政治行动者、媒体与受众之间动态的相互作用。[①] 事实上，传统主流媒体与平台媒体以不同的方式行使着舆论权。传统主流媒体行使舆论权力的方式，通常是基于编辑策划与制定议程的能力，使其引导内容在信息市场的竞争中脱颖而出。但在以算法为中介的平台媒体中，舆论权行使的不同之处在于，平台掌握了获取用户注意力的数据与工具，并利用这些数据与算法工具的说服能力，进一步推广与其自身价值观或利益观相符的观点与服务，从而潜在地行使舆论引导权力，在混合媒介的议程竞争中实现舆论权力的博弈。

（三）作为文化的算法：塑造社会秩序的精确"仪式"

算法不可见却又无处不在。通过"黑箱"与保密协议，算法秘密地组织着社会结构与文化实践。哈利南（Blake Hallinan）和斯特里法斯（Ted Striphas）提出了"算法文化"概念，并认为算法文化指"使用计算过程对人、地点、对象和想法进行排序、分类与分级，并塑造与这些过程相关的思维习惯、行为和表达"[②]。"算法文化"强调算法深度参与媒介化过程并在其中发挥权力作用，是一种塑造并强化社会秩序的精确"仪式"。

1. 算法参与"拟态环境"的构建

在平台媒体的传播场域中，算法参与信息的选择、加工和分发，塑造公众所接触到的信息环境，并影响着他们对世界的看法。汤普森（John B. Thompson）将布尔迪厄的符号权力概念应用于媒体，并将其定义为

---

① Neuberger, C., "Meinungsmacht im Internet aus kommunikationswissenschaftlicher Perspektive," *UFITA* 1 (2018): 53–68.

② Hallinan, B., & Striphas, T., "Recommended for You: The Netflix Prize and the Production of Algorithmic Culture," *New Media & Society* 1 (2016): 117–137.

"通过符号形式的生产与传播，干预事件过程，影响他人行为，甚至创造事件的能力"①，这种媒介权力在很大程度上与媒介建构现实的能力相关。当越来越多的公众通过平台媒体中算法所构建的拟态环境认知世界时，这种媒介权力也逐渐从传统主流媒体中转移。

2. 算法文化通过信息秩序塑造社会秩序

在平台媒体的传播逻辑中，信息产品、价值意识观念、文化行为越来越多地由自动化、计算与数据决定，并被搜索、标记、归档、塑造与嵌入实践。算法通过塑造信息秩序的方式影响着公众的价值观与社会文化。也就是说，算法不是从外部改变文化的静态技术对象，而是由社会、文化和技术实践的结合所制定的动态与进化过程，这些实践本身在塑造文化时对文化做出反应。因此也可以认为，算法文化是确定"什么是文化"以及"我们看待什么是文化的方式"，潜移默化地发挥着媒介的权力。

3. 算法文化是一种权力隐身的过程

算法通常不透明且用户难以察觉，但它们的生成属性为平台的传播活动塑造了规则。通过隐藏在底层采取行动，算法塑造了平台中立的假象。同时，它们还隐藏了"非人类行动者"的存在，例如机器人或虚拟代理，它们在人类用户不知情的情况下执行自动化任务。算法文化正是强调了在当下的信息环境中，这种普遍存在却又不易察觉的传播权力。

三 传播权力转移的风险及其治理

算法嵌入传播带来了媒体生态体系的关系变革与权力转移，在议程竞争与信息控制中，算法对传播权力的影响在本质上包含算法作为权力的工具（协助权力主体实现传播权力）与算法作为权力的主体（自身拥有传播权力）两种路径。这两种路径对应着不同的潜在风险，在治理体系构建中需要根据不同的风险类型有针对性地选择治理方式。

（一）作为权力工具的算法风险及其治理

算法的"黑箱"与不可见，在一定程度上使得其权力行使过程具有

---

① Thompson, J. B., *The Media and Modernity: A Social Theory of the Media*, California: Stanford University Press, 1995, p.38.

隐蔽性。算法推荐服务的提供者可利用其作为权力的工具悄然达到特定目的，其中暗含的传播风险值得警惕。

1. 潜在风险

第一，公权与私权的模糊边界。

一直以来，媒体（无论传播的技术如何）被赋予为公共利益服务的道德义务。然而，当算法驱动的平台媒体在新闻和信息的生产、传播与消费中扮演越来越重要的角色，获取越来越多的传播权力却不具备传统主流媒体应有的社会责任和公共关怀时，很容易产生危险。例如，用户在平台媒体的信息行为被算法监视、聚合并以此定制未来的推荐行为，就涉及信息隐私权和数字身份及其保护的问题。① 要警惕算法成为纯粹私权的工具，在公共传播系统中从事非公共性、排他性的商业资本活动。

第二，算法价值观嵌入带来的算法偏见。

平台媒体不是传统意义上的媒体，迄今为止，它仍属于电子商务法的有限责任方。算法作为平台运行的技术支撑，当其嵌入平台媒体的传播体系时，遵循的不是"传统媒体逻辑"，而是"算法逻辑"和"平台逻辑"。诺布尔（Noble）在《算法的压迫》② 一书中阐释了平台权力和价值观能在多大程度上嵌入并贯穿算法等技术，以及嵌入在搜索算法中的排序逻辑如何再现设计师及使用者的刻板信念，并产生伦理道德风险。这种偏见与压迫往往是潜藏的，普通用户可能难以意识到并抵抗这种权力。

第三，权力的集中催生"平台中心主义"。

平台为公众讨论公共事务与议题提供了场域，但算法权力集中可能带来信息混乱风险，如出现错误、虚假、后真相、深度伪造等为实现某种经济或意识形态利益而故意策划与制作的信息。标榜"去中心化"的网络平台可能隐含着"强中心化"的垄断风险，影响传播的公平和多样性，促成非理性的公共舆论，诱导非理性的信息行为。

2. 治理路径

针对算法作为权力工具的风险，斯科特（Scott）提出用行动者网络

① 赵瑜：《人工智能时代的新闻伦理：行动与治理》，《人民论坛·学术前沿》2018 年第 24 期。
② Noble, S. U., *Algorithms of Oppression*, New York：New York University Press, 2018, p. 19.

框架（ANT）进行算法治理。① 在对平台治理和算法风险的规避中，从共同建构主义的视角，将与算法产生关系的多元行动者进行集合，共同参与治理。多元行动者包括控制数据收集、代码设计和算法决策的人，也包括政策制定者、媒体专业人员、法律专家以及平台的用户。

第一，建立平台责任义务体系。

平台算法的治理框架需要与平台自身的发展相适应，使它们所行使的权力和应该承担的责任更加协调一致。在治理中，需要纳入公共利益的价值观，规范建立行业准则，将公共利益注入算法的构造与操作中。鼓励平台"科技向善"，加强平台的社会责任和公共义务。

第二，制定国家监管政策。

仅仅靠平台自身的行业自律和企业责任感是远远不够的。彼得（Petre）等人的研究表明，平台所认为的"非法算法操作"和"合法策略"之间的界限往往是模糊的，物质利益驱动着平台的利己行为，且随着平台的业务战略而不断变化，这就需要第三方规则对其行为进行管制。② 应将平台媒体纳入国家的媒体监管体系中，从国家安全、恐怖内容、虚假信息、过滤泡沫、版权保护以及网络欺凌和网络犯罪等多方面，构建平台管理的规范与问责监督制度。

第三，专业媒体应避免对平台的过度依赖。

从埃默森的权力观③来看，媒体组织要拿回传播权，就要努力避免过度依赖平台发挥新闻媒体的作用，并再次发展自身平台和算法技术，将用户数据掌握在自己手中，避免商业科技平台对媒体权力的垄断。

（二）作为权力主体的算法风险及其治理

与传统的信息控制工具不同的是，算法具有机器学习的能力，能根据之前发生的事情对未来行为进行预测，并自主决定接下来的行为，它不完

---

① Scott, S. V., & Orlikowski, W. J., "Exploring the Material Grounds of Institutional Dynamics in Social Media," *Egos* 44 (2009): 1-25.

② Petre, C., Duffy, B. E., & Hund, E., "'Gaming the System': Platform Paternalism and the Politics of Algorithmic Visibility," *Social Media Society* 4 (2019): 1-12.

③ Emerson, R. M., "Power-dependence Relations," *American Sociological Review* 1 (1962): 31-41.

全由使用者控制，存在"异化"的风险。

1. 潜在风险

基于平台算法可能以反复无常、神秘甚至带有偏见的方式建构传播内容的生产、流通和消费，达菲（Duffy）等人提出了"算法不确定性"（algorithmic precarity）一词，① 用以捕捉平台算法系统的缺陷及算法自身的不可控风险。

第一，技术局限带来的技术偏见。

算法具有"技术上体现的机械中立承诺"，在部分人的想象中，与人类记者和编辑们备受诟病的新闻偏见相比，算法似乎是公正中立的，是解决新闻偏见问题的合理工具。然而需要警惕的是，相较于人工编辑带来的偏见，算法偏见可能更加不易被察觉。"技术偏见"来自技术本身的局限性，包括人们所使用数据库的技术局限性、存储与数据处理能力的局限性，以及代码中任何可能错误的影响。

第二，技术无意识的隐藏缺陷。

算法也同人类编辑一样受到价值观的影响，它来自个人或社会对系统设计的投入，可能是有意识的，也可能是无意识的。对于有意识的偏见，人们往往能直接地识别，然而对于算法构成支撑社会生活结构的"技术无意识"部分，由于它们的逻辑通常是"黑箱"，人们对其往往难以追踪或提出质疑。

第三，自动化学习的异化风险。

人们既要关注算法为谁所用的风险，也要关注算法自身的风险。而算法与其他技术最大的区别，在于它具有机器自动化学习的能力，并不完全受使用者控制。事实上，由于算法依赖更多的是相关性，而不是对内容的深刻理解，即便算法设计者在设计之初的意图是"善"，但算法在对用户及周围信息行为学习的过程中也可能发展出意料之外的"恶"。

2. 治理路径

算法进入传播领域带来的权力转移和风险问题是在其应用与普及过程

---

① Duffy, B.E., et al., "The Nested Precarities of Creative Labor on Social Media," *Social Media Society* 2（2021）：1-12.

中慢慢出现的。需要警惕的是，算法技术发展出不再为人所控制、出乎技术主体预料之外的权力和风险。对于权力主体的算法风险可以采用"竞争制衡的替代"和"控制反馈的优化"两种治理路径。

第一，以"技术"治理"技术"的竞争制衡应对技术"缺陷"风险。

不断开发完善传播系统中的算法技术，对其存在的技术缺陷进行媒介补偿。在这个过程中应强调"技术性正当程序"，通过提高算法自动化决策的透明性以及算法的可解释性，实现对算法程序的不断优化。鼓励引导多方行动者开发算法系统，在正确的价值导向下，在竞争博弈中共同设计出更好的系统，从而规避现有技术缺陷中的风险。

第二，以"解码"优化"编码"的反馈控制应对技术"原生"风险。

算法系统由传播过程中的控制与反馈共同构成。算法不仅包含了一种预设的嵌入性规则，还在实施规则过程中不断自动化学习与优化。吉莱斯皮（Gillespie）用"算法纠缠"（algorithmic entanglements）① 来解释"算法的计算"和"人的计算"之间的相互作用与递归循环。斯图亚特·霍尔在传播学经典理论中关于"编码/解码"的研究也适用于对算法的解读与治理。事实上，当算法"代码"制造传播内容的"编码"时，仍需要公众自行进行内容"解码"与意义消化。从这个意义上说，对算法风险的规制，一方面是对算法与算法"编码者"的治理，另一方面也可从提升信息接收者即"解码者"的媒介素养展开。算法的机器学习功能，使其不断地在设定者与使用者之间进行持续反馈循环，因此可以从用户治理的视角，通过提高用户信息素养来规训算法，以算法"解码"优化算法"编码"，进而对潜藏在技术之中且不易察觉的算法风险进行治理。

结　语

事实上，社会化媒体平台及其算法通过个性化推荐机制、信息过滤机

---

① Gillespie, T., "The Relevance of Algorithms," in Gillespie, T., Boczkowski, P., & Foot, K., *Media Technologies: Essays on Communication, Materiality, and Society*, Cambridge: MIT Press, 2014, pp. 167–194.

制、热门排序机制，实现了对公众注意力、信息可见性、信息感知显著性的掌控，在很大程度上扮演着信息来源者与渠道分发者的重要角色，实质上承担了过去由媒体编辑掌控的把关与议程设置功能，获取了传播系统中的关键权力。这种算法嵌入传播带来的媒介生态系统权力转移，蕴含着算法作为权力工具的私权侵蚀公权风险、价值观偏见风险、平台中心主义风险，以及算法作为权力主体的技术偏见风险、技术隐藏缺陷风险与自动化学习的异化风险。面对这些潜在风险，在商业机密和知识版权的保护下，人们很难去要求算法黑箱彻底打开，更为可行的治理思路是从算法嵌入传播的逻辑入手，对算法在传播体系中的角色、功能以及社会影响等方面进行评估，了解其权力运作方式并预判其可能产生的风险，从多元共治的视角建立与之对应的规范监督制度与责任体系，以期算法为传媒业与社会发展提供更多的公共价值。

省级云平台路径下县级融媒体中心建设的难易点分析

——基于 X 省县级融媒体中心传播力的考察[*]

　　路径选择是县级融媒体中心建设的题中之义，也是推动县级融媒体中心全覆盖流程的重要组成部分。省级云平台路径是当前县级融媒体中心建设的主要路径之一，也是县级融媒体中心建设伊始中央提出的明确要求。由中共中央宣传部和国家广播电视总局联合发布的《县级融媒体中心建设规范》指出，"县级融媒体中心应充分利用省级技术平台提供的资源和各种服务"[①]，要"借梯上楼"[②]。在推进媒体融合的时代背景下，综合中央有关指导思想以及学者的研究成果可以看出，省级云平台路径不失为一种有效的县级融媒体中心建设路径。因此，如何从省情和县情的实际出发，找准省级云平台建设路径中存在的难易点，对于县级融媒体中心当前与今后的建设发展至关重要。本篇的研究基于县级融媒体中心建设实践，通过传播力指数建构与量化分析，探讨以省级技术平台为支撑的集约式县级融媒体中心建设过程中存在的难易点。选择以 X 省县级融媒体中心建设为例进行分析的原因主要在于以下几点。

　　*　　该文原发表于《中国编辑》2020 年第 9 期，作者为余红、雷莲、段楠楠。

　　①　《〈县级融媒体中心省级技术平台规范要求〉〈县级融媒体中心建设规范〉发布实施》，http://www.nrta.gov.cn/art/2019/1/15/art_2081_43372.html。

　　②　张君昌：《广电媒体融合发展的模式分析》，《新闻战线》2017 年第 5 期。

首先，X省省情具有代表性。X省位于我国中部地区，2019年经济总量位次保持全国第7，人均GDP达到11218美元。X省县域经济发展不平衡，省内既有全国综合实力百强县，也有国家级贫困县。2019年5月，X省根据《关于加强县级融媒体中心建设的意见》，结合本省发展现状和基础条件，坚持"一省一平台"县级融媒体中心建设战略，以C云平台省级融媒体平台（以下简称C云平台）为技术支撑，推动全省县级融媒体中心集约化建设。其次，C云平台是全国首个将舆论引导与意识形态管理、政务信息公开、社会治理和智慧民生服务融为一体的"新闻+政务+服务"融媒体平台，中宣部等部门以其为蓝本，制定了全国县级融媒体中心建设的省级平台建设标准，因此C云平台可以说是融媒体平台的典型代表之一。最后，X省县级融媒体中心有国家级试点、省级试点和非试点三种不同类型，便于开展比较分析。作为县级融媒体发展的基础和亟待提升的"四力"之一，县级融媒体中心传播力是基层媒体实现从"挂牌"向"建成"跨越的核心。

本研究采取以实地访谈为主，以网络问卷调查和数据挖掘为辅的研究方法，于2019年8月至11月，先后赴X省内12个县级融媒体中心（4个国家级试点、4个省级试点、4个非试点）进行实地考察和访谈。通过对实地访谈录音进行整理，共获得12个调研县将近19万字的访谈资料，为X省县级融媒体中心传播力评估提供了有力的资料依据。此外，本研究还设计了X省县级融媒体（广播电视）从业人员调查问卷、X省县级融媒体（广播电视）用户调查问卷以及X省县级融媒体中心传播力评价指标权重分配问卷，并于2019年8月至11月，通过网络调查的形式对省内12个调研县的融媒体中心从业者、用户及相关专家进行问卷调查，去除明显无效样本后，共回收有效从业人员调查问卷446份、有效用户调查问卷558份、有效业界及学界专家调查问卷23份。

一 X省县级融媒体中心传播力指标建构和分析

县级融媒体中心传播力包括传播能力与传播效力。现有的融媒体传播力指数研究主要聚焦于报纸、广播、电视等传统媒体在融媒体建设语境中的融合传播效果。人民网研究院自 2016 年起研究设计了媒体融合传播指数指标体系，考察我国主流媒体（包括报纸、广播、电视）在传统端、PC 端、移动端的综合传播力。[①] 从现有研究成果来看，目前学界及业界对媒体的融合传播力指数研究已有较多探讨，但有关县级融媒体中心传播力指标体系建构的研究尚不多见，更鲜有量化研究评估县级融媒体中心建设的效果。

　　本研究对省级云平台路径中县级融媒体中心传播力指数的研发和各项测量指标的筛选，主要以习近平总书记在全国宣传思想工作会议上的重要讲话精神以及对融媒体建设作出的重要指示为指南，以《县级融媒体中心建设规范》《县级融媒体中心省级技术平台规范要求》《县级融媒体中心监测监管规范》《县级融媒体中心运行维护规范》《县级融媒体中心网络安全规范》5 个标准规范为依托，以相关学者的研究成果为参考，结合县级融媒体中心建设实践，遵循政策指导、科学规范计量，实行操作化和导向性相结合，兼顾个性与共性特征等指标构建原则，构建县级融媒体中心传播力指标体系。

　　具体来说，《县级融媒体中心建设规范》中规定了县级融媒体中心应具有策划指挥、采集和汇聚、数据分析、内容生产、内容审核、融合发布、综合服务等功能。本研究以上述功能为基础，设置了 8 个核心指标，再根据学者的相关研究以及业界的实践标准，在 8 个核心指标下设置 24 个二级指标。此外，指标权重分配与计算采用德尔菲法。德尔菲法依据专家意见来制定决策，其中变异系数代表专家之间意见的波动程度，变异系数越小，说明专家的协调程度越高，可信度越高。研究邀请了 29 位学界和业界专家填写权重问卷，经过两轮专家函询，进入数据分析的专家调查问卷共 23 份。最后，根据层次分析法计算出权重值，从核心指标到二级指标，层层分解计算各级指标的组合权重，得出县级融媒体中心传播力指标体系及权重分布（见表1）。

[①] 唐胜宏、高春梅、张旭：《2018 中国媒体融合传播指数报告》，《新闻与写作》2019 年第 5 期。

表 1 县级融媒体中心传播力指标体系及权重分布

核心指标	权重	二级指标	权重
管理手段 A1	0.0303	融媒体机制建设 B1	0.0043
		运营保障能力 B2	0.0069
		融媒体机制评价 B3	0.0052
		人员培养能力 B4	0.0139
信息内容 A2	0.0850	采集和汇聚 B5	0.0070
		策划指挥 B6	0.0123
		内容生产 B7	0.0230
		内容审核 B8	0.0230
		融合发布 B9	0.0197
技术应用 A3	0.0705	软硬件配置 B10	0.0235
		技术人员配置 B11	0.0470
引导能力 A4	0.1691	主流意识形态引导 B12	0.0545
		舆情掌控力 B13	0.1146
服务能力 A5	0.1451	党建服务 B14	0.0245
		政务服务 B15	0.0418
		公共服务 B16	0.0491
		增值服务 B17	0.0297
传统媒体传播效果 A6	0.0694	传统媒体影响度 B18	0.0347
		传统媒体好感度 B19	0.0347
新媒体传播效果 A7	0.2466	新媒体影响度 B20	0.1233
		新媒体好感度 B21	0.1233
用户群建设与维护能力 A8	0.1840	用户数量 B22	0.0253
		用户结构 B23	0.0440
		用户使用情况 B24	0.1147

依据各县级融媒体中心反馈的函调、从业人员调查问卷、用户调查问卷以及实地访谈资料，结合传播力指标体系及权重分配对调研对象进行传播力评分，X 省 12 个县级融媒体中心传播力情况为：约有 8.4% 的县级融媒体中心属于第一梯队，传播力总分在 80 分以上，传播力较好；约有58.3% 的县级融媒体中心属于第二梯队，得分在 70~80 分，传播力中等；约有 33.3% 的县级融媒体中心属于第三梯队，得分在 70 分以下，传播力

较低。从以上分析结果可以看出，X省县级融媒体中心第二梯队的占比最大，接近整体的60%。这说明X省县级融媒体中心建设整体处于中等水平，但在迈向高水平县级融媒体中心的进程中遭遇瓶颈。因此，找准县级融媒体中心建设发展中存在的难易点，确定后期精准发力方向，对各县级融媒体中心建设发展具有重要意义。

通过比较分析X省县级融媒体中心传播力的24个指标得分情况，可知X省县级融媒体中心建设的县域差距和难易点（见表2）。其中，县域传播力差异程度指各指标得分的变异系数。变异系数是评价波动大小的重要指标，代表县域传播力得分的波动程度，变异系数越小，说明不同县域融媒体中心的该项指标差异越小，X省县级融媒体中心总体传播力越均匀；反之则说明X省不同县域融媒体中心的传播力差异较大。

表2　X省12县域每项指标得分平均值（E）和县域传播力差异程度（CV）

具体指标	平均值（E）	县域传播力差异程度（CV,%）
融媒体机制建设 B1	82.67	16.62
运营保障能力 B2	50.63	41.77
融媒体机制评价 B3	82.67	8.58
人员培养能力 B4	61.41	13.54
采集和汇聚 B5	66.98	35.04
策划指挥 B6	76.80	20.15
内容生产 B7	66.24	14.98
内容审核 B8	57.85	35.38
融合发布 B9	69.05	18.62
软硬件配置 B10	59.31	42.70
技术人员配置 B11	68.81	37.10
主流意识形态引导 B12	79.44	10.89
舆情掌控力 B13	59.25	29.94
党建服务 B14	64.17	35.52
政务服务 B15	74.58	23.56
公共服务 B16	67.22	28.26
增值服务 B17	67.64	38.09
传统媒体影响度 B18	77.43	13.02

续表

具体指标	平均值（E）	县域传播力差异程度（CV,%）
传统媒体好感度 B19	84.44	7.00
新媒体影响度 B20	75.07	11.06
新媒体好感度 B21	82.86	6.52
用户数量 B22	68.55	26.71
用户结构 B23	64.99	12.74
用户使用情况 B24	85.12	6.06

将 24 个指标按照国家级试点县级融媒体中心、省级试点县级融媒体中心和非试点县级融媒体中心三个梯队划分后算出平均分，可绘制出 X 省县级融媒体中心传播力平均得分折线图（见图 1）。

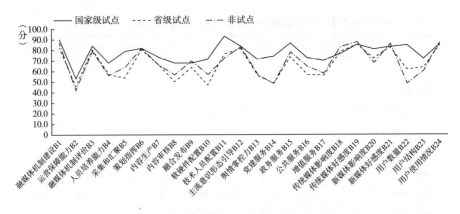

图 1　X 省县级融媒体中心传播力平均得分

图 1 显示，关于 X 省县级融媒体中心传播力，不同梯队间差距处于可接受范围内，差异分布较为均衡。数据说明 X 省的省级云平台建设路径对县级融媒体中心建设具有显著的、统一的指导作用，而且图 1 显示试点与非试点县级融媒体中心的 24 个指标得分曲线呈现较为相似的起伏趋势，表明 12 个县级融媒体中心在改革过程中具有相同的难易点。此外，在进一步分析 X 省 12 个县域的 24 项指标的平均得分和传播力差异程度基础上，将 12 个县级融媒体中心传播力的 24 项指标平均得分划分为均分良好（E≥75 分）、均分一般（65 分≤E＜75 分）和均分较低（E＜65 分）

三级，将县域传播力差异划分为县域传播力差异小（CV≤15%）、县域传播力差异中等（15%<CV≤30%）和县域传播力差异大（CV>30%）三级。结合两种维度分析可得出 X 省县级融媒体中心传播力差异分析（见表3）。

表3 X 省县级融媒体中心传播力差异分析

县域差异	均分较低 （E<65 分）	均分一般 （65 分≤E<75 分）	均分良好 （E≥75 分）
县域传播力 差异大 （CV>30%）	运营保障能力 B2 内容审核 B8 软硬件配置 B10 党建服务 B14	采集和汇聚 B5 技术人员配置 B11 增值服务 B17	
县域传播力 差异中等 （15%<CV≤30%）	舆情掌控力 B13	融合发布 B9 政务服务 B15 公共服务 B16 用户数量 B22	融媒体机制建设 B1 策划指挥 B6
县域传播力 差异小 （CV≤15%）	人员培养能力 B4 用户结构 B23	内容生产 B7	融媒体机制评价 B3 主流意识形态引导 B12 传统媒体影响度 B18 传统媒体好感度 B19 新媒体影响度 B20 新媒体好感度 B21 用户使用情况 B24

结合上述图表信息，可以总结出省级云平台建设路径下各县级融媒体中心建设取得的成绩和存在的问题。

第一，与传播效果和主流意识形态引导相关的指标属于省级云平台路径下县级融媒体中心建设效果较好、改革相对容易的地方。集中于表3右下方的指标（融媒体机制评价 B3、主流意识形态引导 B12、传统媒体影响度 B18、传统媒体好感度 B19、新媒体影响度 B20、新媒体好感度 B21、用户使用情况 B24），主要与传播效果和主流意识形态引导相关，均分良好（E≥75 分）且县域传播力差异小（CV≤15%），属于各县级融媒体中心做得普遍良好、改革相对容易的地方。此外，建设较好的指标还有融媒体机制建设 B1 和策划指挥 B6，均分良好（E≥75 分）且县域传播力差异中等（15%<CV≤30%）。结合实地访谈资料可知，一方面，国家级、省

级试点县级融媒体中心在体制机制建设、主流意识形态引导、传播效果以及策划指挥等指标上表现良好，除了政策支持和高度重视之外，还得益于C云平台的参与和支持。省级云平台路径是基于宣传管理部门对省域内县级融媒体中心的统一宣传管理和内容监管发展的，具有系统性、专业性、共享性、资源集约性等优势。X省以C云平台为抓手，在横向上能快速有效地整合县域内报纸、广播、电视等传统媒体以及"两微一端一抖"等新媒体资源，打破原有封闭式生产流程和信息孤岛，做到"一键管控，多端推送"，增强主流意识形态引导力。在纵向联通省、市、县三级媒体内容及数据的同时，全方位打通从中央到地方的传播经络，从而实现中央、省、市、县四级媒体共振，不断扩大传播效果。另一方面，非试点县级融媒体中心在以上指标表现出良好的传播力，这与各县级融媒体中心改革前高度重视与大力建设的模块有关。比如本次调研的4个非试点县中有3个县在县级融媒体中心改革前就开始为媒体转型谋篇布局。早在2015年，媒体融合还处于初期探索阶段时，非试点县中的G县便率先行动，打通本县域各种媒体资源通道，加速新旧媒体全方位融合，成立G县传媒中心，为2019年以来的X省县级融媒体中心建设提供了部门整合、人事任用等便利，使得融媒体中心"挂牌"水到渠成。该县融媒体中心运营的微信公众号"XX在线"自2018年6月以来一直位居全国县级媒体公众号前50，具有良好的内容生产经验和平台管理水平。

第二，与创收能力、互联网内容生产、软硬件配置和使用、新媒体技术人才，以及新增的政务服务、生活服务相关的指标，属于县级融媒体中心改革的难点。集中于表3上方的指标（运营保障能力B2、内容审核B8、软硬件配置B10、党建服务B14、采集和汇聚B5、技术人员配置B11、增值服务B17）均分一般甚至较低（E<75分）且县域传播力差异大（CV>30%）。县级融媒体中心建设是一项由表及里、内外结合的完整过程，而非物理空间的简单拼接。首先，就县级融媒体中心的创收能力、技术人才、软硬件配置、政务服务方面来说，受所在地区经济、文化、政策支持力度等外部环境影响，各县表现出较大的差异。因此，针对以上指标，需要结合各县域实际情况有针对性地制定发展策略，以促进X省县级融媒体中心传播力的整体提升。其次，就自主平台建设来说，省级云平台路径从一开始就摆脱了一省双平台，甚至多平台的重复建设模式，这在一定程度上减少了资源浪费。但是在实地调研中，部分县市融媒体中心认为 C 云平台提供的服务不尽如人意，性价比不高，一些县级融媒体中心考虑在给 C 云平台 App 付费的同时另起炉灶建设自有 App。倘若 C 云平台 App 仅仅成为应付验收的摆设，那么在相当程度上会造成资源浪费。需要注意的是，尽管省级云平台能快速整合县域内所有新旧媒体资源，做到"一网打尽"，但是物理上的融合产生质变，关键在于县级融媒体中心自身。因此，从内部环境看，部分县级融媒体中心即使"上云"，仍难以转变根深蒂固的传统媒体思维，缺乏创新精神，互联网内容生产能力以及生活服务能力难以从根本上得到提升。

第三，值得注意的是，表 3 左下方人员培养能力 B4 和用户结构 B23 这两个指标的均分较低（E<65 分）且县域传播力差异小（CV≤15%），属于 X 省县级融媒体中心建设中突出的共性难点问题，需要重视和调整人才转型与培训措施，盘活现有人才资源，进一步提高自有新媒体平台县域使用率，优化完善用户结构，争取更广阔的县域人口覆盖面。

第四，相较于省级试点和非试点县级融媒体中心，国家级县级融媒体中心试点在各项指标中波动更小，这说明国家级试点政策为县级融媒体中心带来一定利好和保底政策，使其在传播力各项指标建设方面都具有一定优势。具体而言，国家级县级融媒体中心试点在人员培养能力 B4、采集和汇聚 B5、软硬件配置 B10、技术人员配置 B11、舆情掌控力 B13、党建服务 B14、用户数量 B22 指标上的优势更为突出。而省级试点与非试点表现相似，也再一次印证了上文所述的当地政策支持、自主融合意识和区域经济发展水平均对当地县级融媒体中心改革产生重要影响，政策支持仅是县级融媒体中心建设的必要不充分条件。

二 研究结论及建议

经过近两年时间的积极探索，X 省在 C 云平台的助力下，已经稳步完成了国家级、省级、县级融媒体中心试点建设第一步工作目标，当下正积极全面推进县级融媒体中心建设。但同时也应该看到，作为 X 省县级融媒体中心建设技术支撑的 C 云平台在技术创新、政务服务、数据开放等方面仍需不断完善提升，与时俱进。X 省县级融媒体中心主管部门、C 云平台、县级融媒体中心应根据 X 省省情和各地区的发展实际，攻坚克难，深入推进县级融媒体建设，使各地县级融媒体中心真正成为基层主流舆论阵地、综合服务枢纽、社区信息枢纽以及精神文化家园。

第一，继续借力省级云平台，使其成为县级融媒体中心可持续发展的不竭动力。通过实证分析发现，省级云平台路径能有效提升县级融媒体中心传播效果，加强主流意识形态引导，促进体制机制建设，提升策划指挥能力。X 省应继续发挥省级技术平台优势，借力 C 云平台实现各县级融媒体中心信息内容、管理手段共融互通，催化融合质变，放大一体效能，提升县级融媒体中心的传播力、引导力、影响力、公信力。

第二，不断完善省级云平台，使其具有为县级融媒体中心提供全方位服务的综合实力。实证研究发现，省级云平台路径中各类服务能力都有待进一步提高。《县级融媒体中心建设规范》明确要求，县级融媒体中心应按照"媒体+"的理念，从单纯的新闻宣传向公共服务领域拓展，开展"媒体+政务""媒体+服务"等业务。[①] 一方面，就隶属主体来说，C 云平台目前主要由省广播电视台承办，X 省县域"云上 App"政务数据端口未能全部有效打通，一些县域政务服务难以取得实质性进展。因此，对于当下致力于拓展政务服务能力的 C 云平台来说，寻求与本省运行成熟的政务服务云平台合作，无疑是其增强政务服务能力的最好选择。另一方面，C 云平台无论是在产品的丰富性、用户互动体验的多样性，还是传播有效性等方面仍落后于腾讯、今日头条、抖音和快手等新媒体平台。因此，C 云平台需统筹各种优势资源不断进行技术创新，始终保持平台的可靠性和先进性，促进县级融媒体中心的产品和服务垂直化、场景化、下沉化与智能化，[②] 成为县级融媒体中心优质服务的基石。

第三，不断弥合省级云平台与县级融媒体中心之间的主体张力。C 云

---

① 《〈县级融媒体中心省级技术平台规范要求〉〈县级融媒体中心建设规范〉发布实施》，http://www.nrta.gov.cn/art/2019/1/15/art_2081_43372.html。

② 胡正荣：《打造 2.0 版的县级融媒体中心》，《新闻界》2020 年第 1 期。

平台与县级融媒体之间不可忽视的张力表现为数据获取的权限不对等问题。具体来说，各县级融媒体中心通过 C 云平台将本县各种媒体形态进行整合与统一，完成对本地数据的连接与打通。与此同时，C 云平台利用自身权限优势，将已有的相互隔离的各地县级融媒体中心数据库进行整理与打通，形成横跨省、市、县三级的大数据资源中心。但是，由于 C 云平台目前仍处在自我完善的过程中，部分功能尚未对县级融媒体中心完全开放，尤其是平台数据实行收费开放制度。多数县级融媒体中心受经费限制，只能生产数据，却不能及时获得本地用户大数据，无法实现用户数据向用户资源的转化。因此，省级云平台应在保证意识形态安全的前提下，让县级融媒体中心通过平台获得更多用户数据，通过用户画像实行精准化传播和提供更加优质的服务，扩大用户数量，增强用户黏性，从而不断提升县级融媒体中心的发展活力。

第四，因地制宜，各县级融媒体中心需根据实际情况科学施策，最大限度减少改革阻力。在省级云平台路径下，当地政策支持、自主融合意识和区域经济发展水平均对县级融媒体中心建设发展产生重要影响。一般而言，试点县域的融媒体中心可获得更大的重视程度和更多的政策支持，国家级县级融媒体中心试点传播力优于省级试点与非试点是其表现之一。但本次调研还有一个值得注意的现象：省级试点与非试点没有明显区分度。实地访谈发现，4 个非试点中 3 个县级融媒体中心同样获得当地政府的高度重视与政策、资金支持，并具有较强的自主融合意识和改革主动性。此外，结合 2017 年度 X 省县域经济工作考核情况，可以看出县级融媒体中心传播力排名与当地经济发展水平也具有一定的相似性，说明县域经济的整体水平也是县级融媒体中心建设效果的影响因素之一。因此，各地县级融媒体中心在省级技术平台助力下，还需根据当地经济发展水平，因地制宜，科学施策，在外部争取当地政策支持，减少改革阻力，在内部增强自主融合意识，增加改革动力，做实、做好县级融媒体中心建设工作。

网络新媒体人才培养

我国网络与新媒体人才需求调研与专业培养[*]

一 研究缘起

2012 年，教育部对我国本科专业目录进行了修订和调整，新闻传播学类新增网络与新媒体和数字出版两个特色专业。自此，网络与新媒体、数字出版成为与新闻学、传播学、广播电视学、广告学、编辑出版学并列的二级专业门类，凸显了互联网时代对网络传播人才培养的重视。

人才培养是为社会服务的，网络与新媒体专业的设置即是顺应互联网时代对新媒体人才的大量需求。当下我国社会需求什么样的新媒体人才？与更早介入互联网的计算机和电信专业相比，新闻传播学类的网络与新媒体专业的核心竞争力在哪里？鉴于此，课题组进行了我国网络与新媒体人才需求信息调研。

二 研究设计

此次调研的关键问题是"我国社会对网络与新媒体人才的需求"。新

---

* 该文原发表于《现代传播（中国传媒大学学报）》2014 年第 2 期，作者为余红、李婷。

媒体是"在计算机信息处理技术基础之上出现产生影响的媒体形态"，①包括网站、流式音频和视频、聊天室、电子邮件、在线社区、网络广告、DVD 和 CD-ROM 媒体、虚拟现实环境、互联网电话、数码相机、移动计算。② 一般而言，不同于传统媒体的，即为新媒体。因此本研究认为新媒体是继报纸、广播、电视等传统媒体之后，利用数字技术和网络技术，通过网络和卫星等传播渠道，以电脑、手机及其他数字接收设备为终端进行信息传播的媒体形态。

1. 调研对象

本研究采用立意抽样的方法，选取对新媒体人才需求量大的大型门户网站、网络媒体、互联网公司、企业和事业单位为研究对象。抽样过程如下。

（1）大型门户网站

选取新浪、腾讯、搜狐、网易。这四大门户网站是目前国内同行业中颇有影响的网站，他们对新媒体人才的要求，在一定程度上反映了整个社会对新媒体人才的要求。

（2）网络媒体

选取人民网、央视网、南方报业网、凤凰网。网络媒体的选择依据其所依附的传统媒体的权威性。上述网络媒体所依附的传统媒体依次为：《人民日报》、中央电视台、《南方都市报》、凤凰卫视。这几个传统媒体在全国范围内都具有相当的权威性，他们对新媒体人才的需求，可以在一定程度上反映出传统媒体在向新媒体转型的过程中对人才的素质要求。

（3）互联网公司

选取北京百度网讯科技有限公司（北京）、上海盛大网络集团公司（上海）、阿里巴巴（中国）有限公司（杭州）、深圳市迅雷网络技术有限公司（深圳）。以上 4 家网络公司是根据其公司所在地区的

---

① 熊澄宇：《新媒体与文化产业》，人民网，http：//media.people.com.cn/GB/35928/36353/3160168.html，最后访问日期：2005 年 2 月 1 日。
② 资料来源于维基百科。

经济发达程度，并结合网络公司自身的发展状况而选择的。经济发达的地区往往也是新媒体最先得到应用而且发展最快的地区，可以较大程度地反映出新媒体时代人才素质的发展趋势，符合本研究的目的。

（4）企业

选取中国建设银行、中国移动通信集团公司、华为投资控股有限公司、中国南方电网有限责任公司。以"2012年中国大陆进入全球500强榜单"为关键词在网上搜索，搜出了79家企业。在对这79家企业的招聘职位有大致了解的基础上，根据职位与本研究的相关性由高到低的筛选原则，研究者从这79家企业中选出了上述4家，作为"企业"方面的研究对象。

（5）事业单位

国务院直属事业单位有17家，采用立意抽样的方法进行抽样，本研究抽取新华通讯社为研究对象。

综上，对5种研究类型分别进行抽样后，共选取了以上17个单位作为抽样的研究对象。调查主要针对我国大型门户网站、网络媒体、网络公司、企事业单位两年（2011年1月1日～2012年12月30日）对网络与新媒体人才的招聘信息，集中搜索上述17个单位在这两年内网上发布的所有招聘信息。课题组分别以17个单位的名称为关键词在网上搜索，共搜到1512条招聘信息，删去68条无效（内容不详）的招聘信息，最后得到1444条有效信息作为样本。

2. 网络与新媒体人才分类

为提高研究的科学性，本研究采用内容分析的方法统计社会对新媒体人才的需求，因此需要建立网络与新媒体人才分类的标准。整理招聘信息发现，社会对新媒体人才的需求可以划分为网络运营、网络研发和网络营销三个大类，每个大类下细分职位类型和具体岗位。具体分类如表1所示。

表 1 招聘信息分类

招聘信息分类	职位类别	类别细分	职位要求
网络运营	网络内容维护	文本制作和编辑	良好的文字撰写能力
			日常内容的采写
			熟练使用 Photoshop、Dreamweaver 等网页处理软件
			英语能力
			摄影能力
		视频制作和编辑	视频文案的撰写
			视频的拍摄
			视频的包装
			动画的制作
		播音主持	良好的语言表达能力
			普通话标准
			了解当前的网络用语
			与用户进行有效的互动
			归纳整理用户反馈和产品建议
	网站运维	客户服务	良好的沟通能力
			处理客户反馈问题
			跟进与客户的沟通
			与粉丝良好互动，提升用户黏合度
			提升用户体验，并配合网站运营需求为用户提供标准化、精细化、差异化服务
			就产品及流程问题进行分析、总结，提出改善建议
		数据分析	数据建模和分析能力
			负责企业运营数据分析与数据挖掘业务分析系统
			业务数据波动监控，提供预警支持
			通过数据分析对产品提出合理建议
			敏锐的市场分析洞察能力、观察力
			完成品牌、产品推广的效果评估
			日常数据报表的制作和日常数据分析报告的撰写
			预上线策略效果评估、线上检索效果评估
		技术维护	熟练使用 Linux/Unix 操作系统
			熟悉 MySQL 数据库的安装、配置、优化等
			熟悉 Linux 下 web 服务软件
			熟悉 shell、python、Perl 等脚本编程
			具有较强的故障排查和解决问题的能力

招聘信息分类	职位类别	类别细分	职位要求
网络研发	产品设计	产品经理	具有相关新媒体运营策划经验
			了解网络社区、SNS、微博等互动产品的传播规律
			推进市场和用户需求调研
			调研行业最新同类产品的特点和发展方向
			提出新概念产品，创新产品业务模式改进现有产品，优化产品包装
			制定产品的发展规划和阶段性目标
			配合产品的发布、策划和推广
	技术研发	前端设计	有丰富的设计思路
			审美水平高
			对用户界面所涉及的人机交互、操作逻辑、美观的整体设计有一定的理解
			熟练使用 Photoshop、Ilustrator、Flash、Dreamweaver 等工具
			界面与图标的设计与制造
			精通网页美工设计
			具备将文字信息进行图形化呈现的能力
			了解网页设计动向
			参与总体架构设计、架构部署、技术方案评审、核心模块设计
			指导核心模块的编码开发
		后台研发	熟悉 Java、shell 等的开发
			精通 DIV、CSS2.0 和 XHTML，能制作符合 web 标准的网站
			了解 HTML5 和 CSS3 前沿技术
			有解决样式及兼容异常处理的能力
	工程测试	软件测试	具有一定的编程基础
			熟悉测试流程
			掌握基本的测试方法与工具
			执行软件测试任务
			不断完善积累完善测试用例
			与开发人员深入沟通 bug，能够很好地表述 bug
			与需求方充分沟通，并编写软件测试用例

招聘信息分类	职位类别	类别细分	职位要求
网络营销	产品营销	策划文案	策划专题内容
			宣传材料的撰写
			熟悉新闻热点
			能熟练使用 Photoshop、Dreamweaver 等常用工具
			英文水平良好
			制定活动执行方案
			研究市场宏观方面信息（包含市场动态、竞争品牌动向、产品与市场信息等）
		宣传公干	渠道拓展
			对外推广业务
			对不同传播渠道和不同用户的需求进行事件和软文的传播推广
			活动执行
		产品销售	较好的组织、策划能力及较高的新市场开拓能力
			敏锐的市场洞察力
			善于表达

三　数据分析结果

以表 1 的类目表为标准对 1444 条招聘信息的文本内容进行判断，各个职位类别的统计结果如表 2 所示。

从招聘职位统计数据可以发现以下信息。

1. 创新是互联网时代制胜之道：新媒体研发人才需求强大

从新媒体的研发、运营和营销三大板块来看，研发岗位需求（54.36%）远远高于运营（28.33%）和营销（17.31%）。网络研发的三大类职位，比例从高到低依次为：技术研发（36.98%）、产品设计（11.36%）、工程测试（6.02%）。这说明产品是企业的生命线，创新是互联网时代的制胜之道。

2. 三大热门新媒体人才：后台研发、文本编辑和产品经理

新媒体岗位招聘信息显示社会最需要的新媒体人才的前三名是后台研发（26.25%）、文本编辑（11.57%）、产品经理（11.36%）。上述需求量最大的新媒体人才中，后台研发岗位招聘基本上面向计算机、通信类专业，其余两类人才专业来源广泛。

3. 大数据时代信息搜索能力基础化，数据分析异军突起

人类社会已经进入大数据时代。互联网快速更新产生的海量信息，需要采用专业技术进行分析和处理，"沙中淘金"。挖掘大数据价值、提供大数据服务能力是大数据时代的核心竞争力。数据分析岗位的招聘信息占据8.73%的比例，在岗位需求中位列第五。

4. "通才"和"专才"：新媒体岗位对专业背景的要求

新媒体岗位招聘对专业背景要求呈现两种情况：跨专业的融合型人才和精通某一领域的专才。互联网内容维护、产品设计等人文与技术相结合的岗位需求融合性人才，而数据分析、后台研发、产品测试等技术性岗位需要技术专才。

表 2　招聘职位统计

单位：条,%

招聘分类	职位类别	类别细分	数量	比例	总数量（比例）	
网络运营	网络内容维护	文本编辑	167	11.57	203（14.06）	409（28.33）
		视频编辑	34	2.35		
		播音主持	2	0.14		
	网站运维	客户服务	61	4.22	206（14.27）	
		数据分析	126	8.73		
		技术维护	19	1.32		
网络研发	产品设计	产品经理	164	11.36	164（11.36）	785（54.36）
	技术研发	前端设计	155	10.73	534（36.98）	
		后台研发	379	26.25		
	工程测试	软件测试	87	6.02	87（6.02）	
网络营销	产品营销	策划文案	85	5.89	250（17.31）	250（17.31）
		宣传公关	102	7.06		
		产品销售	63	4.36		

　　编辑岗位要求应聘者要"知识广泛，关心时事""有良好的文字功底""熟悉互联网""兼具专题策划、组织线上线下活动、摄影等方面的综合能力"。近六成的文字类编辑岗位招聘明确提出"不限专业"，有少数编辑岗位比如"历史编辑""房地产编辑""高尔夫频道编辑""美食编辑"等专业性较强的岗位指定招收专修历史学、营销、体育和酒店餐饮等专业的人才。

　　"产品设计"职位普遍要求应聘者有"市场敏感度"，能够了解用户体验的要素，熟悉网站的运作模式，能够对网站运营、商业策划提供建议。显然"产品设计"需要懂技术、有创意、熟悉市场的"复合型人才"。目前的产品经理专业来源广泛，近两成的招聘注明需要计算机专业的人才，其余为电子、营销、管理、视觉设计、广告、数理统计类专业人才。

　　"后台研发"和"产品测试"的人才需求专业性极高，近七成的招聘信息中明确提出招收计算机软件、通信相关的专业。"数据分析"职位类别所招收的人才专业性要求极高，明确提出要"有良好的逻辑思维能力"和"优秀的数据敏感度"，能够"根据业务需求建立数据模型"，并"对数据进行挖掘分析"，"熟悉数据挖掘的常用算法"。

　　5. "高学历"在新媒体行业不再是敲门砖

　　对1444条样本的信息进行判断和整理，统计出新媒体岗位的学历分布统计表，见表3。

　　表3的统计数据纵向显示，新媒体招聘岗位的学历需求大多为"本科"，占总样本量的57.13%，远超过其他学历层次。此外，显示"不限"学历的招聘信息也较多，占总样本量的20.85%。按照比例由高到低的顺序进行排列，其余的学历层次依次为"硕士"（16.76%）和"大专"（5.26%）。可见，本科学历层次新媒体人才市场需求量最大。

表3　岗位的学历要求统计

单位：条,%

职位类别	类别细分	大专	本科	硕士	不限
内容维护	文本编辑	13	95	34	25
	视频编辑	2	21	4	7
	播音主持	0	2	0	0

职位类别	类别细分	大专	本科	硕士	不限
网站运维	客户服务	11	32	5	13
	数据分析	7	46	30	43
	技术维护	0	13	4	2
产品设计	产品经理	2	99	22	41
技术研发	前端设计	19	87	13	36
	后台研发	5	247	47	80
工程测试	软件测试	1	41	29	16
产品营销	策划文案	5	51	14	15
	宣传公关	2	63	26	11
	产品销售	9	28	14	12
总计		76	825	242	301
比例		5.26	57.13	16.76	20.85

四 关于网络与新媒体专业人才培养的思考

我国社会大量需要以本科学历层次为主体的网络与新媒体人才，教育部本科专业目录增设网络与新媒体特色本科专业正逢其时。与更早开设新媒体技术、网络开发专业的计算机和电信学科相比，新闻传播类的网络新媒体专业培养目标和专业核心竞争力需要明确。

1. 培养目标："授人以鱼"还是"授人以渔"

从国外新闻院系新媒体专业设置的经验和教训来看，存在"授人以鱼"还是"授人以渔"的分歧，即目标是传授学生最前沿先进的新媒体技术还是超越技术层面的"新媒体思维"。[①] 在 20 世纪 90 年代，美国一些新闻院系就开设了新媒体专业或课程班。截至 2012 年美国有 87 家大学开设了 111 个新媒体相关专业，有 26 所大学设置了新媒体院系。[②] 学士

---

① 匡文波、孙燕清：《美国新媒体专业教育模式分析及对中国的借鉴》，《现代传播（中国传媒大学学报）》2010 年第 8 期。
② 徐丽芳、曾李：《美国新媒体专业高等教育研究》，《中国编辑》2013 年第 3 期。

学位是美国新媒体高等教育中最主要的学位层次，包含文学学士、艺术学士、理学学士三种类型的学位，其中以文学学位居多。不同类型的学位体现了培养目标的差异。

从我国社会对新媒体人才的需求情况来看，很多招聘职位明确要求应聘者掌握若干前沿新媒体技术，说明我国社会需求应用型新媒体人才。但综合性大学学士学位人才培养不同于大专和职业培训，专业设置必须有前瞻性和可持续性发展能力。与计算机和电信等专业培养的新媒体人才（工学学士）相比，新闻传播类的网络与新媒体人才（文学学士）在技术上不具备优势；新闻传播学的优势在新媒体的"媒体"属性方面。但可惜的是，在媒介融合浪潮中，作为新闻传播学的传统优势领域的"网络内容维护"岗位的优势不再那么明显，中文、哲学、经济学和社会学等诸多人文学科已经进入这个领域。因此，夯实新闻传播学已有"领地"，拓展新的专业增长点是新闻传播学在互联网时代不能回避的问题。

任何专业开办都与所在院系和学校特点紧密相关。基于不同大学的优势学科和品牌资源的差异，我国高校的网络与新媒体专业可以实现多元化发展。一些以信息技术类学科为优势学科、强调"应用见长"的高校可以新媒体技术为主、理论为辅的应用型人才培养为特色；而一些具有深厚人文社科底蕴的高校新闻传播院系则可以培养以新媒体思维为主、新媒体技术为辅的学习型人才。

2. 网络与新媒体专业的核心竞争力

按照技术在新媒体职位中的重要性，可以发现技术性岗位往往面向具有特定专业背景的人才，如数据分析、后台研发、产品测试等技术性岗位主要面向计算机科学与技术、电信和软件工程等学科；而其余职位的招聘要求显示需要人文与技术交融的复合型人才。根据市场需求，结合新闻传播专业优势和特色，网络与新媒体专业的核心竞争力可以考虑以下两个方面：新媒体传播和新媒体设计。

（1）核心竞争力之一：新媒体传播

新媒体传播涵盖了在各种新媒体平台上进行的网络新闻和网络专题策划、网络公关和营销等各种传播活动，专业旨在培养学生的网络传播理论和素养，使其掌握新媒体的"媒体"属性和传播规律，具备运用新媒体进行新闻传播和策略传播的能力。新媒体传播在某种程度上可以被视为新闻传播学原有优势在互联网上的延伸，但新媒体传播显然不同于传统新闻传播。在互联网这个新媒体平台上，由于报刊、广播电视、互联网所依赖的技术越来越趋同，传统新闻学、广播电视学、网络传播学呈现越来越强的融合趋势，全媒体记者、融合新闻人才、互联网营销人才都属于新媒体传播人才。

全媒体记者或融合新闻人才需要具备突破传统媒体界限的思维与能力，适应融合媒体岗位的流通与互动，集采、写、摄、录、编、网络技能运用及现代设备操作等多种能力于一身。[①] 在互联网时代日益凸显重要性的网络营销是基于特定产品的概念诉求与问题分析，对消费者进行针对性心理引导的一种营销模式，营销模式从传统的宣传模式向卷入度改变。[②]

各个高校可以依靠自身优势侧重发展某个方向，当务之急是需要打通传统新闻传播教育"条块分割、各自为政"的状况，实现全媒体人才培养，夯实、巩固传统优势领域。

（2）核心竞争力之二：新媒体设计

在夯实传统优势领域之外，需要思考开拓新的专业增长点。社会对"文工交叉"复合型人才（如新媒体设计/产品经理）的显著需求也给高校拓展新的专业增长点提供了机遇。产品经理位列最热门新媒体岗位的第三位，足以显示产品设计对于新媒体公司的意义。

在新媒体不断发展壮大的今天，虽然网络产品的种类丰富，但产品的同质化现象也较严重。"山寨"产品之下，即便当前可以吸引受众的注意，随着其他新媒体产品的推陈出新，其所具有的吸引力也很难持久。网络产品始终是网络公司的生命线，是推动公司发展的支柱力量。因此，产品设计人才对于新媒体公司而言尤为重要，产品的新概念和创新性，往往来源于此。而一个优秀的产品设计者，不仅要时刻关注最前沿的新媒体产品信息，不断创新产品的形式和概念，而且还要有全局的观念，能为公司提供长远的产品规划，属于"技术"与"人文"交叉的高级复合型人才。

---

① 雷柯：《媒体融合时代应培养"全媒体记者"》，光明网，http://www.gmw.cn/01gmrb / 2009-04/23/content_912637.htm，最后访问日期：2009 年 4 月 23 日。
② 资料来源于百度百科。

在文字表达和新闻业务方面，网络与新媒体人才没有新闻学、中文类专业的人才业务过硬；在新媒体技术方面，网络与新媒体人才没有计算机、电信等专业的人才优势大。单纯来看"内容"和"技术"，网络与新媒体专业不存在明显过人的优势。但新媒体人才需求的综合化发展趋势使得"1+1>2"可以在网络与新媒体专业上体现出来。通过文工大跨度交叉，对网络与新媒体专业学生进行"技术"与"人文"双重培养，形成1+1>2的效果。这种"复合型"人才与只懂技术参数的技术员对比，在产品创意和产品设计方面具有优势。在产品经理需求凸显的社会现实背景下，新媒体产品设计很有可能成为网络与新媒体人才培养的特色方向和重点突破口。

3. "媒介融合"要求"融合性课程"

媒介融合已经打破原有的行业界限和媒介形态，相应的课程体系应该从原来的"媒介条块分割"模式下转型，实现新媒体技术与内容的实质性融合。当然这不是一件容易做到的事情。早在互联网还不为大多数人所知的1994年，美国南加州大学新闻系就开设了一门实验性的新媒体课程。经过十年多的"试错"，到2006年才形成了沿用至今的媒介融合课程模式。① 融合新闻的实质是结合新闻题材的特点选择最适合的媒介予以报道，从而获得最佳的报道效果。这要求编辑记者具备使用多媒体报道同一新闻题材的能力。因此在教学课程设置方面需要打通报纸、广播、电视和互联网的授课内容，在师资方面配备背景多元化、技术融合型专家授课团队，在设备方面提供先进的新媒体实验室。

师资与经费，是我国高校融合性课程教学的瓶颈，但这或许还不是问题的实质。"中国大多数新闻院校的课程设计滞后于现实发展，采取的是课程的'一锅炖'，将多学科课程一次性打包给学生，课程之间基本上独立存在，不发生具体内容的融合，教育理念依然沿袭了传播学或者新闻学的思路。"② 网络与新媒体专业教育最重要的是教育理念和思维的转变，只有这样才能走在专业建设的正确道路上。

---

① 邓建国：《管窥美国新闻传播院校媒介融合课程改革中的经验与教训——以南加州大学新闻系的试错为例》，《新闻大学》2009年第1期。

② 匡文波、孙燕清：《美国新媒体专业教育模式分析及对中国的借鉴》，《现代传播（中国传媒大学学报）》2010年第8期。

我国网络与新媒体专业教育探索和思考

——对华中科技大学网络传播专业十七年"试错"的反思[*]

据中国互联网络信息中心（CNNIC）在京发布的《第 33 次中国互联网发展状况统计报告》，截至 2013 年 12 月，我国网民规模达 6.18 亿人，其中手机网民规模达 5 亿人，较 2012 年底增加 8009 万人，网民中使用手机上网的人群占比提升至 81.0%。[①] 网络媒体、手机媒体等在人民生活中发挥着日趋重要的作用。

媒介高速发展并融合，该趋势不但迫使传统媒体进行转型，更催生了一系列新媒体的诞生（如数字电视、IPTV 等）。[②] 网络与新媒体相关产业的迅速发展导致市场对人才需求不仅在数量上激增且在具体要求上发生变化，这对新闻院校的人才培养提出了新的挑战。

一 网络与新媒体专业教育讨论

2013 年上半年，教育部公布 2012 年度普通高等学校本科专业设置备案或审批结果，本校普通本科类新增"网络与新媒体"专业。该专业的

---

[*] 该文原发表于《东南传播》2014 年第 5 期，作者为余红、吴琼。

[①] 中国互联网络信息中心（CNNIC）：《第 33 次中国互联网络发展状况统计报告》，http：//news. xinhuanet. com/tech/2014-01/16/c_126015636. htm。

[②] 燕道成：《新媒体与信息网络专业人才培养的策略创新》，《湖南师范大学社会科学学报》2013 年第 5 期。

设立正是教育部对网络与新媒体快速发展的回应。为了梳理国内学者对网络与新媒体专业建设的思考，笔者在中国知网键入"网络与新媒体专业教育"作为主体搜索词，统计时间截至 2013 年 12 月 31 日，排除重复、与主题无关文献，共得 270 份有效文献。

从数量上而言，该类论文在 2000~2004 年较少，年均论文量少于 5 篇。自 2005 年起，论文数量开始逐年递增，学界越来越关注该类学科的教育与培养问题。同年开始出现网络与新媒体专业教育和培养方面的硕士论文。

表 1　网络与新媒体专业教育类文献统计

单位：篇

类别	年份									
	2000~2004	2005	2006	2007	2008	2009	2010	2011	2012	2013
期刊	11	7	12	16	27	30	31	32	47	43
学位论文	0	1	1	2	1	2	1	2	4	0
总计	11	8	13	18	28	32	32	34	51	43

就内容而言，相关论文主要是对专业人才培养模式及课程设置的思考，虽然涉及面广，但大多泛泛而谈。人才培养模式是指在一定的教育思想和教育理论指导下，为实现培养目标而采取的教育教学活动的组织样式和运行方式等。人才培养的诸要素包括培养目标、课程体系、教学方法、教学形式、教学的运行机制、非教学培养途径等，概括而言，即是培养目标和培养方式。[①] 因此，我们主要从培养目标和培养方式两方面进行量化分析。有一种尽管存在争议但颇有影响的大学分类法，即把大学分为研究型、教学研究型、教学型和高职高专型。研究型大学以理论创新、科技创新为主，培养高层次创新的理论学术型人才；教学研究型大学是在培养专门应用人才基础上，重视高层次创新人才的培养；教学型大学则着重承担面向生产、管理、服务一线的应用型专门人才的培养；高职高专学校则主要承担职业技能型人才的培养。与四个层次不同的大学相对应的人才培养目标有三种：一是学术创新型人才，这是研究型大学的主要使命；二是应用复

---

① 杨杏芳：《论我国高等教育人才培养模式的多样化》，《高等教育研究》1998 年第 6 期。

合型专门人才，这是教学研究型和教学型大学人才培养的目标；三是职业技能型人才，这是职业院校人才培养希望达到的效果。[1] 而事实上，这三种类型并没有一个明显的界限划分，常有融合，但各有偏重。学术创新型人才主要强调学术理论的创造，即以在网络与新媒体方面培养具备理论性和创造力的人才为重；应用复合型人才强调理论与实践的有机统一；应用型人才偏重于知识的实际应用。[2] 经统计，有 227 篇论文关注高校专业人才培养的目标。其中，应用复合型是高校基本认可的培养目标，网络与新媒体相关的专业学生要在掌握一定的基本传播技能的基础上，学习借助网络、计算机等多种手段达到更佳的传播效果，52.4%的论文对该目标进行了叙述。在第一梯队的高校，如中国人民大学等，人才培养则正由应用复合型向学术创新型转化，提出切实可行的特色培养方案，但相关高校与论文数量有限，在理论上只有 16.3%的论文涉及；而高职高专院校中，直接面向市场且能快速掌握技能的职业技能型成为他们的首选，即强调掌握切实可行的操作技能。

表 2　网络与新媒体专业教育类论文培养目标分布

单位：篇,%

培养目标	职业技能型	应用复合型	学术创新型
论文数量	71	119	37
占总样本比例	31.3	52.4	16.3

样本中，有 131 篇文献提及"培养方式"，而其他近一半论文忽略该问题，与讨论"培养目标"的文献数量差距较大。事实上，学者和高校对于专业人才教育的体系缺乏整体性把握，新闻传播学界对该问题的研究也未成熟。笔者归纳了论文提及频率较高的培养方式，如产学研模式、合作模式、工作坊模式、个性化分类培养、创作型模式等（见表 3）。所谓产学研模式是产业、学校、科研机构三者相互配合，发挥各自优势，学生通过企业增加认知以及积累经验，高校在了解市场需求的基础上，在产业和科研间架起桥梁，促进科研成果的研发。合作模式包括跨院合作、院媒

---

① 杜承铭：《本科应用型人才培养目标的选择、构建及实现》，《教育与职业》2006 年第 32 期。
② 李曼丽：《通识教育——一种大学教育观》，清华大学出版社，1999。

合作、校企合作、国际合作等，院系之间平台的建立，院系与业界联系的加强，国际合作逐步扩展等，均为人才培养提供新动力。工作坊模式则通过实验室和具体科研项目带动，在专业老师的指导下，提高学生动手能力，培养创新能力。个性化分类培养是前期大类宽口径招生，入校后不细分专业，在同一基础课平台上进行培养，一定时期后（一般为一年或两年）由学生依据自己的兴趣、专长和发展方向选择专业。[①] 除这些普遍的方式外，还有主辅修制，通过修读第二学位，使本科生获得本专业外第二个专业的基本知识和基本技能等。创作型模式，鼓励学生将所学应用于实践，多出成果，如 MV 作品、影视广告、网络产品等。而这些方式并不是相互分离的，诸多高校会同时采用多种方式，制定出具有高校特色的培养方案，但仍会以某一方式为主，建构起培养方案的核心。

表3　网络与新媒体专业教育类文献培养方式分布

单位：篇，%

培养方式	论文数量	论文中所占比例
产学研模式	24	18.3
合作模式	63	48.1
工作坊模式	54	41.2
个性化分类培养	13	9.9
创作型模式	8	6.1

注：一篇论文中可能会提及两种及以上的培养方式，因此分类统计的文献量大于总样本数。

合作模式在培养方式中占据了主流地位，48.1%的论文都提及，其中校企合作、院媒合作是新闻传播类专业普遍的人才培养方式，跨院合作、国际合作等不多；由实验室和科研项目带动参与度的工作坊模式也逐渐进入学者视野中，其中相关实验室的建立是学者讨论的重点；产学研模式广泛运用于各学科人才培养中，在新闻传播领域应用范围有限；而其他方式则未超过10%，探索的高校较少。

文献中，大多数学者从该类专业具体课程出发，缺少宏观、深入、有层

---

① 严加红：《对高等学校人才培养目标的分类与思考》，《西北大学学报》（哲学社会科学版）2003年第1期。

次的分析。但依然有一些专家学者提出了自己的独特思路，主要有董天策等早期在对核心课程的梳理后提出"理想的模式应当是大力推行主辅修制、双学位"；① 2007 年张芹、黄宏提出新闻流、技术流、传播流的三种模式；王明概括了高校新媒体专业两种办学途径和差异化的培养模式，针对性地提出"对课程设置进行层级模块管理"等；② 湖南师范大学的燕道成在分析了专业发展瓶颈后提出在理念、师资和课程上进行改革；③ 暨南大学新闻学院院长范以锦等在看到了教育的"积极"与就业的尴尬后提出了"理念比技能更重要"④ 的观点等。中外专业对比研究中，匡文波教授对美国近年来在新媒体教育理论和实践上所做的探索进行了宏观层面的梳理，提出了全面融合的教学实验理念；鲍枫、王以宁以赫特福德大学、威斯敏斯特大学、伯恩茅斯大学、伦敦大学戈德斯密斯学院为例，分析英国高校数字媒体专业的人才培养，总结其注重实践性，以工作坊形式为中心组织教学，重视与业界公司合作的特征；⑤ 张啸则向我们展现了法国新媒体教育不同层次的要求。

二　网络与新媒体专业办学现状

国内很多高校都已开设网络传播或新媒体方面的课程，并由开设相关课程向创办相关专业迈进。各高校都从自身特点出发，探索自己的教学模式和课程设置。张芹、黄宏在《高校网络和新媒体传播专业人才培养模式分析》中将网络与新媒体传播专业的课程设置分成讲求新闻主义的中国人民大学模式、崇尚技术主义的武汉大学模式以及推崇传播学的复旦大学模式三种模式，⑥ 随着网络时代的全面发展，网络与新媒体的含义扩展，

---

① 董天策、刘达、潘琼：《网络传播教育的态势与思考》，《新闻大学》2005 年第 1 期。
② 王明：《网络新媒体人才的供给与培养机制创新》，《中国集体经济》2009 年第 12 期。
③ 燕道成：《新媒体与信息网络专业人才培养的策略创新》，《湖南师范大学社会科学学报》2013 年第 5 期。
④ 范以锦、陶达嫔：《新媒体教育：技术与理念并举》，《新闻战线》2010 年第 4 期。
⑤ 鲍枫、王以宁：《英国高校数字媒体人才培养模式研究及其启示》，《外国教育研究》2011 年第 12 期。
⑥ 张芹、黄宏：《高校网络和新媒体传播专业人才培养模式分析》，《黑龙江社会科学》2007 年第 3 期。

不仅这几所高校的课程有了一些变化，同时也出现了其他类型的培养模式。笔者从 114 所 985、211 高校中具体提炼出 24 所设立网络或新媒体相关本科专业（方向）的高校，并将其进行总结和分类，具体如表 4 所示。

表 4　网络与新媒体专业教学模式

教学模式	985、211 高校
网络策划与新闻	中国人民大学、北京大学、兰州大学、西北大学、东北师范大学、湖南师范大学、华南理工大学传播学（跨媒体新闻方向）、南京理工大学
网络传播技术	武汉大学、华中科技大学、华中师范大学
网络传播素养	复旦大学、北京师范大学（网络传播专业）、中国科技大学、大连理工大学
网络编辑	华南理工大学编辑出版学（网络传播与电子出版方向）、中国传媒大学编辑出版学（新媒体编辑方向）、内蒙古大学
数字媒体艺术	北京交通大学、中国传媒大学、北京师范大学（数字媒体艺术专业）、安徽大学、华南师范大学、华南理工大学、哈尔滨工业大学、东华大学

这些高校基本可分成五类，除了已经提炼过的三种外，还增加了网络编辑模式和数字媒体艺术模式。前者是将那些设立在人文学院下的传播专业或出版专业延展成自己的院系特色，将培养网络编辑作为具体培养目标；后者主要是将数字技术、计算机软件领域中的优势延伸到文化传播领域，培养新一代既掌握传播实务，又具备创意、设计思维的复合人才。

我们选取各模式中的典型高校的课程进行具体分析，结果如表 5 所示。

表 5　典型高校网络与新媒体专业课程设置

代表高校	共计	公共基础课		传统新闻学课程	传播学课程	网络传播及技术
中国人民大学	19	4		7	3	5
复旦大学	38	必修	1	4	9	2
		选修	5	6	8	3
武汉大学	31	必修	2	7	1	13
		选修	2	4	2	0

从课程设置上，中国人民大学的公共基础课和传统新闻学课程居多，占到了总体课程数的 58%，学校同时设置了与新闻相关的网络类课程，从而使新闻可以通过网络技术得到优化，通过网络渠道进行传播；武汉大

学的必修课中有57%的网络传播及技术课程，涵盖了网络新闻、网页设计、网站策划、网络广告、电子商务、动画设计、网络信息检索等，脱离新闻学的影子，重构网络传播的课程体系；复旦大学传统新闻学课程和传播学课程占71%，且传播学课程的比例高于传统新闻学课程，除了大众传播和人际传播外，该校拓展传播学的内涵，开设大量组织传播、跨文化传播、危机传播、政治传播、视觉传播等相关选修课程，同时注重传播研究方法和传播基本素养的培养，如商务沟通、演讲与修辞等。

不似前几种模式的新闻传播类课程居多，网络编辑和数字媒体艺术模式方面则更直接地在课程中体现培养目标。以华南理工大学编辑出版学（网络传播与电子出版方向）为例，其在出版专业的基础课程外主要增加了多媒体素材采集与制作、电子与网络出版、数字出版与网络编辑等课程。而在数字媒体艺术模式方面，相关专业主要设立在设计、艺术、美术等院系，北京交通大学则在相关专业增加了网站设计、交互式数字媒体等课程。

表 6　典型高校专业基础课程与网络与新媒体课程对比

代表高校	专业基础课程	网络及新媒体类课程
华南理工大学	编辑学、传播学概论中外编辑出版史、新闻学基础、媒介伦理与法规、书刊编辑实务、传播技术基础等	网络传播、文化创意产业概论、多媒体素材采集与制作、电子与网络出版、数字出版与网络编辑等
北京交通大学	素描、构成设计、视觉传达设计、视听语言、镜头画面、非线性编辑、动画剧作、摄影摄像技术与艺术、影视广告等	计算机图形设计、数字图像处理、数字音频技术、网络技术与动态网站设计、动画设计、动画制作、游戏程序设计、影视特效、网站设计、交互式数字媒体、数字建筑漫游、新媒体艺术等

这五种模式中，以网络策划与新闻和数字媒体艺术模式开办相关专业的学校数量更可观。前者对传统新闻学稍加改造，增加一些网络传播的理论课程即可，该模式与新闻学差异不大；数字媒体艺术专业则可以和不同专业结合，如新闻传播专业、计算机专业、艺术专业等，发展前景大。

三　网络与新媒体专业建设面临的问题

2013 年上半年，教育部在新增"网络与新媒体"专业的同时，对申请学校进行了批复。28 所高校中有 15 所二本、10 所三本，却只有 3 所一本（暨南大学、西北大学、上海外国语大学）。上海外国语大学郭可教授表示，该校从 2011 年申报至今共花了 3 年时间准备，在调动学校资源及专业技术支持的同时，公派教师前往美国脱产学习和进入知名网络公司学习，并考虑建立专业的实践基地和实验室。从中我们可以窥见新专业的建立需要大量的资金和师资力量投入。而其他高校大多还是在传播学门类下开办网络传播专业，这反映了大多一本高校并未明晰网络与新媒体专业与传播学专业的界限。而已创办的新媒体专业大多仍处于摸索阶段，从理论上的探讨到培养方案、课程设置的确定都还需要实践的检验。

华中科技大学新闻与信息传播学院的网络传播专业方向已经开办了 17 年。作为国内最早开办网络与新媒体方向的院系之一，网络传播办学方向经历了网络新闻—网站开发—网络产品三次转型。在一定程度上，华科大新闻学院 17 年的"试错"具有一定的代表性。

（一）紧跟前沿技术带来的问题

1. 需要前瞻性的培养目标

华中科技大学作为一所以理工科为优势学科的综合性大学，注重培养应用复合型人才，新闻与信息传播学院网络传播专业方向培养目标的三次转型也是顺应新媒体技术发展趋势和人才市场的需求。新媒体的发展速度越来越快，远远快于 211 高校本科人才培养周期所需要的时间。如果此类学校专业培养目标过多瞄准信息传播技术层面，则一方面形成与计算机和电信等相关专业竞争的局面，另一方面技术的日新月异也使得人才培养更多处于一种"疲于奔命"的技术追赶中。更可怕的是 4 年教学周期过去，培养的专业人才明显滞后于市场的需要。因此，技术的快速发展需要院系具有预见性，能预测未来网络传播人才的发展和市场需求，设立前瞻性培养目标，进行创新性培养。

2. 需要理论上的强大支持

专业的学习需要强大的理论支撑，而新专业的教学在这一方面明显缺失。为解释新媒体与网络传播的新现象，在学习基本传统的大众传播学外，需延伸和构建全新的理论及应用体系。而目前国内学者翻译的相关外文论著以及相关新理论数量少且更新慢，学者每年出国进行脱产培训以及访问的机会有限。教师充实自身理论的途径狭窄，对专业教育也造成了限制。

华中科技大学于 1998 年创办开全国先河的网络新闻传播班时，没有一套现成的系统的网络新闻的教材。为了编写专门教材，学校投入了相当大的人力、物力；但随后这方面的教材建设未能得到足够重视。网络与新媒体发展之快、媒体形态变化之大，使教材需要及时更新和调整。现有教材不仅版次更新慢，且很多内容已经跟不上时代发展。2013 年 5 月 23 日，在由华中科技大学主办、北京大学出版社协办的首届高校网络与新媒体专业建设研讨会上，26 所相关高校参加会议并最终确定网络与新媒体专业主干课程 13 门、专业选修课程 12 门，包括"网络文化""新媒体与社会""网络与新媒体研究方法""网络与新媒体文学""西方新媒体理论""网络与新媒体技术应用""数字出版导论""融合新闻学导论""网络游戏""网络与新媒体用户分析"等，由此国内首个系统、权威的网络与新媒体专业课程体系形成，但教材的编写、出版和落实均需要时间，实际教学效果也有待验证。

3. 技术的发展需要加强实践

人才培养，除了理论提升外，更需要近距离实践。1998 年，学院专门成立传播科技教研室，购入 32 台联网电脑，买入价值 40 万元的设备，以满足在课程中文字处理、多媒体制作、数据库应用程序开发、数理统计、网页设计等的需求。[①] 在第一阶段投入后，后续的投入相对减少，电脑开始老化，更新换代慢，难以满足教学需求。作为一门实践性强的专业，网络与新媒体专业在教学上应该具备摄、录、编、播设备和网络实验

---

① 张俊超：《二十一世纪 呼唤文理交叉复合型新闻传播人才——华中科技大学网络新闻传播班给新闻界的启示》，《新闻传播》2001 年第 1 期。

室。但作为处在理工科学校的文科院系，办学资金不足以及投入不够的问题一直影响着教学设施的现代化，硬件的缺陷严重制约了学科的发展，阻碍了课程改革与教学方式的革新。

除课程上的实验课外，学院鼓励学生加入校内平台（如记者团、广播台、校报等）和参加专业竞赛（如计算机大赛等），使学生在合作中学习新知识，在竞争中获得新突破。此外，提倡多样的实践、实习，并且设置具体的学分要求，从 2005 年的 12 个学分到 2011 年的 28 个学分，学分要求不断提升。但与学院的新闻学专业已基本建立完善的实习基地相比，网络传播专业实习基地还需要大力拓展。

以实验室和科研带动的工作坊模式在人才培养中发挥着关键作用。2011 年，四川外语学院新闻传播学院正在尝试进行融媒介实验室的建设，试图建立一应俱全的全新结构，实现印刷、平面、视觉和网络媒体各种媒介资源的一体化共享。① 从教学和市场需要的角度考虑，高校应在可承受范围内加大资金投入，加强硬件设施建设，让学生能在实验室的环境中进行模拟性实践操作，为独立开展工作做准备。

（二）媒介融合要求融合性课程体系

网络与新媒体专业的目标是培养复合型应用人才。早期的交叉是简单意义上学科知识的交叉，即文工交叉或文理交叉。媒介融合含义更广泛，包括了文理交叉、媒介交叉、技术和内容的交叉等。新一代数字技术和网络通信技术的快速发展直接导致了媒介之间的生产融合、组织融合、市场融合以及传播平台的融合，成为媒介融合的主导力量。② 媒介融合对现有课程体系和教学方式提出挑战。

1. 培养方式待创新

想要培养出理论和技术兼备的创新人才，简单的"课堂教学+实习实训"无法满足需求，新的专业教育需要新的培养方式。2010 年，依托华中科技大学优势工科的强大实力和品牌，新闻与信息传播学院对网络传播专业学生实行"双学位实验班"培养，在依托主流培养方式的基础上，

① 刘昊：《面向媒介融合的网络传播专业实践教学体系探析》，《新闻知识》2011 年第 8 期。
② 杨娟：《中国媒介生产融合研究》，博士学位论文，华东师范大学，2011。

将跨院合作模式和双学位模式结合。跨院系合作办专业的效果在很大程度上取决于合作双方的合作意愿强度和合作的深度。

前文数据表明，我国网络与新媒体专业人才培养采取的培养方式一般以合作式为主，其他的涉猎不多。另外，高校间相互模仿，使得培养方式与培养目标不一致，培养方案体系需要廓清。调整和整合原有培养方式和课程设置，使人才适应和满足社会发展的需要，已成为高校转型成功的关键。

2. 课程体系需明朗

华中科技大学新闻与信息传播学院课程体系是按照通识教育基础课程、学科基础课程（大类基础课程、专业基础课程）及专业课程来划分。不同时期，课程体系有部分修正，如 2006 年对专业课部分进一步细化，分为专业核心课程和专业方向课程，将专业方向课程分为必修和选修；2011 年，学科大类基础课部分除必修学分外设置选修学分（见表7）。

表 7　2005~2013 年华中科技大学网络传播专业课程学分设置

课程类别		课程性质	2005 年	2006 年	2007 年	2008 年	2009~2010 年	2011~2013 年
通识教育基础课程		必修	32.9	32.9	35.7	38.4	37	34.75
		选修	3.6	3.6	3.8	3.9	4	7.09
学科基础课程	学科大类基础课程	必修	17.6	19.8	11.3	15.2	11	9.21
	学科专业基础课程	必修	17.6	30.2	27.9	23.1	13	16.67
专业课程		必修	22.3	7.5	15.0	14.0	26	25.17
		选修	6.0	5.9	6.3	5.4	9	7.09

具体课程方面，在网络新闻方向办学阶段，学过两年理科的学生需要在两年中学习大量的课程，包括文学、社会学、逻辑学等学科基础课程，新闻专业的采、写、编、评、史论等专业课程以及计算机相关的数据库基础、多媒体制作、网络传播等课程。网站开发方向办学阶段则加强学习传播的基础理论部分，例如传播学原理、传播研究方法等，同时筛选计算机

类课程，重点提取动画制作与网页设计、网站编辑与策划等课程。第三阶段将培养方向转向网络产品时，加入传播心理学、新媒体用户分析、Web信息框架、网络传播功能设计、电子商务、危机传播与管理等相关课程，在专业方向课中增加大量的广告、广电方面的选修课，如新媒体广告设计等。

就整个发展阶段而言，学分、课时不断修改、精简。2009年以前，学科基础课比例大大超过学科专业课，从具体课程而言，新闻基础训练的课程比重明显高于新媒体领域相关课程，这使得该专业与新闻传播类其他专业无实质区别，学生不具备优势与竞争力。专业形式与内容的脱离，使专业处于位置不明的尴尬境地，间接损害学生的积极性。2009年，专业课程学分设置首次超过基础课学分，专业核心特色在课程体系上凸显。

3. 媒介融合对师资和教学方式提出挑战

网络与新媒体专业属于交叉应用型专业，理论和技术"二手都要硬"。因此师资方面需要将理论丰富型和技术型教师合理配置，将单一的人文院系改变为人文、社科和自然科学的复合结构，满足新媒体教学的需要。英美一些高校在媒体课程中吸纳传媒业界的精英人士加盟教育，使得师资力量充足而不冗余，有效而不过度，这种具有弹性的师资结构值得借鉴。

网络与新媒体专业教育更需要授课方式的创新，打破教学中媒介课程"条块分割、各自为政"局面，改变多学科课程"一次性打包、杂糅或乱炖"的状况，尝试教学内容和教学方法的变化。国外一些高校在融合型课程上所做的努力值得我们借鉴，如美国密苏里大学、美国南加州大学新闻系媒介融合课程等。

总之，媒介融合背景下新闻传播的规则、流程及渠道、方式都在发生巨变，课程体系应该从原来的"媒介条块分割"模式转型，实现新媒体技术与内容的实质性融合。当然这不是一件容易做到的事情。

我国 985、211 高校传播学专业培养方案分析[*]

人才培养方案是人才培养的设计蓝图，集中体现了高校的教学思想、教学理念和办学特色。它是学校组织和管理教学的基本依据，也是保证教学质量和人才培养规格的指导性文件。^① 培养方案的实施关系到高校专业教育的各个层面，为保证人才质量且适应社会发展，培养方案须在实践中不断改进和完善。

笔者参考和总结了湖南商学院刘天祥《人才培养方案修订应当注意思考与解决的几个问题》^②、李海芬《普通高等院校本科基础课程研究》^③等中的观点，认为专业人才培养方案一般包括以下方面：培养对象、培养目标、培养模式、培养途径（课程设置、实践/实习、辅修学位等）。

传播学自国外传入我国以来，发展态势也基本沿袭，即先进行研究生层次的教育，再开设本科的教学课程。1995 年起，国内部分高校开始招收传播学硕士。1997 年，传播学与新闻学合并，升为国家一级学科"新闻传播学"，下设新闻学和传播学两个二级学科，并有权授予硕士学位和

---

*　该文原发表于《东南传播》2014 年第 1 期，作者为余红。

①　林琨智、庄志军、韩丽珠等：《不断优化培养方案努力提高人才培养质量》，《吉林化工学院学报》2007 年第 6 期。

②　刘天祥：《人才培养方案修订应当注意思考与解决的几个问题》，http://www.doc88.com/p-1387383108902.html。

③　李海芬：《普通高等院校本科基础课程研究》，博士学位论文，华东师范大学，2006。

博士学位。[1]

2001 年教育部批准在复旦大学、中国农业大学、中国传媒大学、华南师范大学四所高校试开办传播学本科教学，后范围逐渐扩大。截至 2005 年，全国有 24 所高校开办传播学本科专业，[2] 其中诸多院校并非 985、211 高校。随着时间的推移和课程改革进程的加快，我国开展传播学学科教学的 211、985 高校数量逐步增加。

本篇将主要分析我国 985、211 高校的传播学专业培养方案和模式，以此帮助我们更好地分析各高校传播学专业培养方案，为传播学培养方案的差异化制定和人才培养提供些许启发。

一　985、211 高校中传播学本科培养方案梳理

（一）培养对象

在我国高校中，进入 985、211 工程的高校共有 114 所。其中，在我们资料可查找范围内，本科设立传播学专业的有南京大学、南开大学、中国农业大学、中国传媒大学、北京交通大学、北京师范大学、中国人民大学、上海交通大学、复旦大学、华东师范大学、华南理工大学、华南师范大学、厦门大学、武汉大学、华中科技大学、中国科学技术大学、西南交通大学、东华大学等 18 所高校，设有传播学研究生专业的有 35 所高校。本科设立传播学专业的比例在 16% 左右。我们将主要对以上高校的传播学培养方案进行对比和分析。

就招生对象而言，除了华中科技大学的传播学本科只招收理科生外，大部分传播学专业是文理科生兼收。高校普遍采取四年学制，采用课堂教学和课外实践相结合的培养方式，在大四毕业时授予毕业生文学学士学位。

在设立传播学本科专业的 18 所高校中，有 7 所综合类大学，6 所理

---

① 白爱萍：《传播学本科专业教育课程设置研究》，硕士学位论文，华中科技大学，2007。
② 安金伟：《网络传播与新媒体专业人才培养模式改革与创新研究》，硕士学位论文，华中科技大学，2012。

工类大学，3 所师范类大学；在设立传播学研究生专业的 35 所高校中，有 13 所综合类大学，11 所理工类大学，5 所师范类大学。传播学专业在综合类大学和理工科大学设立的合计比例较高，本科和研究生阶段均超过 70%。

如表 1 所示，传播学专业主要设立在新闻学院、人文学院和艺术学院，在本科生阶段，设立在新闻学院的比例在 50% 左右，其次是人文学院（33.3%）；而在硕士研究生阶段，传播学设立在新闻学院的比例下降（37%），反而设立在人文学院的比例最高（40%）。

前者是由于新闻学专业的发展早于传播学，且发展较为完善；后者主要是样本总数扩大，同时有部分非综合类大学，在学科不完备、无新闻院系的情况下，会选择将该专业设立在人文学院。

表 1 传播学专业分学院设立情况

单位：所，%

	新闻学院	人文学院	艺术学院	其他学院
本科生阶段	9	6	2	1
本科生阶段所占比例	50.0	33.3	11.1	5.6
硕士研究生阶段	13	14	7	1
硕士研究生阶段所占比例	37.1	40.0	20.0	2.9

传播学专业设立比例较低的另一个原因，是新闻学、广告学等其他相关学科的繁荣；而设立在综合类大学和理工科大学比例之高，背后是单科类大学的教学资源和教学能力的薄弱。①

（二）培养目标：突出培养复合型、应用型人才

综合 18 所高校的培养目标，传播学专业培养方案总体目标是面对市场需要，培养具有综合学科素质，适应媒介环境，具有良好的职业道德，掌握新闻传播相关知识，能胜任各类媒体、出版机构及政府机关、企事业单位等工作的复合型、应用型人才。

---

① 逯明宇：《单科类高校传播学本科专业课程设置的研究与实践》，《教育与职业》2011 年第 33 期。

传播学专业需要掌握的技能多而杂。就专业而言，应掌握策划、采编、设计、制作、经营与管理等方面的技能。外语和计算机的基本技能也被一些高校提及，其中 3 所高校明确提到了外语技能，5 所高校重视计算机技能的掌握。武汉大学、厦门大学、西南交通大学等在人际沟通方面提出要求，尤其是厦门大学对言语传播的重视，强调要具有较强的说服、演讲、论辩等人际沟通技能。

传播学专业主要的就业目标是既能胜任传统新闻传播领域中的报社、电视、党政机关、企事业单位、公司宣传等工作，也能胜任新媒体所涉及的网络传播和商业传播等方面工作。

（三）专业方向

就传播学而言，其本科专业方向主要有新闻传播类、文化传播类、媒介经营类和网络传播与新媒体类等。各高校的具体专业方向有所区别，南京大学集中于广告传播，中国传媒大学专注于影视传播，师范类高校主要是编辑出版方向，而中国农业大学和厦门大学等更贴合学校风格，具有自我特色。中国农业大学依托校内资源优势，着重发展农村传播、科技传播等。而厦门大学因其地缘因素，主要研究台湾地区、东南亚媒体和华夏传播。

在网络技术的迅猛发展态势下，新媒体成为各个学科的热点话题，2013 年上半年教育部公布了《2012 年度普通高等学校本科专业设置备案或审批结果》，普通本科类新增"网络与新媒体"专业。在此之前，诸多高校已设立网络传播与新媒体方向，如中国科学技术大学、复旦大学等。而其中武汉大学、华中科技大学所设置的专业即是网络传播，专业具体方向的差异化，直接促进了传播学教育的多样化，使专业人才的就业更具针对性，在市场中占据有利位置。

（四）培养模式

传播学整体的培养模式是"宽口径、厚基础、重实践"，而各个高校又将其中的一点或多点进行扩展，制定了具有本校特色的培养模式。

综合各高校的培养模式，不难发现，设立在文学院下的更多的是"厚基础"，此以上海交通大学、北京师范大学、南开大学等校为代表，其传播学专业学生需学习多学科综合知识，力求将传播学和文学、社会学、心理学、教育学等人文社会学科进行有效融合。

而部分学校采取了"2+2"培养模式，将"宽口径、厚基础"两者结合。复旦大学是这种模式的典型高校，学生在本科第一、二学年从经济学、社会学、汉语言文学、电子信息科学与技术方向中任选其一学习，第三、四学年进行新闻传播学专业的集中学习，从而在四年中系统掌握两门学科的专业知识。这一模式使学生既有内涵底蕴又有新闻传播操作的能力，择业面更广。采用类似的模式教学的还有华南师范大学和西南交通大学。

南京大学、中国科技大学采用的则是模块化的教学模式。南京大学在每个年级设立广告策划与创意、营销策划与市场研究、公关实务与活动策划、传播理论与学术科研 4 个兴趣小组，每个小组都采用模块化课程教学模式，分别制订本科阶段的小组成长计划。该类模式主要通过让学生自主选择，发展学生兴趣，激发其学习欲望和探索精神。

与前几类高校有所不同，中国传媒大学将重点放在了"重实践"上，强化学生的相关能力；而东华大学本着国际化的办学理念，除了强调"宽口径，重实践"外，还与英国普利茅斯大学传媒艺术学院成立合作办学项目，互认学分，通过到英国进行"3+1"或"2+2"的学习方式，可同时获得普利茅斯大学本科学位。

就培养特色而言，主要是众多学科的交叉互补。其通过文理渗透，传统学科和新兴学科的交叉，再和本校的整体风格统一，形成各高校传播学的培养特色。部分学校则是突出某一专业方向作为其培养特色。而华中科技大学的网络传播专业则更具体，学校强调"文工交叉、应用领先"，将目标更直接地放在大中型网站设计、策划和运营上。

（五）培养途径

一般来说，专业人才的培养途径包括课堂教学、实习实训、创新学习、辅修学位。而传播学并不像新闻学那样发展迅速，虽然"课堂教学+实习实训"的基本链条已基本完备，但其培养途径还未完全成型。

1. 学分设置

高校传播学专业的总学分设置在 140~170 学分之间，中国农业大学等高校是以 16 学时为 1 学分；而上海交通大学等高校则以 18 学时为 1 学分。

2. 课程设置

在课程体系的划分和叫法上各高校稍显不同，如北京交通大学将课程分为人文社科基础类、自然科学基础类、专业类和自主选修类；华南师范大学将课程分为学校平台课程、大类基础课和专业课等。但课程主体有诸多相似，不论专业设置，各高校通识类课程安排基本一致。在专业课部分，各高校的划分也略有不同，例如，中国人民大学将之分为学科基础课程和核心专业课程；中国农业大学将之分为专业基础课、专业提高课和专业拓展课等。我们整合概括，将其分为专业基础课、专业必修课和专业选修课。目前，专业课程设置上的主要问题如下。

（1）课程体系混乱

为培养复合型应用人才，高校安排了大量课程，涉及人文、社科、自然科学等多学科交融，但高校对于这些具体课程的具体设置、划分以及比例关系的认知并不统一。有的高校将统计学、舆论学、经济学等相关学科放在专业基础课中，有的高校则将其放在专业选修课中。①

（2）课程设置雷同

传播学与新闻学渊源颇深。在由来上，传播学脱胎于新闻学；在设置上，传播学作为新闻学的二级学科存在。因此目前的专业课中，传播学与新闻学、广告学专业课程设置重复率高，均有新闻学概论、传播学概论等。据统计，中国传媒大学的专业课程设置重复率为61.0%，华中科技大学的专业课程设置重复率为34.8%。② 有些学校单从课程上很难看出其所属专业。

（3）核心特色课程少

传播学与新闻学相比，研究角度更宏观，其关注社会中的各种传播现象，内容上不仅包括大众传播和应用传播，还有组织传播、国际传播、文化传播、信息传播、科技传播等，这点我们可从高校的专业方向中了解一二。但各高校课程大多仍以大众传播为主，其他内容较少涉及，课程设置与其专业方向和培养目标不符。

少数高校则保留了专业特色。复旦大学作为较早设立传播学专业的高

① 张园园：《网络传播的专业教育研究》，硕士学位论文，华中科技大学，2006。
② 白爱萍：《传播学本科专业教育课程设置研究》，硕士学位论文，华中科技大学，2007。

校，且文科一直在全国排名靠前，其课程设置更为完善。其传播专业不仅必修课程涵盖了上文中提及的大部分，而且专业选修课关注政治传播、整合营销传播、视觉传播等，为提高传播素养，还设置了商务沟通、演讲与修辞等相关课程。厦门大学的课程安排和培养目标一致，注重大众传播和人际传播，因此其安排了言语传播学概论、说辩修辞学、说辩批评方法、说服与传播等相关课程，使学生能够掌握现代大众传播与言语传播理论，具有较强的说服、演讲、论辩等人际沟通技能。

而武汉大学、华中科技大学的网络传播专业则较紧围绕培养目标和专业方向，专业课程安排更具针对性和目的性，网络传播导论、传播统计学、数据库技术及应用、动画设计与网页制作、（网络）应用软件开发基础、网站规划与设计、网络编辑与策划、网络信息管理、网站案例分析等将网络传播的多方面都包括在内。

3. 实践与辅修

传播学是一门需要将理论和实践紧密结合的学科，各高校都较为重视实践，将其明确纳入学分要求。各高校的校外实践比例安排不一，一般都在 6 个学分及以上。而中国传媒大学更加注重这方面，将实践分数设置在30 个学分，鼓励学生"走出去"。

除了在校内的新闻平台实践外，各高校都要求学生在校外媒体和公司实习，同时大部分学校提供假期期间与其他高校的合作交流项目，如复旦大学新闻学院与早稻田大学的合作交流项目，武汉大学与台湾多所大学的交流学习等。而武汉大学在全国率先由学院出面，与近 40 家新闻媒体、广告公司签署正式实习协议，建立稳固的实习基地，有组织地进行专业实习。这种做法不仅在一定程度上避免和解决了专业实习不确定、不完整、不系统的问题，而且使高校和实习单位双方获益。

所谓主辅修制度，即引导学生在学好本专业的同时，定向选修另一专业。学生在满足其所在院系毕业和学位要求的前提下，达到辅修学分要求，可颁发辅修证书，并在学籍档案中注明。[①] 如武汉高校间的"七校联

---

① 宋鑫、卢晓东：《北京大学辅修制度的现状与思考》，《山东省青年管理干部学院学报》2002 年第 4 期。

合"第二学位辅修方案；武汉大学、中国传媒大学等为非专业学生提供了新闻学双学位等。事实上，传播学专业的辅修还没有像新闻学专业的辅修那样广泛。在18所高校中，只有中国科技大学和中国农业大学两所高校提供传播专业双学位，比例较低，许多提供了新闻学双学位的高校，并没有设立传播学双学位，比如中国传媒大学等。

二　985、211高校中传播学研究生培养方案梳理

（一）培养目标：突出研究型、高层次、国际视野，要求具有创新意识

总体来看，硕士阶段的传播专业培养目标一般包括思想素质与业务素质两个方面，重视理论的系统教育与技能的深度实践。

思想素质上，一般要求系统学习马克思主义、毛泽东思想、邓小平理论，对中国特色社会主义和社会主义市场经济有比较全面、深入的了解和研究。此外，与本科生阶段不同，硕士阶段在思想认识上有了更高的要求，更注重职业道德理念和创新精神的培养，要求具有严谨的科学态度和优良的学风。

业务素质方面，与本科生阶段注重专业基础知识且强调应用型和复合型不同，研究生阶段更强调知识的系统化。首先，在更宏观的角度全面、系统地掌握本科习得的知识，具备深厚的媒体实践能力和传播学素养；其次，突出在本专业的高层次要求，熟悉逻辑思维模式，能够运用归纳、演绎、分析、建模等方法从事传播学研究，具备独立进行科学研究的能力；最后，能够达到新技术变革对新闻传播工作提出的新要求，成为能从事传播事务和传播学教学、科研工作的高层次创新型专门人才。

要求熟练掌握外语，强调国际化视野，可以在相关专业或涉外岗位自由择业。与本科生阶段只有3所学校把对外语的要求写入培养目标不同，研究生阶段有10余所高校对英语都有了明确且较高的水平要求，有一半的高校提及国际化视野。不断缩小差距，与国际接轨，是众多高校的目标。

（二）研究方向：设置多样，关注热点话题

本科的专业方向延展少，且课程设置与专业方向不匹配的问题严重。

而传播学硕士的研究方向则涵盖了传播的多个方面，不仅研究本科涉及的专业方向，还涉及策略传播、国家形象传播、健康教育传播等。

针对传媒与网络产业的特点和当前需求，新媒体及网络传播成为传播专业的研究热点，不管学校本身特色如何，其中有半数高校都进行了该方向的研究和探讨。这与本科阶段专业方向设置高度雷同形成了鲜明对比。

（三）课程设置

研究生课程一般分为学位课程和非学位课程，需获得总学分 28～38 分不等，其中学位课占 17～20 学分。学制一般为 2～3 年，最长学习年限不超过 5 年。各校根据所设方向的不同，相应有不同偏重的课程设置。

与本科生课程划分不一不同，除少数高校外，各高校研究生课程划分基本一致，主要有公共课、专业基础课、专业方向课、专业选修课和补修课程五类。为满足培养目标中提高思想素质的要求，高校在公共课都设置了科学社会主义理论与实践、马克思主义原著选读、英语等课程；专业基础课囊括了新闻传播理论、传播学原理、广告传播理论、广播电视理论、传播学方法等，一般在名称中增加"研究"和"专题"，以对应培养目标中的知识的宏观角度、系统性和创新性。

三 传播学专业培养方案的问题与缺陷

以传播学本科的培养方案为主，对比传播学研究生的培养方案，我们可以发现不少问题，值得我们继续探索和修订。

（一）培养目标设置缺乏前瞻性

现今高校的培养目标都落后或立足当前，雷同度高，这使得毕业生无法在就业时满足用人单位的需求，进行有效的差异化竞争，且少有高校能进行前瞻性的预见和创新。

（二）培养模式陈旧

除了个别学校使用"2+2"和模块化培养模式，大部分高校还是以传统的课堂讲授为主，以学生课下自主学习为辅。缺乏引导性和创新性的培养模式，使得学生积极性不高且内容落实及学习效果不佳。在网络与新媒体快速发展的当下，传播的技术原理、信息载体、内容表现的各层面都发生了巨变，这也对传播学专业的培养模式提出了新的挑战。

（三）课程设置与培养目标脱节

培养目标和专业的调整并没有带动课程体系的变动。本科生的培养目标强调应用性，但实验课、实践/实习等课时并不多，理论课占据半壁江山，且诸多理论课与其他专业重复。研究生的培养目标强调传播知识结构的系统化、结构化，而这在专业基础课与本科生雷同的情况下，没有得到有力体现。所谓的高级复合型人才停留在口号与培养目标上，在具体的方案实施中却难见真容。

对英语、计算机等基础课程重视不足。国内学者翻译的传播学相关理论和最新动态的专著与资料较少，要想充分理解和研究相关知识，还需查阅外文文献。对专业英语和专业术语的学习，在全球化背景下对于高校学生的学习可起到重要作用。但目前只有武汉大学等少数高校设置了该类课程。同样，在计算机成为人们学习和生活中重要工具的当下，在传播学教育中，计算机应用及相关软件教学的课程在课程体系中比例过低。

（四）新媒体教育薄弱

在新媒体及网络传播成为传播学专业领域关注的热点话题的同时，高校对该方面的教育却有些力不从心。虽然一半的高校设有该专业方向，但相关课程并不多，尤其是新媒体技术、运营、管理等方面的相关课程欠缺。且增值服务、广告、网络游戏等已成为网站收入的重要组成部分，而传播类专业普遍没有开设新媒体发展相关的细化课程。市场需求更加专业化、微观化和高端化，高校师资建设却跟不上社会发展，缺乏年轻的懂理论又精技术的老师进行指导和教学。师资力量的缺乏也成为制约传播专业教育发展的关键因素之一。

（五）本硕衔接效果不佳

高校人才培养中，硕士研究生教育与本科教育的衔接效果好坏直接关系到整个传播专业教育质量的高低。[①] 数据显示，硕士研究生阶段设有传播专业的院校数量远多于本科阶段。另外，培养层次和目标不同的高校，

---

① 安金伟：《网络传播与新媒体专业人才培养模式改革与创新研究》，硕士学位论文，华中科技大学，2012。

课程设置的相同度却高，这使得我国各大高校传播专业基础教育不扎实，而其在硕士研究生阶段也没有得到实质的提升。

四 对传播学专业教育培养方案制定的启示

（一）确定清晰明确的培养目标和专业方向

培养目标是整个培养方案的核心，是专业方向、课程设置、实践安排等的依据。前文提到许多高校培养目标空泛且雷同，不利于差异化竞争。而培养目标只有立足于社会的需求和高校定位，增强前瞻性，不断与时俱进，才能敏锐地把握时代发展的新脉动。

（二）创新培养模式

前文提及的"2+2"和模块化教学模式都是很好的尝试，对于引导学生有着诸多益处。如德国的"双元制"模式，学校基于企业需求对学生组织相应的教学；加拿大的 CBE 模式，由课程开发委员会从职业需求出发制定课程开发表；澳大利亚的 TAFE 模式，政府、行业与学校相结合，与中学和大学进行有效衔接的综合性人才培养模式。[1] 各高校应在对学生、老师、其他高校及企业等多番调研的基础上，制定有自我特色且恰当的培养模式，以满足人才培养的需求。

（三）课程安排要以培养目标为出发点

1. 专业

一方面，对于传播学课程的划分，各高校应该相对统一，使传播学专业整体形成严谨的学风；另一方面，课程安排要围绕本校传播学专业的培养目标进行，而不是单纯复制其他高校的课程体系。从理论和市场潜力出发，在专业方向和课程中注入国际传播、文化传播、科技传播、体育传播、家庭传播等多领域的教学内容。基础课程中，更关注专业英语和计算机相关软件与技能的学习。这些内容可以充实传播学本科教学内容，使传播学专业教育区别于其他专业，为毕业生开拓广阔的就业前景。

---

① 张辉、吴松强：《美、日、欧创新人才培养研究综述》，《亚太经济》2010 年第 2 期。

2. 丰富

不止于设置丰富的跨专业选修课，更应在培养方案中设置明确的学分要求，且安排老师和教务人员从旁指导，以拓展学生的知识面，建构丰富的知识储备和合理的知识结构。这也是为了达到对综合素质、文化功底要求的培养目标。另外，在教学允许的情况下，设立传播学辅修，为传播学专业安排其他专业的辅修，或者是为非传播学专业提供传播学专业的辅修课程，均是提高学科影响力和学生综合素质的有力措施。

3. 层次

为了更好地在知识、能力、素质结构上合理配置课程，需要科学合理地安排课程内容和时间顺序，将理论学习和实践的比例进行良好的层次划分。审定和调整课程体系，减少内容重复，注意知识的基础性、系统性，改变衔接不佳的状况。① 一方面，在课程学时、学分的安排上要有层次划分，在公共课、专业课、选修课的阶段性上要有层次；另一方面，在本科生和研究生的培养方案、具体的课程设置上要把握连贯性、差异性、层次性。

4. 动态

课程设置一方面要根据培养目标的变动而变动，另一方面自身的课程体系也要不断地完善。而教授课程的老师也需要随之进行变动，不断引进新的教学力量和新鲜血液，考虑与其他学院进行合作化教学。

（四）重视实践，注重合作

高校不能故步自封，要关注社会需求，注重实践与合作，以提高学校的教学质量。

1. 校内的合作

除了课程中的实验课外，挖掘校内实践平台，例如校广播台、记者团、校报等，培养学生的动手能力和创新能力。在学校多院系提供的校内大量的公选课基础上，学院要在有联系、有相似性的院系间构架起更为便

---

① 刘向东、史志铭、陈芙蓉等：《丰富内涵 突出特色 完善培养方案 提高人才培养质量——材料成型及控制工程本科生专业培养方案修订工作体会》，《内蒙古工业大学学报》（社会科学版）2006 年第 2 期。

利的桥梁，使得院系间保持持续、有效的合作，让学生从中受惠。

2. 院系与企事业单位、公司、传媒集团的合作

一般高校与本地的媒体和单位有着较多的联系和合作的机会，但这不足以满足大批学生的需求。高校需将实习基地扩大，与其他地区的媒体、公司进行更广泛的联系。各院系可参考武汉大学的举措，与相关企业、单位签订正式的实习协定，以此不断完善实习基地的建立，为学生解决后顾之忧。

3. 国际化视野造就国际化合作

与国外知名大学进行交换项目或联合办学，这是提高高校实力和知名度的有力措施。目前，许多高校都设立了国际交流项目，但联合办学较少。全球化的背景下，各国经济、政治等交流频繁，我们可以在文化上进行更多的尝试，进行深层次的合作，达到最佳的教学效果。

结　语

我们总结和分析我国 985、211 高校的传播学培养方案，不仅是要反思其中的不足和缺陷，更重要的是修正自己的人才培养方案，从所在学校的整体风格和本院系的定位出发，找到适合本专业特色的传播学培养方案，培养出契合社会需求且能在社会大潮中实现自我的现代化人才。

图书在版编目（CIP）数据

网络新媒体与中国社会／余红著. -- 北京：社会
科学文献出版社，2024.2（2024.12 重印）
　（喻园新闻传播学者论丛）
ISBN 978-7-5228-3097-1

Ⅰ.①网… Ⅱ.①余… Ⅲ.①互联网络-传播媒介-
舆论-研究-中国 Ⅳ.①G219.2

中国国家版本馆 CIP 数据核字（2024）第 021234 号

喻园新闻传播学者论丛
网络新媒体与中国社会

著　　者／余　红

出 版 人／冀祥德
责任编辑／周　琼
文稿编辑／张静阳
责任印制／王京美

出　　版／社会科学文献出版社·马克思主义分社（010）59367126
　　　　　地址：北京市北三环中路甲 29 号院华龙大厦　邮编：100029
　　　　　网址：www.ssap.com.cn
发　　行／社会科学文献出版社（010）59367028
印　　装／唐山玺诚印务有限公司

规　　格／开　本：787mm×1092mm　1/16
　　　　　印　张：20.5　字　数：316千字
版　　次／2024 年 2 月第 1 版　2024 年 12 月第 2 次印刷
书　　号／ISBN 978-7-5228-3097-1
定　　价／98.00 元

读者服务电话：4008918866

⚠ 版权所有 翻印必究